人生闪光，绝非偶然

撬动星球的头部效应

绝非偶然

Not by Chance

刘容 等著

电子工业出版社·

Publishing House of Electronics Industry

北京·BEIJING

图书在版编目（CIP）数据

绝非偶然：撬动星球的头部效应 / 刘容等著. —北京：电子工业出版社，2021.2

ISBN 978-7-121-40140-4

Ⅰ. ①绝⋯　Ⅱ. ①刘⋯　Ⅲ. ①网络公司－企业家－生平事迹－中国　Ⅳ. ①K825.38

中国版本图书馆 CIP 数据核字（2020）第 244851 号

责任编辑：张春雨　滕亚帆（tengyf@phei.com.cn）

印　　刷：河北迅捷佳彩印刷有限公司

装　　订：河北迅捷佳彩印刷有限公司

出版发行：电子工业出版社

　　　　　北京市海淀区万寿路 173 信箱　　邮编：100036

开　　本：880×1230　　1/32　　印张：12.75　　字数：298 千字

版　　次：2021 年 2 月第 1 版

印　　次：2021 年 2 月第 1 次印刷

定　　价：88.00 元

凡所购买电子工业出版社图书有缺损问题，请向购买书店调换。若书店售缺，请与本社发行部联系，联系及邮购电话：（010）88254888，88258888。

质量投诉请发邮件至 zlts@phei.com.cn，盗版侵权举报请发邮件至 dbqq@phei.com.cn。

本书咨询联系方式：010-51260888-819，faq@phei.com.cn。

推 荐 序

知识的星光

我蛮喜欢用"知识星球"这个 App，这是一个近年来难得的好产品，一个小而美的好产品。

认识吴鲁加有很多年了，记得 2014 年"鹅厂"（腾讯）投资他们的时候，他和冰河搭档在企业安全服务领域创业。而鲁加一直更渴望做面向 C 端用户的互联网产品。2015 年，他们选择了知识社区这个方向，产品在早期叫"小密圈"，2017 年，更名为"知识星球"。

我很喜欢知识星球这个名字，它让我想起夜空中的星光。互联网上有一群知识大牛，他们在自己的专业领域有很深厚的积累，他们有独特的见解，也乐于分享。他们不是娱乐明星，不是"网红"，他们不看脸，也不会去折腾各种煽情的文章标题。**知识大牛身上有独特的光芒，那是知识和思辨的光。**这种光芒有点像夜空中的星光，并不会很耀眼，但却能给知音人带来喜悦和启迪。这样的光芒，绝非偶然。

知识大牛中的很多人有自己的本职工作，写作和交流只是他们的业余爱好。除了专业领域，他们也要面对生活中的柴米油盐，和所有人一样有很多杂务和碎碎念。而他们的受众，则是一群求知欲很强、热爱学习的用户群体。这个群体的规模不会太大，相比于各种娱乐、电商行业的受众群体，规模要小很多，也不会呈现出那种很吸引眼球和受资本追捧的宏大场景。**知识的星光，能否在这样的群体里高效传递和碰撞？什么样的产品可以承载这种星光？**

知识星球正是为此而生的产品。这个领域有真正的需求，但过程很慢热，估计不适合那些风风火火追求规模体量的公司，这里需要的是耐心和定力。知识付费的概念，在各个行业里有各式各样的解释，算法和套路也很多。而鲁加他们显得有些像异类，他们只靠产品来展现诚意，没有花架子或套路，只专注于服务好知识大牛和他们的小社群。

这是一个耐得住寂寞的小团队，也是一个幸福的小团队。能长期专注于自己的理念，做一个承载知识和思辨乐趣的好产品，本身就是既辛苦又快乐的事情。5 年的坚持，让知识星球得到了许多知识大牛的认同，成了一个小而美的好产品。每年我和鲁加都有机会吃几顿饭、聊聊天，他提到曾遇到许多难题和困境，产品也曾差点儿因一些问题而"挂掉"。幸运的是，他们还是坚持了下来，走出了自己的一条道路。

业界每年都会冒出很多产品，然而能十年如一日、初心不改、日拱一卒的好产品并不多。在此祝福鲁加和他的团队，希望知识星球发展得越来越好，给更多人带来知识的星光。

Tony

腾讯创始人之一、腾讯前首席技术官

2020 年 10 月 24 日

前　言

我喜欢，我存在的这个网络时代，有才华的人不再被埋没，每个人都有机会影响数百万人。只要打开手机，世界就在我们眼前，我们就在世界眼前，人人都有机会被看到，并有机会获得理想生活。

为什么会这样认为呢？

过去 5 年半，我的主要工作是负责为知识星球的星主们编辑故事，成长中的笑和泪都在他们笔下，我走进他们的故事，也经历了那些散布在时光里的悲与喜。

我看到了，20 多年前，在东北的一所大学里，一位生物学专业的男生，大冬天在自习室里"啃"一本计算机书。他一边学习，一边在网络上分享所学知识，从博客时代到微信公众号时代，他在网络上积累了数百万名忠实读者。后来，他成为"自由创作"的代名词，执着追求着喜欢的事业。他就是——"摇滚中年"冯大辉。

我看到了，一位曾经住在北京地下室的少年，在路边摆地摊时偶然听人说："你可以试试做新媒体。"然后，他奋起写文章，两年时间里写出百篇阅读量超10万次的文章，并获得85万名读者，微信公众号给了他光明的出口。后来，他尝试创办个人社群，上万名读者成为他坚实的靠山，他一步步获得了想要的人生。他就是——"滑板少年"粥左罗。

我看到了，一位来自河北的少年曾经心怀雄心壮志，大学毕业后他进入工厂车间擦拭机器油渍，他抬头看到楼上的程序员似乎在写代码，走过去，听到一句："Java是最伟大的计算机语言，但这个你不会懂。"他无言以对，转身下楼，利用每天下班后的时间，开始自学编程语言。后来，他离开了工厂流水线，做起了程序员，再后来他在网上写文章，文笔如行云流水般清澈自然，他的文章鼓舞了数百万名读者。他就是——"编程界侠客"池建强。

我看到了，一位少女曾经为了有机会学习脑科学的前沿知识，大冬天守在公共电话旁，拿出省吃俭用的生活费，拨打越洋电话，希望获得大洋彼岸的教授们的推荐。因为钱不够，她每次打电话前都会反复练习，包括呼吸的节奏。经过十多年的努力，目前她已是国内脑科学领域的知名科学家。她就是——"屠龙的胭脂井"杨滢。

这样的故事，书中还有很多。

大学寝室熄灯后，依然躲在被窝里看书的邱岳，在博览群书后理解了思辨的含义，在艰辛的创业路上，他依旧保持着阅读的习惯；大学毕业前玩儿命打游戏和打球，却在毕业后不顾一切努力工作的 stormzhang，快速走上了职场巅峰；大二开始创业，多次失败后最终找到适合自己的商业模式的邵云蛟和鉴锋……

做热爱的事，可获得衣食无忧的生活。

我被这样的故事鼓舞着，但逐渐发现身边还有很多人不知道他们的故事。我每见到一位知识星球星主，都忍不住告诉他："请把你的经验分享出去，去帮助他人，最后力量会反弹，照亮你的人生。"

后来我想，为什么不能把这些故事汇集成一本书呢？让更多迷茫的年轻人在黑暗中找到一束亮光，忘掉"人生起跑线"，忘掉曾经被看轻的时刻。通过阅读星主们的故事和学习其中的方法，找到希望的钥匙，在以小博大的互联网时代，把自己放对位置，让自己的光芒无限放大。

所以，在过去 12 个月里，我和 21 位作者，以及博文视点的侠少老师和滕滕老师，共同努力汇集星主们的故事并打磨成书，其间曾多次想过放弃，但每次都会想起做这件事的初衷——

> 让每个迷茫的人，都有一部自己的职场圣经。
> 带他们走出人生迷雾，走进向往的理想人生。

星主们的故事鼓舞了我，也希望能鼓舞你，这就是这本书的核心——完整呈现了那些改变星主们人生并让他们成为各自领域 KOL 的 21 种方法。希望这本书对你，有所帮助。

人生闪光，绝非偶然。

万物之中，希望至美。

 知识星球运营官
刘容

 公众号
"刘容日志"

扫码进入"知识星球"
社群星系

目 录
Contents

粥左罗

年入千万的轨迹：
构建成长模型，持续自我迭代　　247

Sky盖哥

像设计产品一样设计你自己　　263

先知先行，
互联网之巅的表达者

冯大辉

个 人 简 介

冯大辉，无码科技创始人，数据库技术专家，公众号"小道消息"作者。

迄今为止，我的人生轨迹与中国互联网的发展变迁有颇多重叠。我不仅旁观，也用文字罗缕纪存；不仅预测，也用行动推波助澜。互联网全方位的造就，无论好坏，都是我们这一代人的宿命。而力所能及的分享与回馈，也早已成为我们的习惯与本能。

再陡峭的曲线也有起点

我的网络写作经历，要从 2003 年 12 月 14 日说起。这一天我注册了一个 .net 域名 dbanotes，这个域名一直用到了今天。如果没有注册域名这件事情，就不会有之后直到今天这中间的很多经历。可以说，这是一个契机。

注册一个属于自己的域名，在 2003 年之前我就有过这样的想法，但出于各种原因，一直没能付诸行动。今天不少人已经很难明白，在当年那个时候，注册一个域名并不是那么容易的事。

当时并不允许以个人身份注册 .com 域名，只有公司才可以注册。而个人，在那个时候，也不太可能注册一家公司。即使是个人用户注册 .net 域名，也是很久以后才被允许的。

为什么要注册一个属于自己的域名呢？因为我想有一个属于自己的网站。之前为了记录自己写的东西，曾用过一些网站提供的免费空间，但有个独立的网站，似乎是一件很酷的事情。这就是当时的真实想法。

于是在 2003 年 12 月 14 日，我向自己发起了一个挑战：在网上注册一个属于自己的域名。我提交了很多候选域名，要么不允许注册，要么已经被注册，最后这个"dbanotes"看起来还可以。域名中的"dba"是我的工作角色——数据库管理员（Database Administrator），而"notes"则有"笔记""备忘录"的意思，我很喜欢"备忘录"这个词，低调又有一点谦逊。

在提交了域名并完成注册之后，怎么给域名注册代理商付款呢？在当时，要么去银行柜台办理，要么通过网上银行汇款。那时的代理商只支持少数几家银行的网银服务，其中一家是招行，而我恰好有招行的银行卡。于是，怀着惴惴不安的心情，在网上摸索了很久，折腾到半夜，才终于付款完毕。当时还想，这付款方式也太复杂了，以后一定会出现更好的方式来做这件事情。那时候并没有想到，几年之后，自己真的进入了电子支付行业，并且还为这个行业做了一点微小的贡献。

从此，我有了自己的网络地盘——第一个个人网站。从某种意义上说，它是我"互联网人生"的一个起点，如果当时没有选择去兑现自己的想法，或者像更多人那样不敢尝试新鲜事物，我一定会错过它。

有迹可循的超前意识

在那个互联网技术的"史前"年代，我热衷于在 ITPUB 技术社区和同行交流技术相关经验，作为版主回复网友的提问（经常需要查阅资料），分析大家遇到的各种古怪的技术问题，或者在休闲区"灌水"。当然也少不了和网友吵架，但那时候的总体气氛是好的，争论内容很少上升到人身攻击的层面。可以说，当时我的业余时间大多花在了这个社区里，直到拥有个人网站dbanotes。

虽然是 12 月 14 日注册的这个域名，但是网站可以正式对外提供访问，则已经到了 12 月 17 日，这个日子记录在了我特意保留的维护日志上。

有了网站，就要发布一些相关内容。且慢，在那个时候，并没有现在这么多可选的内容发布工具。网站内容，最开始都是纯手写的 HTML 代码。我自己学着写 CSS（Cascading Style Sheets，层叠样式表）样式，然后在本地调试完毕后，再用 FTP（File Transfer Protocol，文件传输协议）工具将内容上传到网络空间。当时个人还用不起虚拟主机，使用的是域名代理商提供的共享网络空间，记得一共才 20MB 的存储容量，只能放一些静态页面。

最初网站的维护完全是通过手工写代码来实现的。这个工作其实很琐碎，不过那时候我对 Web 开发一窍不通，刚好可以从学习中找到很多乐趣。

也正是在那个时候，我开始在意页面代码对标准的兼容性，开始重视页面的美感。最近，我一直在回溯自己是从什么时候开始关心产品设计的，写到这里才突然发现，是在热衷于建站和维护时——那时不知不觉建立起了一些初步的意识。

紧跟时代变革的脚步

网站正式发布大约是在一年之后，Web2.0 时代来临了。当时总听到网友提起一些新的工具和概念，像博客、RSS（Really Simple Syndication，简易信息聚合/聚合内容）、Ajax，等等，我就一直想试一试。刚好那时候也有了比较便宜的 VPS（Virtual Private Server，虚拟专用服务器），是一家叫 DreamHost 的国外公司提供的。这家公司经常超额售卖[1]，服务质量也很差，但对当时的我而言，这已是物美价廉的服务了。

心痒难耐之下，忍不住购买了 DreamHost 空间，将网站迁移到了神往已久的 Movable Type[2] 上。MT 现在已不被人所知，但在当年，它是被很多 Blogger 所推崇的。

---

1 对外出售超出实际可兑现额度的硬盘空间和网络带宽。

2 Movable Type，简称 MT，意为"活字印刷"，是由位于美国加州的 Six Apart 公司推出的博客发布平台，Six Apart 有"六度分割"之意。

Blogger，现在大家都叫"博主"，也不再有人坚持说自己是"Blogger"。而那时，圈子里一致认为，"Blogger"才是更准确的说法。所谓"博客"，不过是某些商业公司出于推广、传播目的的炒作。因为 Blog 或 Web Log 翻译作"网志"比较准确，叫"博客"则语义不明。

MT 是一个博客工具，开发语言是 Perl，即使用现在的技术眼光来看它，其产品设计仍然算是非常优雅的，而且足够有弹性，允许用户做定制化改造。一些知名的网友都用 MT，比如车东、王建硕，他们都详细记录了自己安装、定制和使用的经验，大大降低了中文用户使用这个工具的门槛。

另一个知名的博客工具 WordPress，则是用 PHP 语言开发的，还比较粗糙，在 VPS 上的性能表现也不佳。性能差，难免影响用户的访问速度，在当时的网速下，这种影响更是让人没法忍受。

有了个人网站，可不能算是一个 Blogger，最多只是一个个人站长，还是业余的。用上了博客软件之后，才可以称自己是一个 Blogger。那时候的我，就是这么天真，现在想起来甚至觉得有些可笑。而更让人怀念的是当时有大把的空余时间和写作热情。

我无意间经历并记录了一个时代的侧影。Web2.0 所倡导的理念至今令我怀念，那时候的我们，热衷于分享与互动，共同铸就了一个互联网的黄金时代。

分享的意义在于打破封闭

有的人在刚开始写东西的时候热情很高，但据我观察，能坚持写下去的人其实很少。有不少做技术的朋友，看到别人建个人网站、写博客，自己也兴致勃勃地鼓捣了一个，更新了几篇文章之后热情退去，而只要停更，网站很快就会荒废。后来公众号流行起来，这样虎头蛇尾的现象更加普遍。

我给不少人提过有关写东西的建议，建议他们在刚开始写的时候不用总写大话题，可以从小的"点"写起，锻炼自己写东西的感觉和能力。毕竟，我们这一代人都没怎么受过写作方面的训练，这方面的能力普遍都很欠缺。对于技术性文章，更应该经常修改和更新，这样写出来的技术内容才会对他人有持续的参考价值。这也正是我一直抱定的目的，写出来的东西要对他人有参考价值，而写作者可以从分享的过程中收获快乐。

那些年，我写东西还是挺勤奋的，几乎能做到每天都更新内容。当然不是每天都写，有时候是周六、周日一口气写几篇，然后在接下来的一周里每天发布一篇。

尽管笔耕不辍，但在博客时代，写东西其实没有什么回报。页面上虽然可以放一些 Google Adsense 的广告，但考虑到单篇文章阅读量很低，收入也只是聊胜于无，有时候还会被莫名其妙地判定作弊而导致账户被封。我倒是收到过几次 Google 寄来的支票，几百美元，权当纪念。

写了那么多年博客，最大的一笔收入，或者说赞助费来自豆瓣。有一次，我感慨写东西花了这么多时间，而且每年还要支付服务器托管费用（当时的托管费用并不低）。豆瓣创始人阿北看到后，嘱托豆瓣的同事赞助了我几年的服务器托管费用。这件事让我特别感动，我也成了豆瓣的永久支持者，一心希望豆瓣能发展得更好。

除了没有物质回报，维护一个个人网站并且持续写文章还要占用不少业余时间，有时候不免引起同事或上司的非议。上司比较大度还好，如果遇到一个小肚鸡肠、戴着有色眼镜的上司，他随便说一句："花那么多精力写博客怎么能做好本职工作？"他的这一句话在职场中还是挺要命的。

我在阿里巴巴（简称阿里）工作期间，因为写博客的缘故，工作业绩还是会受到一些影响。这种非议也会一直伴随着我——

"每天发微博，哪有时间管理团队？"

"整天写公众号怎么能做好 CTO（Chief Technical Officer，首席技术官）？"

……

当时，如果受邀去外面做一场讲座，公司内部对这样的事会比较忌讳，有人担心有泄露技术机密的风险。不少同事本来有兴趣，也有机会和外界做一些技术交流，但经不起折腾，最后也都意兴阑珊了。我的一些领导会经常看我写的内容，他们其实并不都是我的热心读者，更多时候是看我写的内容有没有涉及和公司技术有关的信息。好在我一直恪守原则，不给自己找麻烦。

那时候，公司还比较封闭，完全不像现在这样热衷于对外交流和技术输出，而这种改变是后来才发生的。印象里，公司是从 2012 年以后才逐渐开始和外界进行技术交流的。由封闭走向开放，这让外界得以认识阿里的技术实力，从那时起，各领域的技术人才开始汇集到阿里。

写博客和对外交流都能体现分享的价值。尽管个人没有直接受益，但打破了人与人、公司与公司之间的界限。封闭的弊端、开放的裨益，随着时代的进步和互联网的普及，越来越得到个人和公司的认同，这让人倍感欣慰。

创业萌芽来自对外界的好奇心

在现实生活里，我内心比较封闭，并不擅长与人交流，但是个性又很鲜明，所以一直少有正常的社交活动。通过写博客，我建立了一定的影响力，并得以结识更多的朋友，也了解到更多工作之外的人和事。

我甚至开始尝试做公开演讲和线下分享，每迈出一步对我来说都是巨大的挑战。但经历过最难的第一次，第二次的感觉就会好很多。这也带给我不小的启发——没有谁天生擅长做某件事，只要不断尝试，就有机会变成这个领域的行家里手。

那段时间，网络上的创新产品让人应接不暇。虽然看不到明确的商业模式，但我还是对这些新生事物产生了极大兴趣，花了很多时间去学习和研究，自己也逐渐有了更多想法。我对技术的兴趣并没有局限于数据库，我还开始研究和分析网站架构技术，尝试逆向推导各个网站的构建过程，并把一些心得记录并分享了出来。这个过程不仅锻炼了我的分析能力，并且让能力重心发生了转移，知识结构也得到了拓展。

但当时并没有产生创业的念头，只是在极个别的场合会和同事们聊起一些想法。那时候，淘宝团队和支付宝团队在同一座楼的上下层办公，找淘宝的好友很方便，中午我们经常在休息区喝可乐、闲聊。

> "现在的互联网相关资讯太无聊，每天骂来骂去，网友倾向性太严重，没多大价值。应该有一家客观的、能如实记录互联网发展动态的网站。"有一次，我无意中说。

> "可是怎么赚钱呢？没有公关费和广告费，网站根本活不下去。"朋友并不赞同。

> "只要读者足够信任，自然就会生存下去。"

"这个想法很傻，但你现在说话的语气很像马总。"他们好奇地看着我说。

后来真的看到不少互联网公司在实践这样的理念。从那时起，我的内心开始有一个声音在不断告诉自己：我不太可能在这家公司以一个工程师的身份工作到退休，我不想继续困在 KPI（Key Performance Indicator，关键绩效指标）和无休止的会议里。

这个想法让我很兴奋，也很沮丧，甚至还有一点恐慌。将来我会去做什么，当年的我其实也没有想得多清楚。

早期积极参与，顺势收获影响力

我注册推特的时间很早，那会儿推特上的中文用户并不多，以互联网从业人员和技术极客为主。

刚开始我并不太会用推特，后来慢慢找到了感觉，然后花在它上面的时间也越来越多，它变成了我获取信息的管道。由于推特有每条推文不超过 140 字的长度限制，所以在篇幅受限的前提下进行文字表达，并不是一件容易的事情。而高频率使用推特也在一定程度上锻炼了我的文字表达能力，以至于我后来越来越擅长在有限字数内清晰表达自己的想法。

在那个阶段，我在推特上的影响力开始一点点扩大。请注意，这里说的"影响力"依然是相对的，因为推特在中文世界里还是一个小众产品。

我的推特关注人数排名在中文用户里应该是长期稳居前十的，我曾发起过"每日关注推友计划"——每天推荐一个值得关注的推特用户，有的时候还会推荐一些新的创业项目。往往是只要我发条推文，导引过去的流量就会让服务器宕机。

那段时间推特发展速度很快，是互联网领域最火的产品之一，但是技术团队的能力是真的不行。网站非常不稳定，在出现访问故障时出错页面显示的是一张鲸鱼的图片。在我的记忆里，有一段时间几乎每天都会看到那头鲸鱼。

推特还会给我带来一个麻烦，就是总会被很多人围观，围观者中当然有不少朋友和同事。朋友还好说，但同事能随时看到我发的推文，这就有些微妙了。尤其是上级，难免会认为我这一天的工作时间都花在了推特上。

推特在国内最繁荣的那段时间，可以称得上是一个推特的时代。最显著的特征是互联网上的舆论环境相对比较宽松。但我也知道，被这么多人关注，说话总要克制一些，所以还真没有留下什么过激言论，因此也不曾被警告或约谈。当时大部分人的动机都比较纯粹，只是基于某种乐趣在网上交流心得，分享新奇资讯，既没有更复杂的目的，也不会整天挖空心思通过网络赚钱。

在这个阶段，我依然保持着不低的博客更新频率，但写作热情比之前低了一些。我也开始给《程序员》这样的技术杂志投稿，但稿费并不高，结算速度也很慢。

好产品不等于好模式

从"博客"到"推特"期间，有一个技术词汇 RSS，需要说一下。

RSS 是一种描述和同步网站内容的格式，是使用最广泛的 XML 应用。RSS 的出现，使得每个人都成为潜在的信息提供者。没有 RSS，也就没有博客，博客内容基于 RSS 的机制进行传播。用户可以通过 RSS 工具订阅喜欢的博客账号，通过 RSS 协议自动抓取最新的博客内容。

时至今日，依然有很多人（尤其是技术领域的用户）还在怀念 RSS，一些人还在开发 RSS 的专用工具。

从技术的角度来看，RSS 的确是一个好产品，简洁优雅，但是在商业上则没有多高的价值。写作者不可能在这个机制下获得有效激励，也不太可能从这个机制上创造出商业机会。

同样地，新浪博客作为当时最成功的博客平台，也没有形成一个成熟的商业模式。这当然和大环境有关，当时的网民数量毕竟还有限，单纯依靠发广告，效率则太低。不是没有人想过付费模式，比如订阅数字内容或杂志，但同样时机并不成熟。

流量变现的困惑

推特这个现象级产品一经问世，国内就有了模仿者，但这些早期模仿者都来自初创团队，最终也没有形成多大的气候。直到 2009 年下半年，新浪微博（简称微博）正式上线。同时期，其他几个门户网站也不约而同地在做类似的产品。

当时还看不出哪家的产品能笑到最后，记得微博团队来杭州时，我们在贝塔咖啡厅交流，我还毫不客气地说："作为推特的老用户，我完全不想用新浪微博，产品做得太烂，你们不可能理解推特的优雅之处。"现在想起来，我这个断言真是有些无知且自大。

虽然这样吐槽，但此后不久，我还是率先成为微博的活跃用户。因为用户量足够大，信息量也更大。另一个原因是，那时我刚从大公司出来，去了一家小公司担任 CTO，需要借助微博这个平台推广公司的产品，并为团队招募人才。微博是个不错的信息渠道，但后来也给我带来了很大的社交压力和负面影响。

随着微博用户的规模逐渐壮大，很多人开始通过微博进行流量变现，我却一直忍住没做这方面的尝试。"不好意思"的因素居多，在确实需要帮人发广告时，一般也只是免费做个顺水人情。

现象级的"小道消息"

我的公众号"小道消息"创建于 2012 年 11 月 8 日。

我为什么开始在公众号上写文章？因为预见到"内容"在微信时代的重要性。当然，做出这样的判断，依赖于长期使用和观察互联网所积累的经验和思考。这看似是偶然的契机，实则是一种必然。

只不过，我不但预见，而且还进行了具体实践。之所以要自己实践，是因为我向团队的同事强调过这件事情的重要性，但他们理解不了，也存在路径依赖，就是不想在这个全新的平台上投入精力。

至今都还记得，那天我和公司 CEO 在路边小面馆吃完饭后，在往回走的路上我说了一句："我先做一个公众号，看多久能做到 10000 个读者。做完之后，团队参照我的示范就知道该怎么做了。"

当时我所在的公司面临的问题是，移动互联网大潮即将到来，网站访问量不断衰减，来自 Web 的流量逐年减少，而 App 流量的维持成本又太高。从统计数据上看，用户贡献的内容也越来越少，长此以往社区必将衰竭。同时，公司还缺少有效的手段和足够的资金，能把更多潜在用户转化为真正的用户，这会让公司的整体价值大打折扣。这是所有垂直社区都要面对的问题，如果不及时想出应对之道，赖以生存的基础将不复存在。所以，这是深层次的危机。

于是，我开始在公众号上写文章，并通过微博来导入流量，在极短时间内，10000 个读者的目标就达成了。而且，这些优质流量形成了很好的信息反馈，也促使我在公众号上越写越多，简直停不下来。随着不断实践，我对微信公众平台的信心也越来越足，对它的理解也日益加深。

2013 年上半年，我公众号的订阅量增长非常快，这对我而言也是一种正反馈。在写作热情的支撑下，我的公众号不仅更新频率高，而且内容也极具风格，很快成为一个现象级的公众号。在我觉得尝试得快差不多的时候，正好赶上下半年知乎要推"知乎日报"。知乎联合创始人黄继新来找我，说这个新产品缺内容，问我能不能支持一下他们，将公众号文章在"知乎日报"上首发，每天发一篇。

虽然也没什么报酬，但盛情难却，而且我们私交素来不错，所以我还是答应了这件事。于是，我经历了一段非常规律化的写作时期——每天晚上 8:20 准时交稿，还力争做到选点有话题性，内容言之有物。现在回想起来觉得自己这样做挺蠢的，而且也没能讨好读者，不少"知乎日报"的用户留言抱怨："这人是谁啊？写的这些'垃圾'我们不爱看。"

让内容服务于大众用户

微信成为生态，已是不争的事实。沿用过去的老办法来运营面向专业用户的社区，无异于缘木求鱼。过去触达用户的几种方式：电子邮件、手机短信、App 推送消息，效率和效果都很不理想，而且成本较高。公众号的订阅/分发机制则克服了以上弊端，提供了一个全新的信息分发模式。更重要的是，微信是用户"生活"的地方，距离用户更近。

我们过去心心念念地希望用户来用我们开发的产品，产品的最终目标是拥有更多用户。现在，这个目标没有变，但用户不再主动"来用我们开发的产品"，而是要我们发现用户在哪里，然后把内容做到哪里。在这种情境之下，"内容"就是产品。

以我当时所在公司为例。从大众用户到线上服务，再到线下诊所，这就能形成一个用户漏斗，也具备了服务闭环。基于这样的想法，我们启动了面向大众的内容创作机制。我，作为一个 CTO，负责组建内容团队，开始规模化生产面向大众的科普内容，这也是我"不务正业"的又一个铁证，几年后仍被人指摘。

微信公众号带来的新机遇，让我们不再拘泥于 App，而是可以直接面对大众用户，通过生产大众用户能接受的内容来打开局面。这样，不只可以服务专业用户，还可以面向大众用户，商业上的想象空间一下打开了很多。

这一年公司很幸运，拿到了腾讯的一笔巨额投资。

从几年后的结果看，我们在微信公众平台上做的这些尝试，改变了这家公司。虽然后来物是人非，我的痕迹被强行抹去，但我还是感到欣慰，为这个行业做了一点点事情。

利己与利他

不少新开设的公众号，很难获取到足够的初始订阅量，作者的写作热情也会很快消退。这让我联想到在推特上实践过的模式，就此开始了不定期的"公众号推荐"活动，为我的读者介绍一些有意思的新公众号。

推荐效果是非常惊人的，以至于有朋友后来戏称我为"送粉观音"。有些朋友因此获得了一批初始读者，有了继续更新下去的动力。每次做这样的推荐活动，总是让我非常开心——能帮到别人的感觉真好。

与此同时，我自己的公众号几乎要荒废了。因为要带着公司团队做内容，我只是偶尔发些文章，要么是给公司产品做宣传，要么是为公司新开的科普公众号导入流量。自从我加入这家公司，几乎把自己的人脉和资源都贡献给了公司，我自己其实并没得到什么好处。而我本来可以有更大的影响力、更好的收入机会，这是个客观事实。

暂停公众号，一方面原因是觉得实践和尝试已经做得差不多了，另一方面原因是，如果投入过多精力在个人公众号上，担心再遭非议。这个局面对我而言很尴尬，我错过了公众号流量自然增长的最后一个高峰，也错过了公众号商业化的第一个阶段，虽然我自认为还需要继续观察整个生态。

有一次，我去北京看望一位行业前辈，他在几年前刚经历了一番波折。我们在聊起公众号这个话题时，他很惊讶我没有考虑用公众号赚点钱。他说："我要是你，就不做什么 CTO，吆喝得很卖力，最后可能还没落下什么好儿，做公众号每年轻轻松松赚几百万，岂不是很开心？"

他的郑重建议让我不无感慨，当然最终我也没有听进去。如果当初听了他的劝告，可能现在就可以讲另外一个故事了。

所谓名气

有一段时间，我遭遇了一场规模不小的网络暴力。有人在网上酸溜溜地问："这个人是怎么出名的？"在他们眼里，我似乎是个处心积虑想出名的家伙。其实这个问题问反了，我本可以更有名气，本可以通过网络获得更高的声誉，只是很多次机会都被我主动放弃了。一方面，我有一点社交恐惧，不太想被太多无关的人关注。另一方面，也担心网络上的形象给个人工作和生活带来负面影响。

在过去，我会习惯性地放弃一些可能会出名的机会，比如做公开演讲和线下分享，这些事情能避免就避免。还有一些例子，和同事协作翻译外版书，或者为技术图书做审校工作，我会坚持把自己的名字放在署名的最后；曾经在支付宝负责过一段时间的对外技术交流业务，每次活动之前我都坚持推荐其他同事出去做演讲，尽可能让他们出头露面，而当时在技术圈，我的名气其实更大。我本可以给自己创造更多出名的机会，捞一点所谓的"好处"，反正即使不这样做，一样会有人认为我想出名。我曾婉拒过类似"年度优秀 CTO"这样的奖项，没想到几年后竟被人评价为"不合格的 CTO"。

朋友善意地批评我，说我"脸皮不够厚"。我的确缺乏这方面的勇气，现在仅剩的一点名气也是被迫获得的。其实，任何一个人如果十几年前就开始在网上做分享，并坚持到现在，那么必然会成为受益者，很难不得到很多人的关注和认可。而我，只是其中之一罢了。

希望我的心路历程，能帮助一些朋友更坦然地面对在做抉择时的彷徨，以及事后的懊恼。

知识星球前传：从需求到产品的蝴蝶效应

2014 年年底，我偶然发现了一个叫 TinyLetter 的产品。它是一个邮件列表工具，刚好可以用来验证我的一个想法，于是我尝试建立了一个叫作"小道通讯"的服务。

在运营公众号的过程中，我逐渐意识到一个问题，随着订阅人数越来越多，有些专业性内容或小众话题其实没多少读者愿意看，甚至还会冒犯读者。我需要一个具有一定门槛的内容订阅/分发工具，用来对特定人群进行表达和阐释，甚至还可以用它做一次收费尝试。

其实，我也想验证一下凯文·凯利那个著名的观点：

> "任何从事创作或艺术工作的人，如艺术家、音乐家、摄影师、工匠、演员、动画师、设计师和作家等，只要能获得 1000 位铁杆粉丝，就能维持生活。"

如果可以证实这个结论是成立的，那么更多人都可以从中得到启发。

TinyLetter 在一定程度上满足了我的需求，但这个产品的问题也非常多，用户维护订阅信息的成本非常高，而且已经不再继续开发和维护了。一次，在和一位朋友闲聊时，我向他描述了自己遇到的问题，说需要一个产品来解决当下需求。他说："如果我做一个产品，你会用吗？"我说："如果你做出来，我肯定第一个用，还要帮你推广。"

这位朋友就是吴鲁加，知识星球的创始人。初期产品的名字叫作"小密圈"，后来更名为"知识星球"。

这是一次蝴蝶效应。

让内容变现吧

2016 年，经历了一些波折之后，我百无聊赖地重新收拾起近乎荒废的公众号，梳理了一些过去积累的内容。在开始承接一些推广工作和广告性质的东西时，我的内心是惶恐的，更别提读者的负面反馈了。但是，这也让我对内容价值的理解有所加深。

越来越多的人，因为移动支付的普及，有了更好的付费习惯和意愿。看到一篇好文章，他们也可以非常慷慨地赞赏作者，这在过去是无法想象的。

知识星球及很多类似的产品已经在为更多内容创作者提供服务了，也帮助很多人实现了知识变现。通过自己的原创内容获取收益，我认为这是值得提倡的事情。正如微信公众平台，让更多"会写字"的人赚到了钱，可以养活自己，这是微信的伟大之处。

很多读者对自己关注的作者赚钱这件事颇为反感。当然，他们更不希望看到广告或其他推广内容，每当识别出来这样的内容时，就会觉得自己受到了冒犯甚至侮辱，对作者大加指责，其实何必如此？

一个创作者得到了很好的回报，必将有动力输出更多有价值的内容，这是最有效的正向反馈。作为一个在网络上输出了多年内容的人，我很羡慕今天的自媒体作者和一些年轻人，他们没有那么多心理负担，知道怎么用内容创造价值，赚钱的愿望也更强烈。如果早 10 年就有这样的环境，该有多好。

感谢，我所有的经历。

投资自己，
造就财富万有引力

齐俊杰

个 人 简 介

　　齐俊杰，曾就职于北京电视台，采访过数百位知名经济学家；后就职于爱奇艺，将《吴晓波频道》打造成为业界标杆；之后转行做金融投资，其间创办音频节目《齐俊杰看财经》，全网播放量超 15 亿次，稳居音频平台财经类节目第一名；也因音频节目《老齐的读书圈》获封"第一财经说书人"。知识星球"齐俊杰的粉丝群"和"老齐的读书圈"长期占据知识星球付费用户榜及用户活跃榜前两名，付费粉丝超过 10 万人。

扫码进入齐俊杰的知识星球
"老齐的读书圈"

绝大多数人和我一样，出生在一个普通家庭，也没有机会上名校。但是，只要我们善于利用时间，坚持学习和思考，一样能收获属于自己的美好未来，过上自己想要的生活。每个人的起点或有不同，奋斗的终点更是千差万别。你努力了，抓住机遇了，就有可能突破上限，而不思进取，则注定只能停留在原点。不同人，不同命，执着于和所有人攀比人生际遇或许不智。但是，和自己的昨天比较，不妨坚持到底。

70%的机遇来自 30%的努力

2004 年，我大学毕业。当时满怀信心地认为，我好歹是个本科生，也是北京本地人，找份月薪 8000 元的工作，应该不难。而历经曲折，最终只获得了一份月薪 2000 元的工作。

当时，内心的落差非常大。更"悲催"的是，因为公司新业务的需要，我竟然被外派到了河南郑州，跟进一个全新的项目。要在人生地不熟的地方，从无到有筹备一个新的分公司，难度之大，可想而知。

我第一次感受到梦想与现实之间的差距。我无法接受现状，一心想改变眼前的一切。可是到底该怎么办？不难回答，要么靠外力，要么靠自己。在这种无助的局面下，外力很难指望得上，我只能改变自己。

工作之余我开始疯狂地学习，买了很多书，也报了不少培训班。可以说，2000 元的月薪全都用在了学习上。而且，因为不知道要学什么，只好什么都学，从"企业管理"到"成功学"，也就是在那个时候，我无意间接触和学习了和股票、会计相关的知识。

为了激励自己，或者说为了哄着自己玩儿，我还给自己设定了一个游戏性质的量化指标——每读完 1 本书，工资必须涨 40 元，借此来增加读书的动力。在工作初期，这是一条很让我受用的经验。不过在 2010 年之后，这个指标就不灵了，因为我的收入出现了爆发式增长。

经过多年观察，我发现自己每读完 100 本书，收入至少能翻一倍。以此推算，如果坚持每年读完 50 本书，那么 10 年后的收入会翻 32 倍，这个事件在现实生活中发生的概率很高。年轻人更是要借鉴这个经验数据，激励自己读更多的书。

接着来讲我的故事。在河南努力工作、读书一年后，我参与创办的这家分公司因经营不善而倒闭，我从河南调回了北京。在接下来的半年调整期里，我依旧保持着与之前相同的学习状态，并在偶然间得知，北京电视台财经频道由于业务扩张，正面向社会招聘记者。但是，这份工作没有底薪，是按"件"计费的。这是什么概念呢？就是你每制作完一条新闻视频，可以领到 500 元，如果当月没有交出任何作品，那么就没有收入。

来电视台面试的大概有 30～40 人，岗位却只有十几个，可谓"狼多肉少"。而且对于我这样毫无新闻专业背景和相关工作经验的人来说，想通过面试谈何容易。好在我最终通过了面试，得到了这个机会。但是我的家人对于我从事记者这份工作，是不无疑虑的。因为在他们看来，这是一个倒退——如果不换工作，一个月好歹还有 2000 元收入，而去北京电视台做记者，要从零底薪开始做起，可能每个月连 2000 元都拿不到。但我笃信之前那份工作已经没有前途，也根本没有再坚持下去的必要。在我的坚持之下，他们的最终态度是不反对也不支持，只是偶尔泼泼冷水。

在入职电视台的头两个月里，我因为不懂怎么做新闻，也不会视频剪辑，导致视频产量非常低，每月收入只有 700 多元。好在我能住在自己家里，没有房租负担，还是熬了过来，这算是我作为北京孩子能占到的一个大便宜。在这期间，我也想过放弃，因为确实太难了。我相信，这种情况只要再持续半年，换作任何人，都只能选择放弃。但当时如果真的就此离开了电视台，我的人生轨迹必然被改写。

经过那半年多的历练，我明白了一个道理，机会是留给有准备的人的。在人的一生当中，努力对成功的贡献大概只占 30%，剩下的 70%就要留给机遇了。但是机遇永远只留给有准备的人。没有充分准备的那 30%，剩下的 70%根本无从发挥。

任何机会首先是学习的机会

之所以对机遇和努力有如此深刻的感悟，是因为"狗屎运"的确被我撞到了——2006 年，中国股市奇迹般地进入大牛市。

当时我所在的北京电视台财经节目组里，大部分记者都是新闻专业出身，对证券行业所知有限，甚至没有人愿意"跑"股市这个方向的新闻。所以，当节目组计划增加股市类的新闻报道时，一直找不到合适的记者。而那段时间，我因为刚好在第一份工作外派期间自学过与股票有关的知识，还在新浪上开设了自己的博客，试着写过一些股票类的文章。一个老编辑正好看到了我的博客，就向节目组推荐了我，最终领导决定让我这个闲人试试看。

我的工作应该还算让人满意，也由于那段时间股市行情大热，领导决定把股市报道日常化。我一下从组里最闲的人，变成了最忙的人。这是什么概念呢？这么说吧，组里共有 30 个记者，平均每个记者一周发 2 条新闻，一个月最多 8 条。而我，因为股市一周 5 天开市，每天最少要发 1 条，有时候周六还要加 1 条。

这下子，我从北京电视台收入最低的记者，瞬间变成全台收入最高的记者，幸福简直来得太突然。

我开始大力学习和股票有关的知识，也因此采访到很多世界知名的经济学家，以及很多国内院校经济学教授。另外，每次外出采访时基本上只有我和摄像师两个人去受访者那里，在开始正式拍摄后，现场镜头一直对着受访者，我负责全程提问和为受访者举话筒。这个过程不仅可以让我近距离领略这些大师的学识和风采，对我而言，更是等于恶补了大量重要的经济学知识。

也是在这个阶段，我的学习热情极其高涨。除了财经知识，和节目制作有关的配音、剪辑，甚至摄像，我都一一主动涉猎并略有所成。因为当时组里的记者人数远远多于其他辅助岗位的人数，所以那些从事辅助视频制作的同事，很难随时约到，不得已我只能亲自动手。这正符合我一直以来的做事原则：能自己干的事，尽量不要麻烦别人。

当然，我也不无私心。电视台实在太难混了，僧多粥少，多一门视频剪辑的手艺，就多了一份保障，万一哪天股市不热了，我还能比别人多一条出路。

有的同事认为，对于做记者的人，视频剪辑没什么好学的，把工作交出去让相应岗位的人来干就可以了。对于他人的不理解和嘲讽，我都是一笑了之。他们并不会想到，很多年后正是这些"不压身"的额外技能，为我提供了巨大的助力。

2008 年，次贷危机爆发，A 股从 6100 点跌到 1600 点。我们的报道方向，也从"股市"转向了"世界经济局势"。节目组邀请专家来到演播室，现场解读和经济有关的实时消息，同时加大了节目报道力度，将报道时间延长到每天 10~20 分钟。而对于世界经济局势方面的知识，了解的记者更是寥寥可数，整个节目板块顺理成章地由我来统筹负责。

在拥有更大自由度的同时，我需要负责的事情也变多了——约请嘉宾、组织选题、编辑新闻，有的时候还要出镜解读经济时事，而且每天至少要输出一篇报道文章。

通过在电视台 5 年日复一日的磨炼，我已习惯了日播的节奏，这也为我今后数年里能坚持每天分享、持续输出，打下了无比扎实的基础。同样，这 5 年时间让我的写作水平和财经知识水平都得到了巨大的提升。

试想一下，每天要和全国最知名的学者、专家面对面地聊满 30 分钟，肚子里得有足够的"墨水"才不会怯场。这种迫在眉睫的现实压力让我学习得愈发卖力。当学到不懂的地方时，必须马上问清楚，以免在节目现场"卡壳"；当和现场嘉宾聊完后，又会发现更多的知识盲区，要赶紧去弄明白。

由于电视台的财经节目是面向普罗大众的，所以仅仅自己将知识点理解透彻，还是远远不够的。我还必须用最通俗的语言先给台领导讲清楚，最终还要让电视机前没有任何财经基础知识的观众听明白。多年之后，我才醒悟过来，当时误打误撞地一直在实践著名的"费曼学习法"。

费曼学习法是指，选择一个概念（可以是你之前就懂的，也可以是刚刚学会的），设想把这个概念讲授给一个外行（或者一个小孩），试图对他解释清楚这个概念，并让他完全听懂。当在"卡壳"的时候，重新回头找答案，直到能够把这个概念重新流利地解释清楚。最后，尝试用简洁的词语和类比的技巧再一次解释这个概念。这个方法对提升学习效率是非常有用的，也可以用来快速建立对新事物、新概念的基本认知模型，以便应对外部信息环境的突然变化。

2010 年，互联网浪潮袭来，电视台的收视率以肉眼可见的速度急速下滑。一方面，人们看电视的习惯在改变；另一方面，因为视频网站异军突起。

我的收入和 5 年前的相差无几，到手基本是 1 万多元。因为电视台还在沿用"1 条新闻 500 元"的计酬方式，没产出就没有收入。

面对浪潮，我开始权衡，是否需要改变。

风险有限而收益无限的事情要大胆尝试

我盘算过，如果我应聘视频类互联网公司没有成功，我还可以去其他电视台继续工作。可见，如果我做出改变，并不会带来任何损失，但是如果完全不去尝试，则极有可能错过这个伟大时代赋予的新机会。

2010 年，我来到酷 6 网。当时电视台主持人去视频网站工作，实属罕见。而且，互联网公司的人手也没有电视台那么宽裕，像我这种写稿、拍摄、剪辑样样都能拿得起来的多面手，颇受网站欢迎，在顺利通过公司面试后很快就被委以重任。

在酷 6 网工作过一段时间后，我意识到电视台和视频网站对节目内容的要求是有明显区别的。

电视节目占用的是观众的"后仰时间"。当时的电视节目还没有现在这么丰富，这些躺在沙发上拿着遥控器搜寻合适节目的典型用户，对节目内容质量的容忍度比较高。而视频网站则不同，那时候 PC 端网站是主流，它们占用的是用户的"前倾时间"，用户在电脑上习惯性地打开好几个视频播放页面，又随时会关掉那些自己不喜欢的。所以，从内容展开的节奏上来说，网站上的视频节目必须要快速抓住用户眼球，而且不允许有任何多余的铺垫。

当时，我在酷 6 网带着一个小组，主要负责财经类节目的直播和嘉宾访谈，节目形式看上去仍旧比较传统。在酷 6 网工作期间，我形成了当时互联网人常挂在嘴边的"互联网思维"，比如能根据反馈数据，快速完成对节目内容的精确调整。正是运用互联网思维，我们团队只对原有节目稍加改造和创新，就能轻松做到财经类视频节目的第一名。

2011 年，我们整个团队来到 PPTV，依然负责财经频道。直到 2013 年，我又迎来新的机遇——爱奇艺要重点发力推广财经频道。在参加爱奇艺面试时，也是后来在爱奇艺一直是我老板的马东老师跟我说："我们要找的是一个同时具备电视行业、互联网领域和财经领域工作经验的人，这个人不是难找，而是根本没有，所以你几乎没有竞争对手。"

进入爱奇艺后我可谓顺风满帆，因为只是复制之前的经验，第一年就可以再次做到行业第一。而第二年，我更是和著名财经作家吴晓波老师一起打造出《吴晓波频道》这个王牌节目，最终成为行业新标杆。到 2014 年 7 月 25 日，《吴晓波频道》已经上线 12 期节目，总播放量逼近 1 亿次大关，稳坐国内财经类视频节目的头把交椅。

在爱奇艺工作的那段时间，我每天要从东四环开车到西四环上班，每天路上都有一个多小时的车程。为了消磨路上的无聊时间，我在网上四处寻觅读书类的音频节目，想通过听书在路上继续充电，但是一直没有找到满意的内容。随后我联系了多家出版社，想和他们的图书作者合作，打造一档读书类音频节目。但因当时的图书作者在这一方面存在诸多瓶颈而迟迟未能如愿。

由于一直没有找到合适的合作伙伴，打造一档读书类节目这件事就只好暂时搁浅了，但强烈的内心需求是始终存在的，这也为我将来开通自己的音频节目种下前因。

自媒体的多米诺骨牌效应

在爱奇艺负责"财经频道"期间，我进一步积累了自己的人脉，其中一位新认识的财经大佬邀请我加盟他的公司。而我在做了多年媒体工作之后，也确实想去真正的金融行业看一看。出于好奇心，我就此离开了爱奇艺，离开了媒体行业。

这是一家投资公司，我负责市场工作。对我来说，新工作并没太大难度，属于"无缝切换跑道"。在一开始，我只是负责联系媒体，发发稿子或做做报道。由于也是高管中的一员，在重大的投资决策上，我是要参与讨论的。慢慢地，一些调研会我也参与其中。直到那时，我原来储备的那些理论性的财经金融知识，才真正和业务挂上了钩。

2015 年中国股市又迎来大牛市，公司股市投资的全过程，我都亲身参与其中。对于投资公司的业务模式和操作流程，我有了进一步的了解。

为了给公司带来更加丰富的推广资源，拿到性价比更高的流量，我还以自己的名义开设了公众号"齐俊杰看财经"。在内容输出上，我驾轻就熟，因为从 2010 年开始就一直在网上写专栏，当时也不为赚钱，只当作一个个人爱好。随后，我又在喜马拉雅平台打造了同名节目《齐俊杰看财经》。当时也是抱着试试看的态度，没想到只用了一年时间，就坐稳财经类音频节目第一名的宝座，公众号也随之聚集了十几万粉丝。

特别是在 2015 年 5 月，在公司投资业务全面转向防守的同时，我通过公众号等各种自媒体平台发出市场过热的警报，提醒大众尽早"离场"。这在一开始不被人理解，我遭受了不少非议，但是一个月后的股市暴跌，让很多人顷刻间对我的公众号"路转粉"。我最早一批"铁杆"公众号粉丝，就是在那时候获得的。

我很庆幸赶上了自媒体时代，这让我第一次感受到流量的价值。但这其实是我长期以来坚持输出的一个意外收获。之后，我把工作重心越来越多地转移到了自媒体上。

2016 年年底，刚好有几个"土豪"朋友希望我能帮他们打理资产。我就势从投资公司退出，开始创业，主营业务是为客户做大额资产配置，这与之前在金融公司里做的工作其实没什么区别。资产配置这件事情，难者不会，会者不难。我一边帮客户做投资，一边继续打理自己的自媒体。

在这期间，我可以掌控的时间越来越多，这让我多年之前的那个"痛点"又浮上心头。既然没有找到合适的说书人，那么我自己可不可以试一试呢？

2017 年，我开始尝试"读书"。凭借之前公众号"齐俊杰看财经"的粉丝基础和运营经验，我的新公众号"老齐的读书圈"同样一炮而红。

像我这样的人，原本就没想在自媒体上投入太多精力，更不图在粉丝身上赚多少钱。所以从最开始，公众号"齐俊杰看财经"和"老齐的读书圈"便是完全免费开放的，只收取少量广告费来平衡收支，毕竟我还是要给团队成员发工资的。

然而，很快遇到了公众号平台大规模清理广告，至此我在公众号上的收入彻底没了着落。天无绝人之路，当时正好赶上自媒体平台"小密圈"变身"知识星球"这个契机。在朋友的介绍下，我与知识星球创始人吴鲁加取得联系，沟通后我觉得可以入驻知识星球试一试。当时完全没想到，这是一次不容错过的大好机会。

当时的想法很简单——读书圈读万卷书，粉丝群行万里路，将自己掌握的投资知识传递给粉丝，将学到的方法应用到实践当中，最大限度地满足粉丝的投资需求。

2018 年，我开通了知识星球"齐俊杰的粉丝群"和"老齐的读书圈"，这两个星球的活跃度一直名列知识星球前两名。与此同时，我的公众号粉丝超过 20 万人，音频节目的播放量在"喜马拉雅"App 上更是超过 10 亿次，在"蜻蜓 FM"App 上超过 5 亿次。

当然，这些事都带给我不菲的收入。

自我投资才是增值最快的投资

对于有的人而言，"人生第一桶金来自哪里"是一个不好回答的隐私问题，而我很幸运，可以开诚布公地回答。

我人生的第一桶金是靠打工赚来的。再加上各种劳务收入，这笔钱足够我和全家人在完全不工作的前提下，舒舒服服地在北京一直生活下去。而且这笔钱不包括我创业和投资的收益，就是实打实凭打工赚来的。

这个事实在说给别人听时，我们双方都很惊讶。对方惊讶的是我收入的积累速度，而我的惊讶来自对方的惊讶。在我看来，这是个小数字，和之后创业赚到的钱相比，不值一提。

这样的相互惊讶，源于眼界的差异。我在电视台做记者的时候，认为一年赚 100 万元是完全不可能的。但是当我先后进入互联网和金融这两个行业之后，就觉得这个目标再正常不过了。而当我自己创业之后，又认为做生意一年赚几千万，也并不是多了不起的业绩。

即使是现在，我还是觉得一年赚几十亿不太可能，但是站在马云的角度来看，一个月赚几十亿只是既定目标。可见，身在什么阶层，就会有什么梦想。

以前也有朋友笑话我:"老齐,你努力十几年,还不如广场舞大妈卖一套房。"从金钱的绝对值角度来衡量,确实如此。但是我认为,每个人都有自己人生的平衡点,一旦跨越这个平衡点,人生就有可能失控。

比如,一旦我们拥有年薪百万的实力,就随时可以创造千万、亿万的价值,而广场舞大妈卖一套房,只是发了一笔横财,二者有本质的不同。而且我宁愿相信,凭运气赚到的钱,最终一定会凭实力输回去。广场舞大妈在某一天轻而易举拿到手的这笔钱,也不无可能在另一天的胡乱投资中赔个精光。

年薪百万是一种社会认同,更是一种自身价值的体现。一旦你真正具备了这样的实力,财富就会在之后的人生里源源不断地向你涌来,你也会变得越来越值钱。

一个人对自己的未来,必须有清醒的理解和认识。否则,人生的道路很有可能偏离正轨,即使在时代的洪流里横冲直撞,也将始终找不到方向。

坚持不懈的努力固然重要,不断进行自我投资则更加重要,我一直就是这样践行的。如果当年没有意识到电视行业很快将成为夕阳产业,可能我现在还是老样子,面对着收视率持续下滑、新媒体来势汹汹,焦虑不安且无奈。好在,我通过持续学习,不断提升了自我认知,并凭借自己的眼界及时跳了出来。

时局变幻如白云苍狗，唯有不断增长见识，才不会被眼花缭乱的短期利益迷惑，才不会被决定人生的真正机遇抛弃，才不会被日新月异的伟大时代淘汰。

我自己就是一个很好的例子。当理解金融行业并学会金融知识之后，创造财富的途径就一下多元化起来。不但能在个人理财、投资中赚钱，还能在为他人做资产管理服务中赚取服务费，还会被天南海北的人邀请去讲课或参加活动。

每个人都会面对人生中的很多岔路，如何把握住机会，做何种取舍，将决定自己最终走向何处。比如我在收到商业活动或培训邀约时，由于不爱出差，基本都会婉拒。最终，我没能成为一位著名的活动家、培训师，却也因此节省了大量的时间用来写作。

年轻人最重要的一笔投资，就是投资自己，特别是进入职场的第一个 10 年，必须把握好。不要想着存钱，不要想着买房，不要想着买基金、股票，就一门心思想清楚如何让自己的收入快速提高，如何快速成为行业精英，如何快速赚到人生的第一桶金。

以当前的物价衡量，年轻人的第一桶金至少是 100 万元起步的。而且，要和我一样，将第一桶金的含义限制在工资和其他常规收入的范围内，拆迁、卖房子、中彩票等均不属此列。如果没有赚到这个数字的钱，就要加倍努力，把手头的钱尽可能多地投入到技能学习和职业培训上，用最快的速度提高自己的"掘金"能力。

想提高"掘金"能力，有一个简单的思考方法：把自己想象成一家公司，然后问自己——

你的主营业务是什么？

如何产生更多的现金流？

如何获得行业领先地位？

通过这几个问题，可以快速确定你在人群中的地位，以及今后的自我定位和发展方向。类似的思考方法，通过自我投资可以学到很多。而不断优化看问题和做事的方法，又可以进一步刷新自己的见识，增强自己驾驭人生的能力。你要坚信，自己想过的人生，只要有人曾经实现，那么你就有可能复制。

当然，也不能完全忽视个人成长的环境因素。比如，王思聪的人生起点，就比很多人一生努力后的终点还要高，而一个孩子若出生在北上广的中产家庭，成功概率也要明显高于出生在贫困的农村家庭。但庆幸的是，很多人，在一生之中的绝大多数时间里，都处于一个相当松懈的状态，而这也就为逆袭者提供了足够的时间窗口。

很多人认为，运气好很重要，我却不敢苟同。正如《见识》一书里面提到的，好运这个东西很重要，会让你短期很快乐。但长期来看，却没什么用。该是什么样子，最终还是会变成什么样子。

更重要的是，没有谁可以一辈子交好运，也没有谁一辈子总倒霉。在大多数时候，这些运气并不会改变你的整个人生轨迹。"越努力，你就会越幸运，相反，越懒惰，所有的坏事情就与你相伴。"这个说法是有道理的，也并不是迷信。社会变革越来越快，每一次变革都对一部分人有利，而对另一部分人不利。如果你总是落到人群的下半区，那么所有的变革对你来说，就都是倒霉的事，你将无法像上半区的人那样，不断感受到幸运。

局限性和突破口在人们的思维和意识里共存，放大前者则只能裹足不前，而强化后者却可以让前进的阻力越来越小。可见，一个人最大的敌人，从来就是自己。

最后送大家一句话，是很久之前一位亿万富豪送给我的——

　　能够花钱买的知识一定要买，

　　能够花钱买的时间一定要买，

　　能够花钱买的健康一定要买。

这句话是 10 年前听到的，如今我发现它太重要了。因为这个世界上有太多人本末倒置，舍不得在知识、时间和健康上投入，而宁愿在人生竞赛中步步落后。

记住！年轻的时候，投资自己才是收益最大的事情。

跨越能力边界，
探索人生极限

池建强

个 人 简 介

池建强，极客邦科技总裁，极客时间创始人；公众号"MacTalk"
出品人，畅销书《MacTalk·人生元编程》《MacTalk·跨越边界》
作者；曾就职于洪恩软件、用友集团和锤子科技。

扫码进入池建强的知识星球

"MacTalk 的朋友们"

《悟空传》一书里，有这样一段对话：

> "你跳不出这个世界，是因为你不知道这个世界有多大，一旦你知道了，你就超出了它。"
>
> "我怎么能知道呢？我翻了无数筋斗也翻不出去，难道你用脚还能走出去吗？"
>
> "可是边界并不一定在远处啊。"

大学毕业之后，我很快意识到自己成不了技术天才，能做的只有不断寻找自己的边界和极限。

我生于 20 世纪 70 年代，从一个小山村出来，上了一所普通的大学，学的专业是机械电子工程。但是，我是个程序员，写了很多年程序；我是个写作者，有个公众号"MacTalk"，还写了两本书；我是个创业者，带团队，做产品，我还是极客时间的创始人；我喜欢持续分享和交流，还是一名知识星球星主。

这么多的身份和标签，从哪里开始讲起呢？

痴迷编程，主动变轨

以前看过一本叫《异类》的书，书里说大多数计算机大师都出生在 20 世纪 50 年代，比如史蒂夫·乔布斯、斯蒂夫·盖瑞·沃兹尼亚克、比尔·盖茨、保罗·艾伦、比尔·乔伊，等等。这帮牛人开始设计个人电脑，或者开发操作系统或编程语言的时间是20世纪70年代，那时我刚刚出生。

到了20世纪80年代，苹果公司已经上市，但大部分国人对电脑还没什么概念。我生于农村，长于乡镇，小时候根本没见过电脑，开始接触编程的时间也很晚，和很多少年天才、编程神童的传奇经历相比，差距非常大。

和20世纪90年代的很多大学生一样，我真正接触编程是从上大学开始的。高中时我的学习成绩很不错，但高考志愿没报好，最终去了河北一所大学。在大学里我很"愤青"，觉得学校资源一般，连大门外观都不好看，对学机械电子工程专业也缺乏热情。但我对计算机技术很感兴趣，但凡和计算机相关的课程，包括C、Fortran 和 FoxBase 数据库等，我都学得不错。当时用的电脑是386/486，只有黑白的"脸"，没有奔腾的"心"，我只记得给老师开发过类似图书馆图书管理的系统，但细节完全不记得了。

平时，我常和志同道合的小伙伴一起交流经验和去机房上机。由于机房的开放时间有限，而且还收费，所以我们在上机之前有很多功课要做，要准备好软盘，把程序编好并写在纸上，这样方便上机时直接录入程序并进行调试和跟踪。那时候还有一个乐趣，我们会通过各种程序和工具优化软盘空间和软件占用的内存，希望计算机能更快速地运行我们的程序。

总体来说，我在大学期间掌握的计算机知识并不系统，不像现在的很多大学生，在大学里学到的知识就已经很扎实了。在这个信息时代，互联网承载了最好的学习媒介，也提供了相当丰富的学习形式。我面试过很多非名校毕业的应届生，他们在面试时都已具备了相当不错的技术水平，如果有人带的话，都可以直接上手工作。

他们是怎么做到的呢？这些优秀的大学生在毕业之前就已经进行了大量的学习和练习。他们会选择一个自己感兴趣的技术领域，无论是通过读书还是购买相关课程，都可以进行非常细致的学习。购买类似极客时间这样的课程，还可以与老师进行充分互动。他们还会在 GitHub 上做一些编程项目，通过大量练习，就可以达到学有所成的目标。如果条件允许，去一家好公司实习几个月，更会发生质的改变。

而我那时候，真正开始学习编程却是在工作之后。

大学毕业之后我想去北京闯荡，阴差阳错地进入一家总部设在河北的公司。由于这家公司在北京顺义林河工业区有工厂和研发中心，于是我就来到了北京，也算"曲线救国"。公司的主要产品是直流电源，实验室的办公条件非常好，每人配备一台电脑，还带一个转椅沙发，但是只有拥有名校背景或家庭背景显赫的人才能去，我们其余人被派到了车间。

进入车间的第一件事就是擦散热器，我早已不记得为什么要擦了，只记得那上面有好多油……就这样擦了三个月后，我们开始"插件"，每个人一个工位，把分配好的二极管、三极管、电容器等元件插到电路板上。后来我们又去搞"测试"，照着图纸修理返厂的电路板和直流电源。

整个车间只有一台电脑，而且只有在晚上电脑才能空闲出来。我就去中关村买了一块硬盘，每天利用别人饭后在宿舍看电视、聊天的时间，回到车间把公司的硬盘拆下来，把我自己的装上。每晚我都在那里，开一盏灯，拿一本书，学一些编程知识。当时已经出了 HTML4，可以通过 JavaScript 在网页上做一些动态效果。我一边学习新知识，一边温习以前学过的编程语言。半年后，也就是 1999 年年底，我离开了那家公司，我要去"真正的"北京工作，工作地点就选在"宇宙中心"——五道口。

我把自己写的程序存在软盘里，每次面试时就拿出来给面试官演示。当时互联网第一波浪潮已经到来，我设计的动态网页在主流静态网站的衬托下显得非常新鲜。我还记得当时做了一个"泰坦尼克"号主题的网站，采用了大海、沉船、岩石等电影里面的元素，页面里有各种互动画面，还会播放主题歌。面试官看了之后不再提问，直接说："那你来上班吧。"于是，我就去了洪恩。

洪恩在五道口的东升乡租了一栋三层楼，它对面就是清华大学——那所我当年梦寐以求的学府。当时不仅一抬头就能看到，而且下了班还能去校园里踢球——空气的味道似乎都不一样了。

跟着团队一起成长

在洪恩的三年半时间，是我职业生涯中最快乐的时光之一。洪恩的创始人是池宇峰，我俩都姓"池"，这个姓实在少见，大家都以为我们是亲戚，经常有人问我："池宇峰是你哥吗？"我刚想说"不是"，他们就摆摆手说："彪悍的人生，不需要解释。"

我刚去的时候，公司正在做洪恩在线和论坛。领导给我两条路让我选，要么走前端路线，去做写页面的 UI 设计师，要么去做后端程序员，写服务器端的程序。"前端不都是小姑娘做的吗？"我想了想，选择了写后端程序。

当时的洪恩有一二百人，有很多刚毕业的清华大学（简称清华）、北京大学（简称北大）的学生。池宇峰本人也是清华毕业的，是个"70 后"，整个公司的氛围就像在大学里一样。很多同事晚上住在公司，第二天上午 11 点，大家穿着拖鞋来上班，下午两点多开始高强度工作，一直编程到天色变暗，晚饭后继续编程，深夜 12 点更新网站、发布程序，之后或学习或工作，有时几个人还会打场三角洲游戏，直到早上四五点钟才回宿舍休息。

当时我刚从车间里出来，忽然来到这么一个年轻、开放、热情的环境，最重要的是每人都有一台电脑，这简直让我幸福到眩晕。公司牛人很多，可以从他们身上学到很多东西，那个阶段我的成长也是最快的。

虽然公司不要求加班，但我每天都会工作到深夜。而池宇峰的管理方式很有特点，他总不在办公室待着，喜欢四处转悠，看谁干活就去跟谁聊两句。所以，他常常跑过来和我"侃大山"，他问我项目进度和我的想法，我会问他公司未来有什么打算等，有时候也会闲扯些江湖轶事。现在回想起来，这就是一种走动式管理吧。

通过持续走动和与不同项目组的人聊天能了解项目进展，重复公司战略，让员工了解我们为什么要做现在的事和未来的事。从某种程度上讲，公司就和一个开源社区一样透明，比扯条幅、喊口号这种填鸭式的企业文化灌输形式更有效。

无论是白天还是黑夜，老板总是看到我在闷头编程——面对花花绿绿的高亮代码，噼里啪啦地敲击键盘。一个月后我涨了工资，那一年涨了三次。老板果然都喜欢疯狂工作的员工！

盯着小事情，错过大机会

程序员看起来很牛，其实也分时候。洪恩在线本身不挣钱，公司主要靠卖教育软件挣钱。后来互联网泡沫破碎，大家觉得再这么继续烧钱，现金流早晚会出问题。于是只留了很少的人来运营，把以前从别的部门抽调过来的人又还了回去。大量技术人才无事可做，公司又舍不得裁掉他们，于是就启动了一个新项目，叫作数字校园，准备使用最新技术 Java 实现，新的旅程又开始了。

数字校园的定位是基于 B/S（Browser/Server）架构的校园信息化平台，大部分功能使用浏览器操作，少数的类似排课引擎要安装客户端。主要技术架构是 J2EE，现在叫 JavaEE 了，支持 Windows、Linux、UNIX 系统，数据库采用 PostgreSQL，HTTP Server 是 IIS+Tomcat 或 Apache+Tomcat，主要语言是 Java 和 JSP，其他用到的语言包括汇编、C、VC、Shell 等，当然前端的 HTML 和 JavaScript 是少不了的。为了在浏览器上模拟客户端程序的效果，我们使用 XML 数据岛的技术实现浏览器异步加载，后来类似的技术有个更时髦的名字叫 Ajax。为了实现智能排课和分班，我们走访了很多学校，编写排课和分班算法，分别实现了在线版和离线版。

这些技术现在看起来已经有些古老，但在当时是非常先进的，那可是 2001 年，JDK（Java Development Kit，开发工具包）版本还是 1.4。

虽然产品优秀，理念超前，但曲高和寡，而且洪恩本身由于缺乏企业级产品的运营和销售经验，再加上当时学校的信息化需求也没那么迫切，现在看来，很多事都没踩到点上。但当初公司高层和开发团队对产品的期望值都很高，曾一边历数全国的学校，一边想象成为"土豪"的样子。一年后这个产品被搁置，仅留几个人做维护，其他人又被派走了。

很多人就想，怎么又失败了？有人选择了离开。我当时已经是一个技术管理者，写代码的同时还要带团队。虽然我是 Leader，但技术并不是最突出的,只是老板觉得我在协作和管理方面有一些天赋,而且性格也没有那么桀骜不驯。

有一天池宇峰来找我,说:"你呀,你就不是做技术的料。做技术的人都是大学毕业的时候就已经非常强了,你应该走业务和管理路线。"我当时听了非常伤感,不过我表示还是挺想做技术的。池宇峰很大气,他说既然你喜欢做技术,那你就去技术部吧。

在技术部待了一段时间后,一天他把我们几个人叫在一起,说:"我们做英语培训吧。当年我做'开天辟地学电脑'的时候就有这个打算,这次培训一定能成!"我们就想,怎么做培训呢?于是我们又用.net做了一套软件,它不仅可以记录学员信息、学习进度和课程内容,而且可以通过视频进行对话和练习,讲师还可以点评学员的文字作业和视频作业,这是我们当时想到的一个卖点。第一期学习班的反馈效果很好,正在我们忙着为第二期学习班招生的时候,非典突然来了。然后,就没有"然后"了。老板崩溃了,跟我说:"你看,你确实不适合做技术。"于是,我也崩溃了。

池宇峰又派我去管儿童事业部,这里需要技术的地方不多,主要是给儿童做电子产品、电子书,以及设计版面等。我看到同事们每天要做很多手工工作,比如录入数据、统计分析、文件分类,等等,我说:"这些工作你们都不用做了,专心做产品设计,这些我来做!"随后,我写了几个自动化程序,重新梳理了工作流程，加强了项目组内的交流和进度跟踪。其实我工作得很开心，但程序员不做技术就会感到恐慌，一旦不再高强度地编写程序，很多东西就会被忘掉。于是我决定离开。

现在回想起来，那时候就是格局不够。站的位置本来就低，眼睛还近视，能看到的就是以自己为中心的一亩三分地，还未必能看清楚。我的问题和大部分人一样，那会考虑的都是工作和生活中鸡毛蒜皮的小事。

前一阵子和朋友聊天，他说中国从 1990 年到 2020 年，简直是经济高速发展的三十年。无数的财富和梦想涌现，伟大的公司诞生、崛起，然后坍塌；下海经商，楼市起飞；PC 时代互联网改变信息流量，移动互联网颠覆生活方式；信息变革、算法革命、云计算、人工智能、产业革命，次第而来。中国的 GDP 翻了多少倍？我们怎么浑浑噩噩似乎啥都没赶上呢？

我说，其实我们赶上了，比如你现在有自己的房子、车子和不菲的工资，也许有负债，但也有存款，甚至有自己的公司，虽然不大，但在向好的方向发展。这已超过 80%的国人。之所以觉得自己浑浑噩噩，是因为在和更有格局的人比，在和发展更好的公司比，在和跨越了多个周期依然屹立在浪潮之巅的组织比。

在大时代发展的浪潮里，大部分人看不到大的机会，很少人思考未来，极少人能看穿未来。因为格局不够，只能随波逐流，所以我们做不出微信、拼多多、抖音和今日头条这样的产品。极少数人看到了未来，也是"有心杀贼，无力回天"，要么能力不够，要么执行力不足。

所以，三十年高速发展的大潮，百年难遇，我们这一代人赶上了。看到别人起高楼，看到别人楼塌了，看到繁华，看到速朽，也看到了无奈。

我参与这个进程二十年，直到近几年才逐步能看清一些东西。在看不远的时候，才有了找块石头垫脚或登山望远的意识。能看多远，能看到什么，都不一定，但至少我知道了要去思考和行动。

这种觉悟，即便在早期跟随了一位优秀的创业者，也不一定能想清楚。我在洪恩的时候痴迷于提升技术和带团队，而不是从创业、产品和产业周期的角度考虑问题。这其实就是一种随波逐流的偷懒行为，也导致了在面对互联网大潮时自己会无所作为。

直到 35 岁之后，我才开始思考自己的优势，以及想做什么样的产品，这是不是太晚了？也是，也不是。每个人成长和成熟的周期不一样，只要不离开战场就有机会，无非是失败、小成和大成的区别。所以，我给自己的建议是，一方面提升格局，一方面夯实能力，在踏踏实实做事的同时，持续思考未来。

永远盯着那些小的事情，无论在什么时候，都不可能看到大的机会。

主动探索，冲破迷茫

洪恩是我就职的第一家互联网公司，但世界那么大，我想去看看。池宇峰挽留我说："你别走，咱们就快开始做游戏了。"我问什么时候，他说不一定。连续的失败让我对不确定性彻底丧失了信心，最终我还是离开了。

后来，池宇峰创办了完美时空。完美时空的网游技术依靠的就是当时祖龙工作室和洪恩在线的技术班底，祖龙工作室在洪恩时代出品了大型 PC 版对战游戏《大秦悍将》和《自由与荣耀》，但一直没找到盈利模式，于是被大气的池宇峰储备了起来。后来，这帮技术天才终于等到了大显身手的一天，并且个个身价不菲。池宇峰真是韬光养晦、大气磅礴。有资本不停地试错，最终成功。

我后悔离开洪恩吗？这个问题其实是无解的。人生落子无悔，每个大的选择，都会改变今后的人生轨迹。再一次，选择和格局、运气都有关系。如果再选一次，我可能还会离开，因为那时就只能想到这些。

那时是 2003 年下半年，百度、阿里、腾讯这些巨头尚未崛起，企业软件行业风生水起，外企如日中天。用友在企业软件领域正迎来自己的高光时刻——登陆 A 股，成为市值 200 亿元人民币的软件巨头。二十年后，用友的市值增长到了 1000 多亿元人民币，但其间大部分时候，只有互联网巨头市值的零头。

我自己则先后在用友和一家外企工作了十年之久。

我去用友面试，演示了我做过的东西，很快被录用。入职的用友软件工程公司主要面向国际市场和国内大企业，提供技术产品和服务。与我同时期进入技术部的包括我在内一共有 7 个人，我们史称"七剑客"，我们的主要工作是研发企业软件开发平台。当时用的技术并不成熟，而且用户是程序员——一个非常挑剔的群体。

一年后，我步其他"剑客"后尘选择离职，去了一家叫作 Rocket Software 的公司，这家公司给我留下的财富之一就是，让我见识到什么是真正的分布式开发平台。他们的平台技术架构是由很多年纪一大把的老程序员开发的，据说是制定 CORBA（Common Object Request Broker Architecture，公共对象请求代理架构）标准的牛人，他们在底层用 C，中间层用 Python，上层用 Java，还构造了自己的通信协议和运行在各个节点的服务，形成了一套完整的体系。代码尤其简捷优雅，我一边像读诗一样阅读他们的代码，一边感慨此生都无望写出如此优美的代码。在使用这套平台的过程中，我学到了很多从书里很难学到的东西，当然我也为他们修复了很多 bug。

在与这些资深程序员交流的过程中，我还学会了如何提问。在提交 bug 时应该说明：在什么情况下会出现 bug，你做过哪些解决 bug 的尝试，引发 bug 的原因可能是什么。除此之外，还要提交 log、crash、dump 文件。如果没有上下文，直接问他们："内存溢出怎么办？"这就是一个很不好的提问方式。在这家公司我还知道了国外公司的老程序员远远多于国内公司的，很多程序员都已四五十岁，有的级别和 VP（Vice President，副总裁）一样高，但依然在编程。他们只是不需要经营公司而已，他们做架构、编程、咨询，还有写书，每样都做得非常棒。

其间池宇峰曾让我回去，但是我对网游前景看不清，另外对做游戏这件事已经没有太大兴趣了，所以婉拒了他的邀请。之后他们有一段时间确实过得很艰苦，但是发展速度极其迅猛，在三年时间里以闪电般的速度登陆了纳斯达克。

一个人对一家公司的成功而言，真正重要的是他在这家公司起到多大作用，等人家成功后再去，那又何必。

在我离开用友两年后，用友创始人邵凯也想让我回去。我想，洪恩没回去，外企也见识过了，要不这次就回去吧。于是，我就回到了这家改名为"瑞友科技"的老东家。

刚回去的那段时间还是挺艰难的，平台部只有三个人，还都要离职。我不仅要自己写程序，招人重建团队，还要帮助项目组解决问题，所有项目都需要用我们研发的软件开发平台，压力特别大。

平台部的人行事风格过于技术化，和其他项目组的人的关系搞得很僵，技术人员的想法就是，我做出这个开发平台，你们爱用不用，不用拉倒。结果部门经常被投诉，形成了恶性循环。我刚去的时候还有很多技术问题都没有解决，比如一个实时业务系统，每天都要在凌晨手动重启一下，否则第二天系统就可能宕机。其实问题很简单，是一个线程池的使用出现了问题，稍稍修改一下就能解决。

我慢慢把这些关系和问题捋顺后，就开始做自己一直想做的平台产品。后来公司成立了 IT 应用研究院，我开始考虑和规划公司的整体技术发展。从 2006 年到 2014 年，我主导研发的产品 GAP（Global Application Platform，国际应用软件开发平台）服务了成百上千的企业客户，我的很多代码至今都还跑在客户的服务器上，这是让我比较开心的事情。

潜心输出，其利自生

我经常被别人问，怎样才能高效学习。其实，最好的办法就是学完之后再输出，能够以教代学最好。我很早就开始在博客上写文章，也在 InfoQ 网站上发布过文章，还在技术大会上做过分享，当过联席主持人，等等。不过高强度地输出内容，还是在微信公众平台兴起之后。

01. 从 Mac 说起

苹果电脑，我们都叫它 Mac，起初因为软件少，系统不兼容，国内鲜有人用。2007 年之后，随着 iPhone 的大热和 App 开发需求的出现，Mac 开始逐步普及。我在洪恩和外企的时候，大多是在 UNIX 和 Linux 系统下工作的。但作为电子设备的狂热爱好者，2008 年我下定决心买了一台 MacBook Pro，开始了我的 Mac 生涯。

玩车的人都喜欢把跑车改造成"战斗机"，Mac 就是电脑里的"跑车"，还特别容易被改成"战斗机"。我个人在用电脑时对软件环境要求比较高，而 Mac 越用越顺手，于是我经常和开发人员说，这个东西特别好用，很多程序员需要的环境和工具，MacOS 都是默认配置好的，包括编程语言环境、构建工具、版本控制工具、命令行工具、Shell 脚本等，应有尽有。并且，我也写了一些普及 Mac 知识的文章，影响了一批人，其中一篇《开始使用 Mac》在网上很容易搜索到，阅读量还挺高。

现在，很多互联网公司的标配都是 Mac 笔记本电脑或台式机，我的前东家锤子科技和现在的创业公司极客邦科技都是这样的。

2012 年，微信公众平台横空出世。微信这个 IM（Instant Messaging，即时通信）工具和社交软件增加了写作和媒体属性。从冯大辉老师的公众号"小道消息"那里学会怎么玩儿后，我也申请了一个账号，起名为"Mac 技巧"。当时想法很简单，就是玩，想介绍一些与 Mac 和 iOS 相关的技术。

一篇篇写下来，我开始逐步在文章前面加一些自己的思考或讲个小故事。没想到这些内容越写越多，十几年积累的东西似乎找到了一个出口，以前看过的书、学过的技术、经历过的人和事，全部涌上了心头，然后再到手指、键盘、微信，一发不可收拾。于是我把公众号改名为"MacTalk"，现在"MacTalk"已形成了一个品牌。

02. 收益与动力

从 2012 年 12 月至今，我在微信公众平台上推送了 1600 多条消息，写了近 200 万字，并撰写了两本书《MacTalk·人生元编程》和《MacTalk·跨越边界》。写作给我带来的好处不计其数：认识了各种有趣的人，拿到了好的资源，有了一点点影响力，有了更多的思考和行动。"输出"为我带来了巨大好处，我终于可以做自己喜欢做的事情了。

很多人可能会有疑惑：你怎么知道写作能带来这么多好处呢？我之前并不知道，只是我做事比较有韧劲，开始了，就想坚持下去。很多人不知道如何成长，其实最简单的坚持就会换来惊人的结果。世界上一直存在一条路，让我们的能力从平庸到杰出，这条路漫长且艰辛，只有少数人愿意走下去，所以，优秀的人永远是少数。

写作占据了我很多时间，本来就少的娱乐时间现在变得更少了，我把看电视、刷微博的时间都用来写东西。相应地，我的写作能力就提升了。

我会有意识地读一些关于写作的书，而且看文学类作品的角度也不一样，我会更关注文章的结构、文法、用词和节奏。如何让文章富有韵律，长短句怎么结合，句子之间如何搭配，文章结构怎么组织，怎么把文章写得有趣，等等，这些都是很有说法的。写作也与天赋有关，但也可以后天练习。如果你有天赋，加上后天努力，就有可能成为一个大师级人物；如果你资质平平，那么也可以通过练习成为一个不错的工匠。

持续输出需要付出很大的代价，早期的很多公众号作者都没能坚持下来，反而有不少新人闯进来，比我写得好多了。我在最开始时每天都会写一篇公众号文章，后来发现这个更新频率太残酷了，就改为每周更新三四篇，这个节奏一直保持到现在。写东西还有什么好处？有些事不记下来，就会从你的生活中消失，这是原因之一。此外，在写东西的过程中，会有一些新的想法冒出来，而它们在你动笔之前是不存在的，这种感觉特别好。我在写文章时喜欢把有趣、幽默的话题和叙事技巧融合到一起，这样读者读起来会比较轻松，"于轻松处响惊雷"大概就是这种效果。正因如此，很多人说在看我的文章时经常忍俊不禁。和编程一样，写文章是件很有意思的事。

03. 主题与读者

确定写作主题也是一件有意思的事情。

因为有积累，刚开始每天都有话可说。可当我写到几百篇的时候，发现自己似乎已被"掏空"。而且也不能总跟读者讲技术，就算讲技术也要讲得有趣才行。现在写东西就经常从每天接触的事物中获得灵感，想到新的主题就会记到 ToDoList 里，以备将来在没的写时应急。

我的文章大概分为规划和非规划两类。规划类文章就是系列文章，诸如"Macintosh 演化史"系列、职场系列、技术成长系列或某个专题。如果我看到了某则新闻，突然想到一个主题，把它写了下来，这就属于非规划类文章。

我的读者中，程序员、产品经理和大学生居多，还有很多技术圈的好朋友，以及出版界的朋友。除此之外，还有很多其他行业的读者，可能主要来看我扯淡吧。很多读者的忠诚度很高，早期每天都更新文章，他们经常和我说，晚上睡觉前就等着我的文章，不看完不睡。年轻一些的读者，在刚上大学或刚入职场时，困扰会多一些，心智也不够成熟，提的问题比较多。我一般会帮他们分析问题并加以鼓励，有的人还真的从此振作起来了。我的文字能帮到一些读者，还是挺让人开心的。

激进跨界，加入锤子

加入锤子科技是一个偶然事件，事实上我从来没想过自己会去一家手机公司。毕竟人生不是规划出来的，普通人大多跌跌撞撞往前走，遇到机会就迎上去，打一仗，无论结果输赢，最后都需要拍拍土，整理衣衫，擦亮武器，继续向前。

大约在 2012 年，我逐渐对企业管理软件市场失去了兴趣，我个人的能力和资源越来越契合面向互联网个人消费者的战场。但是跳出舒适区并没有那么容易，我在用友软件园工作了很多年，熟悉那里的一草一木，对软件平台上的每一行代码都倾注了情感。那里有老领导、老部下，在有效范围内，我几乎可以做各种尝试。我走来走去，我看花开花落，我为什么要离开？

已经坐在舒适区最柔软的沙发上，只能选择一种最激烈的方式改变列车轨道。我开始筹备创业，然而另一条消息先到了。

2014 年冬末，一片羽毛随风飘落到我的面前，我的选择是，伸手接住它。

锤子科技创始人罗永浩通过我们共同的朋友找到了我。那是一顿冬日阳光里令人愉悦的午餐，由于从来没见到过"活"的老罗，我一边吃饭，一边观察。老罗体格庞大，穿着闲散，能说，目光坚定，气场澎湃。坐在他对面会充满压迫感，我选择坐在他的旁边，感觉还行。

从锤子 T1 手机聊到牛博网，从学校教育聊到新东方，从设计工艺聊到未来的产品形态，老罗词锋犀利，话语密不透风，针扎不进，水泼不透。当然，在老罗面前，我更乐得做一个倾听者。

这次见面促使我下定决心跳出原来的圈子。我希望自己有一个激进的变化，也很喜欢锤子科技的硬件设计和产品理念，希望能参与其中。2015 年 3 月，我开始逐步接手锤子科技云平台的工作，因为涉及两家公司的工作交接，这次角色转换足足持续了三四个月。

因为老罗这个大 IP，体量本不算大的锤子科技一直处在互联网的风口浪尖上。我在这里的两年时间，一路走来，可谓刀光剑影、险象环生。在一个充满变化和挑战的环境里，我会感觉自己的生命被拉长了。人们常说，有机会的时候要尽情尽兴地去享受"激烈"和"艰险"，等有一天你老了，从前的记忆就会温暖你的身体。那几年的时光大致如此。

锤子科技是一家非常独特的公司。之所以独特，是因为人和产品。但也是一家再正常不过的创业公司，有高峰期和低谷期。我加入之后经历了坚果、锤子 T2、锤子 M1 等手机的发布会，以及一个文青版坚果手机的小型发布会。每一场发布会都犹如一场战争，尤其是 2015 年 8 月的坚果手机发布会。我刚入职不久，几乎要被突如其来的 DDoS（Distributed Denial of Service，分布式拒绝服务）攻击打垮，幸而团队给力，最终我们不辱使命。

2016 年，我们迎来锤子科技最折腾的一年。那年春节，公司罕见地举办了创建四年来的首次年会，年会上老罗信心满满，因为人才和钱财"似乎"都到位了。那个时候，公司人才济济，士气正盛。D 轮融资看起来也走到了签字的最后一刻，钱似乎已经以迅雷不及掩耳之势奔到了公司账户的"门口"，就差最后撑杆一跃了。

一年之后，沧海桑田，人员变动，新品发布后销量一般。我对公司的整体治理都失去了信心，自己也有了创业做产品的心思，于是在 2017 年找了个机会离开锤子科技创业去了。

两年后，锤子科技被字节跳动收购，关于锤子科技的故事，只待后人评说了。

至于我个人，则完成了一次转型。在锤子科技期间，我和我的团队不仅要负责欢喜云及其他服务器端的研发，还包括官网、商城、内部运营系统和各类非安卓软件的研发。iOS 版锤子便签、锤子阅读、HandShaker（macOS 版和 Windows 版）等外发软件都出自这个团队之手。

经历了锤子科技之后，我对产品、设计、技术和互联网用户有了更深入的了解。"是时候创建自己的产品了。"我这么对自己说。

产品初心，极客时间

工作了很多年之后，我发现自己就是个普通人。自己没有想象中聪明，做事也找不到捷径。别人可以轻松抵达的目的地，我常常要历经重重磨难，如同凿挖水井，必须坚持不懈，或许能有泉水涌出，但往往会碰到坚硬的岩石。这也让我知道了自己的一个特质，就是韧性和坚持。如果类比运动员，我可能是一个长跑运动员。

这个特性并不全是好事，因为坚持做一件事，同样可能失败。比如，我在用友软件园待了近十年，现在想想，应该是缺乏变通，浪费了大好年华。而好的一面是，我可以坚持打十几年羽毛球，坚持写十年文字，坚持一个产品的迭代，坚持某种情感的投入。从某种程度上说，这又造就了现在的我。作为一个技术人、产品经理和创业者的特质，明白无误地得到了展现。

我想，如果想让各种人和事综合而立体地运行起来，最终成就一件事，势必需要一定体量的时间和空间。如同飞机的跑道，长且稳健。我做不了飞鸟的事，但也许可以把飞机送上天空。

01. 落地产品梦

每个人都有一颗做产品的心。

2017 年，我决定创业，用未来十年时间做一款自己主导的，能够为人们创造价值的，并且还能赚钱的产品。这个想法得到了几位好友的支持，尤其是极客邦科技创始人霍泰稳，他干脆跑过来跟我说："咱们一起干吧。"2017 年 3 月，我加盟了极客邦科技，任公司总裁，开始构建极客时间这款产品。

极客时间和我自己的写作经历息息相关，在人人可以拥有品牌的时代，如果你有一技之长，还能将其以一种优雅的方式写出来或讲出来，那将是一笔宝贵的财富，无论是精神层面还是物质层面。极客时间就是这样一个知识产品的容器，容器中的每个产品都是贴着场景长出来的。

技术本身让我沉浸其中，我个人也从技术社区获益良多，我在工作中所获得的一切成果，都得益于此。乔布斯说过，做出一件好的产品，也许是向这个世界表达感恩的最深刻的方式——

> "你没见过那些人，没跟他们握过手，你没听过他们的故事，也没跟他们讲过自己的经历，但就是通过你倾注心血做出的这样一个产品，你传达给了一些东西给用户。"

从零开始打造一款产品并不容易。

02. 定位与进化

规划产品，组建团队，进行 MVP（Minimum Viable Product，最小可行产品）实验，设置里程碑……整个过程艰苦并充满快乐。我常常在众多程序员、产品经理和设计师的工位间走来走去，看着他们或敲打键盘写下一行行的代码，或为某个交互和设计细节争论得面红耳赤，每个产品的功能中都灌注了他们的情感，我感受到了前端主程序员的那句话："一切尽在掌握。"

后来由于时间紧任务重，技术和业务复杂度增加，前端主程序员把这句话修正为："快掌握不住了。"我并没有过多的担心，因为这句话的核心逻辑是，一切依然在掌握中。

2017 年 10 月，我们发布了极客时间 App1.0，这是一款面向泛 IT 领域的知识服务产品，旨在通过好内容、好产品、好服务帮助用户轻松学习、高效学习。你可以把它当作一个知识容器，也可以把它当作一本鲜活且支持互动的电子书，还可以把它当作一个技术社区，随时和小伙伴一起学习。

这只是一个开始，在产品和用户成长的过程里，产品的迭代速度和更新频率会起到决定性作用。如何更好地呈现音频和图文的展示效果，如何让课程有别于传统的视频课，如何建立讲师和用户的连接，如何向用户推荐内容，如何控制内容品质，如何实现高效的订阅流程，如何完成用户的学习闭环，如何承载更多的内容形式等，这些都有广阔的突破空间。除此之外，还要考虑产品的自传播特性，如何让用户更好地展示自我，如何让用户把产品和内容推荐给朋友等。

在产品发布的当晚，我在自己的公众号上写下了一句话：

> "在未来可以预见的时间内，互联网的技术人都会记住这个名字：极客时间。"

03. 阶段性复盘

两年内，极客时间交付了 150 多门（数据截至 2020 年 9 月）课程、800 多门精品小课，以及训练营、免费公开课、QCon+ 案例研习社等内容产品，输出了免费音频播客"卖桃者说"，还提供了社交服务部落。产品经理、前端工程师、Java 工程师、架构师、测试工程师、Python 工程师、团队 Leader、移动工程师，都可以在这里轻松找到自己的成长路径。现在，有上百万名程序员在极客时间学习和成长。

在衍生品方面，极客时间企业版可以为数万家企业的员工提供学习服务，训练营可以为极客时间的深度学习用户提供更为深入和全面的学习产品和服务。除和技术有关的内容外，我们还提供了互联网其他领域的课程，比如，技术管理、项目管理、面试、产品构建、运营增长等课程，还有法律课、摄影课和视觉笔记等课程。未来我们会拓展更多的职场技能课程，为用户提供更多成长路径。

极客时间对我个人来说，只是一个开始。人生最有价值的时刻，不是最后的功成名就，而是对未来充满期待与不安之时。天高水长，经年以后，相信会有更好的产品和服务提供给用户。

每个人在一生中都会遇到很多边界，有些边界可以突破，有些则不能。那些无法突破的边界就是你的极限，而划分边界的标准就是"阈值"。每次突破阈值之后，人生轨迹就会发生剧烈变化，其间需要你做出很多思考和判断，直到最后找到自己的极限。

人生在世，不可能总是吃饭、睡觉、工作这些事情，你总要花时间理解和认识这个世界，了解自己，并与世界建立各种联系。在寻找这种联系的过程中，你一直在做某种跨越。我自己从"工厂"到"互联网"，从"编程"到"构建产品"，从"技术人"到"创业者", 一直在寻路, 一直在跨越, 贯穿始终的则是我的两个能力或特质: 坚持和写作。找到自己的特质, 然后不断精进自己, 这很重要。

生活就像酿葡萄酒, 你不能总是用葡萄汁兑水来应付。酿出自己的那杯美酒, 过好自己的生活, 同时向世界传递你的讯息, 就可以了。

选择一条少有人走的路

刘　鹏

个人简介

刘鹏，清华大学博士，现为科大讯飞副总裁；公众号"计算广告"作者，知识星球"计算广告"星主；曾在奇虎360、微软亚洲研究院、雅虎北京研究院、MediaV（聚胜万合）担任数据科学家等职务；被多家互联网公司聘为变现业务顾问。

扫码进入刘鹏的知识星球
"计算广告"

从骨子里来说，我是一个崇尚自我的人。或者说，我不喜欢别人强加给我的东西，也不喜欢某些道貌岸然、动辄代表集体的人。现在的我，既不想被别人称为"变现高手"，也自认为够不上行业大佬。数年如一日，我只不过是一个"白专"青年，希望做一些有增量价值的小事，想让生命在"名权"以外有真正值得存留的意义，仅此而已。

不羁的青春让我保持独立思考

上学那十多年，我一直是一个"白专"少年。

"白"，是说我发自生理上对某些说教和组织意志心存厌恶，我对当时的一些论调颇不以为然。这种想法一直延续到我成年后，表现在对部分公司的价值观从未真正认同过。这倒不是因为这些论调和价值观令我鄙夷，主要是我认为，保持自己独一无二的价值观，才是我的人生要义。

"专"，是因为上学期间我的成绩一直很好，就算我在课堂上不怎么听讲，也都能门门科目考出高分。我在西北小山沟里如此，初三来到北京也是如此，中考还考出了一个市状元。中考成绩出来后，市里的尖子生们都很惊讶，因为以前从没听说过有我这么一号人，于是众说纷纭，一度还传出我身残志坚的感人故事。

对于我这样的学生，老师们爱恨交织，一方面亏着心地加封我为"三好学生"，另一方面又想方设法地对我加以"挽救"和"改造"。初高中各有那么一段时间，班主任天天让我写检查，当然，我也确实天天有错可挑。也就是在那时，我对写作的热情被唤醒了。我还在自己负责的黑板报上开辟了一个专栏，叫作"忏悔录"，专门用来刊登我的检查。

不服管束的我，在初中时甚至还成立了一个组织，我们不定期出版手抄报，让县城里刻手戳师傅治印一方，我们还选出了四大金刚班底。终于，我们的淘气被警察叔叔当真了——他们果断"出手"，还在老师办公室里临时设了一个公堂，我被"问"了两天。于是，我有了进过"局子"的不良记录，虽然不是真局子。

就这样，我沿着自己的"白专"道路，居然一路走到了博士毕业。本来，我一点儿也不想去大公司上班。不难看出，我的性格与职场是多么的不"适配"，大概率会导致公司和我自己的相互糟践。毕业前的那两年，我参与了一个创业项目，还拿到了几百万元融资。果然，按照剧本设定项目最终失败了。我一时不知何去何从，所以才抱着"有枣没枣，打三杆子"的态度，开始投简历。

最终，我入职 MSRA（Microsoft Research Asia，微软亚洲研究院）。后来，有人问我为什么选择这里，我只好如实作答："因为，我只拿到这一个 Offer。"当然，这多半也和我的顽劣性格有关。比如，我去一家韩国企业面试的时候，面试官因临时有会，敷衍地拿出一份试卷让我做，我一怒之下离席而去。只有 MSRA

的宋老师在给我打电话时和颜悦色地说："收到了你的求职信，你说你对西门子公司感兴趣，那么是否也考虑 MSRA 呢？"我尴尬地笑了，原来，我连求职信都发错了……

唤醒在舒适区蛰伏的天性

当年的 MSRA 有两大特色：一是待遇"鹤立鸡群"，2004 年 MSRA 给毕业生的年薪就有 20 多万元，还不包括额外的奖金和股票；二是面试特别严格，候选人要先做一个报告，然后参加八九轮的一对一面试。在整个面试过程中，所有面试官都具有一票否决权，而且否决意见是盲发的，想说情的人都不知道找谁。说实在的，我能通过面试也是一个意外，因为我的英文并不好，做报告的词儿基本上是背下来的。

我就这样误打误撞进入了这家被称为中国人工智能"黄埔军校"的研究机构，工作方向与博士生学习期间的研究方向一样——做语音识别。这当然属于人工智能领域，不过，在那个时候我们可不敢说自己是做人工智能的。因为这个领域当时正陷入第二次低谷，从学术界到工业界，说自己是做人工智能的，就跟在自己脑门上贴个"骗子"的标签差不多。

与国内互联网公司相比，MSRA 的工作节奏其实算不上紧张，无非就是发发论文，"搂草打兔子"似的找找公司产品里有哪些地方能用得上自己正在关注的人工智能技术。我虽然在高手如云的环境里谈不上多么出色，但是工作也不至于难倒我。

这样钱多事少又稳定的工作，在当时看来，可以说是相当理想了。待了一阵子后，我曾一度产生这样的幻觉：大概，我也会一路打怪升级，沿着微软那几十级的台阶慢慢往上爬，最终成为公司文化下的"红专"青年，完成彻底蜕变。

就这样我在 MSRA 工作了两年多，突然发生的一件事，让我不得不重新思考人生。

那时，我脖子上长了一个不大的疙瘩，以前的检查结果是"温结节"。2007 年夏天，我觉得那个疙瘩明显变硬了，找到协和医院的老同学郭大牛。他摸了一下，面沉似水地撂下一句话："我觉得不太好，你还是做了吧！"于是，我被三下五除二收进了病房，检查了一个底儿掉。我还记得 B 超大夫让助理在病历本上写下："结节内有钙化点，周围散见血流信号。"他又掉过脸来嘱咐我："不太好，赶紧做了吧！"

"不太好"的意思我明白，但对这病是否严重及如何治疗，我却一无所知，仿佛被突兀地拽进了一个未知世界。我在某度查了一下，有说"啥事儿没有"的，也有说"马上要完"的。奇怪的是，当时我一点儿害怕的感觉也没有，只是心情如泡沫一样悬浮，觉得自己变成了自己的旁观者。

父亲闻讯来到医院，我看见他跟大夫嘀咕了很久，能想象在我被推进手术室时，他白发下面遮掩不住的愁容。手术进行了 5 个多小时，当我从麻药劲儿里醒过来时，郭大牛第一个冲到我的病床前，跟我聊了两句后欣慰地说："行，喉返神经没事儿，不影响你唱戏！"

手术后的几天倒也平静，不过到了第三个晚上，我突然觉得手脚渐麻，后来竟然抽搐起来，心跳也开始加快，大汗淋漓，似乎真如《洪羊洞》里杨六郎所言："无常到万事休去见先人"。我紧急呼叫了值班大夫，他倒是很沉着，给我验了血后说："钙低。"果然，输液补钙后，我缓了过来。几天后，病理结果出来了，所幸我的病只是最轻的乳头状癌。按大夫的话说就是"寿限正常"。不过，我需要服用甲状腺素和骨化三醇类药物。

后面的治疗过程没有什么惊涛骇浪的情节，看来这仅仅是我人生中一个有惊无险的插曲。只是，身体恢复起来没有那么快。也许我还处在内分泌重新调整的周期内，在接下来的那一年多时间里，我的健康状况很不好。我先是得了很严重的鼻炎，为此还做了一个激光手术，紧接着我的血压和心率都不正常，不知道是不是受鼻炎影响导致的呼吸不畅。大夫甚至一度让我去检查是不是长了嗜铬细胞瘤。

总之，在那段时间里，我几乎无法正常工作。与此同时，一直在脑海中飘忽不定的想法突然清晰起来——当下的工作状态，与我内心深处的向往，是格格不入的。将个人价值融入集体生活，与我根深蒂固的"白专"基因相悖,当时那种强烈的排斥感让我至今都记忆犹新。这样的想法在术后状态不好的那段时间里,一天天地在发酵。或许,是时候认真思考今后在职场与人生中该如何前行了。

集中精力于有社会增量价值的事

在 MSRA 做研究的时候,宋老师告诉我们一个做事的原则:要解决好问题,务必先定义好问题。虽然未来难测,但我还是认真思考了一番,最终算是设定了新的约束和人生目标。

先说说约束。我决定,在至少十年时间里,不加班,这是第一个约束。这倒不是说,我的身体状况到了加几天班就要"立仆"的程度。而是说,我认为让身体状态能够一点点好起来,是务必要做到的。显然,在这个约束下,我不仅短期内无法创业,而且更要远离互联网"996"的氛围。

当然,敢于如此约束自己,是因为参透了职场玄机:有些人终日忙碌,要么是做样子充劳模,要么是受制于管理带来的效率低下,在盲目的工作迭代中浪费生命。对于能想清楚并注重效率的人来说,多数事情本来是用不着加班加点的。

另一个约束是,在 40 岁之前做到不上班也生计无忧。一来,我担心过了 40 岁,精力会进一步衰减,无法适应职场"福报"。

二来，在 40 岁有可能被"弃之如敝屣"时，更要对老板言听计从，而我一直神往的是"骂街自由"。当然，这里的生计无忧，并不是网络上传的"2.7 亿财务自由"，它背后的理念是钱要多到买得起多数人认为"应该拥有"的东西。我不想被消费主义绑架，负担得起自己想要的就够了。

我一直是个 no-logo（无品牌）主义者，坚信很多消费需求只是社会贴给个人的身份标签。身为穷学生时，你会为一张"金拱门"打折券高兴半天。如果跳不出消费陷阱，收入再高，消费再疯狂，你也很难找回当初的刺激，甚至会离幸福越来越远。

就拿穿衣来说，我从来没有买过西装和皮鞋，衣橱里占统治地位的是两个名牌：Microsoft 和 Yahoo!。再说到吃，每个人的内心只青睐几样味道，就像小孩子吃自助餐，大多是一两样食物吃到底的。而我，除了豆汁，想回头的美味几乎没有。至于车，我实在不喜欢这种无聊的设备，前后两次试图学车，都因为内心极度挣扎和痛苦而放弃。在这样的消费理念下，不上班生计无忧，就算要买房子，也并不是遥不可及的事情吧？

再说说人生目标。我设定的目标，必须让自己有满足感，那就是尽可能做有社会增量价值的事。"社会增量价值"这个词，是我造出来的，想表达的意思大致就是雷军口中"风口上的猪"的对立面。这世上，有意义的事有两种：一种事是大势所趋，你不做立即会有其他人做；你做了，会发现有无数竞争者同时在做。按圣人的话说，这叫"事功"，多数追随互联网热点方向的事都属于此类。另一种事，虽然对大众有益，但因为收益差或做起来太艰辛，一时没人做。按圣人的话说，这叫"德业"。后者大多没有显著回报，而我之所以以此为目标，是因为做这样的事，虽无人问津却有人喝彩，真做起来并不见得有多困难，得到的成就感却独特而充实。更主要的是，做这样的事不需要去跟别人争"食"，显然更适合我当下的状态。

做这种事我有切身体会。我是个戏迷，在清华时曾做过一项行为艺术般的浩大工程：我努力找来能找到的所有公版戏曲曲艺类磁带，转录成 MP3 格式，并搭建 FTP 服务器供广大同好下载。由于那时网络上的相关资料极少，这个服务器成了服务五湖四海戏迷的资料集散地。

我前前后后用坏了五六个随身听，服务器硬盘也换了好几回，我的大量业余时间都花在了这件事上，而从头至尾没有向他人收取分文。不过，我却收到无数真心的道谢，也结识了许多同道中人，包括一些现在活跃在舞台上的青年相声演员。这样的满足感，非亲身经历不能体会。记得一位美国戏迷嫌资料下载速度太慢，回国时特意带着硬盘来找我，我二话没说就把所有 MP3 文件拷给了他。可以说，如果不是我当初的动心起意，以及之后数年的水滴石穿，中国戏曲曲艺资料实现数字化，至少会晚上那么几年。这就是一桩典型的"德业"。

当时，我的研究方向是语音识别。它的出现已有几十年，但实用化仍然遥遥无期。我认为，在很大程度上其研究思路和方法也已僵化，在我看来，研究者像在用匠心维护一门祖传的手艺。当 Google 用互联网大规模收集语音数据，加上基础架构的"三驾马车"迅速推出了一个比微软更好的语音识别系统时，我有点感到大厦将倾，不向互联网学习的企业和产品，恐怕都离淘汰不远了。更重要的是，我根本就不喜欢这项研究，早已无心在其中深挖。

于是我决定离开 MSRA。正好雅虎在北京成立了研究院，我作为第一个本地员工入职研究院。虽然现在的雅虎早已是明日黄花，可在当年还是技术领先的互联网公司，特别是它的研究院，曾对业界做出过不少贡献。当时，我们的研究方向是在线广告，这恰恰是整个互联网界的财富引擎。

当时，雅虎广告部门首席科学家 Andrei Broder 把这种由数据和算法驱动的在线广告新模式命名为"计算广告"。在今天，计算广告早已成为互联网显学，是多数互联网公司的核心变现产品。

能够从事计算广告方面的工作，让我感到有些兴奋。有一次，我们上线了一个新模型，虽然没用多少代码编写，但很快让一个特定市场的广告年收入增长了过亿元。这简直像是一个魔术，能够化腐朽为神奇，把枯燥的技术直接变成钱！我第一次发现，曾经被我视为鸡肋的机器学习算法和从不知有何用的博弈论，居然能在数字广告行业大规模创收。而传统意义上以创意、策略驱动的广告产业，在互联网时代居然可以成为工程师、产品经理和经济学家大显身手的领域。

但所有"火穴大转"的行当都存在一个问题：业内人士忙着变现、掘金，却不愿真经外露。因此，虽然数字广告行业人才稀缺，但是几乎没有人有意愿、有闲暇为新人入行整理教材。我渐渐萌发出一个想法，何不就从计算广告的知识入手，慢慢捋出一个脉络和体系，让有志投身者能对此重要领域有一个系统性了解？

当然，我之所以想做这件事，还有一个重要原因——当时全球范围内还没有人对此做过系统性总结，这显然是有那么一点点社会增量价值的事情。

尽力做好一件有价值但无回报的事

我开始学习散落在各业务线上的产品技术知识，并将它们进行整理。当时的在线广告业务类型主要有搜索广告、显示广告，以及后来出现的社交广告、信息流广告。如果仅仅是罗列介绍，那么还是"只见树木不见森林"，未必有太大意义，也愧对我在 MSRA 接受的几年训练。"吾道一以贯之"，我的目标是总结出一个既简单又完备的框架，并能把那些分裂的知识碎片揉捏在一起。而做到"如绳贯珠"，让初学者一目了然，其实相当不容易。

在雅虎北京研究院的工作让我有机会了解到国内广告市场的现状。我前前后后参与了好几个广告产品研发项目，也接触到各种各样的广告产品，还翻阅了大量的文献资料。后来，雅虎跟微软签订了"丧权辱国"的搜索广告业务合并条约，我因此离开了雅虎，加入一家国内创业公司。在把广告产品技术用于国内市场的过程中，我逐渐对中美市场的不同有了具体而微的了解，在商业层面上对计算广告的认识也越来越清晰。

但是，了解得越多，越不敢动笔。因为我发现了一个问题，这个市场的产品和商业模式变化太快——中国在线广告市场规模 10年间增长了 20 多倍。想让自己总结出来的知识不过时，就必须抓住最为本质的原理和方法。"学然后知不足，教然后知困"，这是我想到的验证办法。也就是说，我把我的认识讲出来，接受大家的反馈和质疑。这就如同一面镜子，能清晰地照出自己是否真的理解本质，切中要害。

一位师弟在清华开设了一门公开课，请我去给大家讲讲"计算广告"，我觉得这个机会挺好。我前前后后一共花了 7 个周末去讲课，每次 3 小时。我们几乎没做什么对外宣传，却有很多业界的朋友闻风而来，不少人甚至一次课都没落下。这给我以莫大的信心：如此强烈的渴求，足以证明其社会增量价值。

虽然反响热烈，但我反而更加踌躇。既然我要做一份在行业里立得住的经典总结，就不能这样草草了事——有启发性只是最低要求，还要做到知识体系完善，不能出现明显谬误。于是，我找到曾经的同事王超一起做这件事。我们一起把许多技术实现补充进书稿里，希望能做到理念和实操并重，然后我们用了整整 3 年的业余时间精心打磨和筛选内容，后来又把初稿发给 BAT[1]等各公司的商业化专家与高管，并从他们那里得到了许多真知灼见和热情帮助。

经过几年的写作和整理，《计算广告》这本书终于在 2015 年下半年面世，出版后的市场反响大大超出我的期望。一本技术专著，在很短时间内就重印了多次，在京东计算机新书榜上数月稳居头名，就行业从业人员总量而言，这本书的覆盖率也相当高。有人说，这本书已经成为大数据和数字广告行业人手一册的入门教材了。我从各公司商业化部门案头所见来看，此言非虚。甚至一家大公司的广告部门还把这本书作为"阳光普照奖"，在年会上发给每个员工一本。

季羡林先生说过，对世界上绝大多数人来说，人生一无意义，二无价值。这句话虽然听上去刺耳，却在善意地提醒我们每个人，要为团体、社会、国家，乃至全人类创造那么一点点价值，而不是在别人已经创造的或注定要创造的价值中取一块据为己有。不少业界大牛如果愿意花精力，肯定能比我做得更好。只不过这种吃力不挣钱的事，能做的人没兴趣，有兴趣的人干不了。

我始终坚信，把一件有价值但无回报的事尽力做到最好，一定可以收获他人发自内心的赞许和尊重。而且，正因为无回报，这样的事情并不见得高不可攀，只不过无人问津罢了。正如曾国藩说

---

1 BAT 是我国三大互联网公司百度（Baidu）、阿里巴巴（Alibaba）、腾讯（Tencent）首字母的缩写。

的"结硬寨，打呆仗"，由于我不喜欢集体主义式的努力，我也只好挑一些个人能干得了的小事来做。当时我精力不济，又一直不大合群，只是尽自己所能，花大量时间精心做了一次系统性总结，为推动数字广告社区进步创造了一点点价值。在商业化新兵的职业旅程中，我轻轻扶了他们一把。这些对我来说，比一切职场成就都有意义得多。

影响力变现才是终极变现

写技术专著的收益有限，而我又有生计无忧的约束要达成。对此，我在一开始就抱定了"但行好事，必有前程"的信念——在任何一个细分领域做过一点"德业"并能够被全行业充分了解的人，都会收获一定的影响力，而变现影响力往往并非难事。

社交环境与传播途径今非昔比，任何人都能通过朋友圈影响周围的几百人，甚至有机会日进斗金。当然，我并非要借此机会成为"网红"。实际上，有些"网红"不过是在哗众取宠，这既与我的三观不合，也对社会增量无益。

任何人在借由增量价值建立影响力之后，就有机会接触到各种深入的真实案例，进而成为行业经验的集散地。这些经验能帮助还在摸索中的从业者少走很多弯路，特别是在计算广告这个领域，知识的价值杠杆效应非常明显。因此，我只取这"一瓢饮"，并非不能实现衣食无忧的目标。

其实，我在变现这个问题上相当佛系，这些年来，几乎没有主动地、有计划地做过什么事情。在知识付费大潮中，我也只是应一些平台邀请浅尝辄止，生怕误人子弟。我愿意做的变现方式只有一种：有人需要我的经验，我提供帮助，并获得或高或低的回报。

对于回报，我一直秉持这样的原则：你需要我，我也乐于帮忙，那么我们就公平交易。"不拿不要"是恩惠，"多拿多要"，我也心安理得。至于提议先付出再得回报，或是让人帮忙还需要搭人情，又或是用名流圈子、精英关系那些"假招子"忽悠的老板，一定要敬而远之。

也有人问我，在计算广告这个领域有不少腰缠万贯的大佬，你为什么不像他们一样直接"下场"做点什么呢？其实，在我的印象中"下场"做的事情有两种：一种是在做出用户喜欢的产品后，嫁接上广告变现的能力；另一种是把买量、卖量变成将本求利的买卖，甚至利用灰色手段榨取高额利润。显然，前一种并不是只有掌握了广告领域的专业知识就能做成的，而后一种是用作弊手段攫取利润，为我所不齿。其实，无论是在大公司里做职业经理人，还是在创业大潮里拼杀，我都毫无兴趣。因为，我不想看别人脸色行事，不想虚情假意地恭维不喜欢的人，但是这在一心想着升官发财或想抓住商机时，又很难避免。

对比初心，我这10年来几乎没加过班，大富大贵谈不上但也衣食无忧，这个约束算基本达到了。虽然这样的人生态度和进取精神，在大多数公司都会被作为反面典型，不过我还是挺自豪的。

在这样的约束下，还能做一点有意义的事，得益于我生病后对人生目标的思考。

对我来说，衣食无忧最大的意义在于可以回归本心、放飞自我。我还开通了公众号，里面的"胡言乱语"引起许多读者共鸣，但也招来不少谩骂。而我，十分享受这个唇枪舌剑的氛围。

两年前，我应朋友邀请又开通了知识星球，星球名字叫"计算广告"。当然，这也并非以变现为目的。我之所以收一次性的入球费，主要是为了筛选出真正有相同兴趣的星友。我在星球里主要解答星友提出的有关互联网变现和营销的相关问题，间或讨论一些职场和人生的"暗黑"感悟。

人生刚到半程，我相信精彩的部分还在以后。我会继续追求社会增量价值，哪怕是做一些微不足道的小事。除此以外，对于职场与社会贴给我的各种身份标签，我确实是不关心，懒得谈。

从赚钱思维到生财有术

亦 仁

个人简介

亦仁，连续创业者，知识星球"生财有术"创始人；2017 年年初，在知识星球平台创办谈钱不伤感情社群——生财有术。他秉承"让普通人赚钱不难"的使命，坚持"少聊大道理，多聊具体生财案例和方法"，旨在帮助普通人在创造价值的过程中赚到更多钱。2020 年，"生财有术"已运营至第四期，社群成员累计发布超千万字的赚钱心得，并沉淀出 1800 余条赚钱相关技巧。他切实帮助了很多人生财有术，也得到了社群成员的高度认可。

扫码进入亦仁的知识星球
"生财有术"

在知识星球创办"生财有术"社群的初心，是希望"让普通人赚钱不难"。在三年多的社群运营过程中，我始终抱着这个使命感，从信息获取、思维升级、案例学习、人脉连接、机会提供等多个维度向 15000 多个圈友（指社群成员）输出价值。很多人说，"生财有术"运营得法，值得学习，但事实上我在运营社群的时候并没有什么独门绝技，一切都基于这样一套朴实的价值观——分享经验和案例就实实在在地分享完整数据，办会员日就实实在在地发放礼物，做活动就尽可能让更多人受益，仅此而已。

赚钱，绝不只是碰运气的事，它本身是一个需要考虑赢面的概率事件。一切为了赚钱而付出的努力都是在增加成功概率，足够大的成功概率搭配足够长的时间周期，赚到钱几乎是必然的。而更多时候，我们需要的仅仅是让自己的思路更加开阔。

建立即时正反馈，积小胜成大胜

可能很多人不相信，我在知识星球平台按下"创建星球"按钮的瞬间，心里想解决的第一个问题是"如何帮助一位创业者找到一个好的赚钱点子"。为什么如此具体、微细？因为这是社群能持续做下去的起点，只有完成从 0 到 1 的质变，才有可能实现从 1 到 100，再从 100 到 10000 的量变。

赚钱也如此，一定要给自己建立即时正反馈，最好能让想出来的点子变成钱。我身边有很多和我一样正在创业的朋友，他们都在享受着创业的过程，没有人说自己坚持创业多少年，艰苦卓绝。反而，他们都很有激情地讲，创业一时爽，一直创业一直爽。

我们的祖辈经历过挨饿的年代，经历过卑微的岁月。在那种时代背景下，太多宣扬隐忍、耐受、坚持、不屈精神的作品被流传下来，比如，"凿壁偷光""头悬梁锥刺股""三顾茅庐""囊萤映雪""程门立雪"等。它们不仅是我们民族的文化瑰宝，其实也代表了一种忍耐上限远超普通人的民族品格，一种高尚的延迟满足感。

但对于绝大多数普通人而言，延迟满足感是很难忍受的。曾经有圈友在尝试复制社群里的很多成功案例后，结果都以失败告终。他悲观地问我，是不是自己在赚钱方面的能力有先天性的不足？其实，稍微深入了解情况后就会发现，他的目标定得实在不低。比如，想通过抖音获得十万个粉丝，想通过"知乎好物推荐"月入三千元。就难度而言，这其实已经是从 0 到 10 的"大跃进"了。先考虑如何在抖音上创作出第一个"爆款"视频，然后考虑创作第二个、第三个；先考虑如何在"知乎好物推荐"上赚到第一块钱，然后逐步提升自己的上限，积累长尾收入……这才是能够持续发展下去的模式。

目标不明确，很容易让人因现实距离结果太远而浅尝辄止。只有不断积小胜，才有可能迎来大胜。

我的很多点子最后都能变成钱，或者从一开始就是以"赚到钱"为导向的，所以在思考新思路、新点子、新需求时，我会很兴奋，我的大脑也会非常主动、非常活跃。同时，我也不会给自己很大的压力，我的每一条业务线都是以"赚到第一块钱"作为起点的，这也是项目能够良好运转的基石。我们团队的小伙伴耳濡目染，每当在探索新项目时，都会以"赚到第一块钱"作为初始目标，而不是总想着"改变行业格局"这种宏伟目标。

以结果为导向是好事。第一块钱赚到，点子变成钱，团队有了正反馈，主动性和探索欲更强，思路会因此变得更加开阔，也会想尽办法去解决实际遇到的各种问题。

当然，不排除一些事在开始时就离钱比较远。当有好想法的时候，不妨发个朋友圈或者在"生财有术"社群里"嘚瑟"一下，收获别人的点赞和夸奖，也能给自己带来一些正反馈。

延迟满足感，是为了追求星辰大海的目标。我们是普通人，首先要的是信心，从创造小胜开始，慢慢积累大胜。

自身利益后置，他人利益前置

很多人在想赚钱的点子时，首先考虑的是自己的目标和获得：能赚到多少钱，能获得多少流量。其次他们从这些点出发，考虑需要哪些人配合，需要他们提供什么资源。他们前期考虑得不少，落地时却到处受挫，最终也没有产生预期结果。

如果在你设计出来的玩法中,很重要的参与方没有足够多的利益点,那么这个玩法就注定会失败。我在想玩法的时候,基本不会先考虑自己能获得什么,而是先考虑各个参与方能获得什么价值,这个价值够不够大,以及他们开不开心、乐不乐意。

经常有人说:"没有永恒的敌人,也没有永恒的朋友,只有永恒的利益。"这句话看似比较冷漠,但其实你可以从更有温度的角度去思考它。可持续发展的关系必然是能够互惠互利的,可持续发展的赚钱项目也必然是能让合作方持续得到应得利益的。当然,这里的利益不只局限于钱本身,也可以是认同感、自豪感、长远价值等。

我的团队成员在做业务型项目时,都会比同龄人更加全力以赴,因为他们对我和我的规则设计充满信任,认为这不是在给我打工,而是在为自己创收。我不是项目的顶层鞭策者,而是项目的最大赋能者。提供思路与资源,帮助他们赚到钱,反而解放了我的时间,让我可以做更多有助于团队长远发展的事情。

还有一个例子。每个月的 18 日是"生财有术"会员日。我会找一些赞助商,请他们提供各式各样的福利,比如数据网站的会员、圈友创业的产品、朋友新孵化的服务,等等。这些福利在市场上都是需要用真金白银来购买的,我将它们作为福利送给"生财有术"的圈友,与此同时,在社群里帮助这些赞助商做宣传。

每个会员日都是社群最活跃的时候,人人都很开心——圈友获得福利,赞助商获得面向精准群体的曝光宣传。至于我,他们都开心了,我还愁赚不到钱吗?

换个角度来理解这件事：你是愿意与把钱分给你的人站在一起，还是愿意与在分钱上忽略你感受的人站在一起？你要坚定一个信念：只要你能提供真正的价值，那么最终你一定可以赚到钱。把自己后置，你会发现点子越想越多，思路越来越开阔，格局也越来越大。

不设限，排除价值观门槛

在赚钱这件事上，很多人一上来就给自己添加诸多限制——成本太高、技术含量太低、模式过于传统等，或者只吸收符合自己价值观的信息。"这件事情的'天花板'有点低，不想碰。"类似这样的话，相信大家都没少听过。类似的评语还有：技术含量不高、没什么壁垒、没什么创新、不可持续、已经有人做过了……

前几年，我也会经常冒出这些想法，不过在遭受了很多现实的"毒打"后，我逐渐意识到它们是有问题的。而且，它们还很受那些没赚到第一桶金的人的青睐。

雷军作为国内顶级创业者、投资人，曾对著名产品人梁宁这样讲过：

> "梁宁，以你的才华，如果想策划广告，大可以加入任何一家大广告公司，去做一个最优秀的广告人。但是，你现在是在创业，要做的是一个互联网产品。作为创业企业，最核心的资源就是 CEO 的精力。你应该全力

以赴，把 100% 的时间和精力都用上，把这个互联网产品做好。我建议你不要再分精力去赚那些小钱。剩下多少钱，花完为止，看你能不能把你构想的做出来。作为投资人，我愿意承担资金的损失，也不想看到你抱着一个小广告公司，耽误时间。"

我听到这番话后很受触动——对，我应该去做更"值钱"的事情，而不是像现在这样赚一些"天花板"很低的小钱。于是，我把精力从赚钱的业务中抽离出来，开始研究什么业务更值钱、更有想象空间，并且"天花板"足够高。但是在折腾了一年多之后，业务也并没有什么起色。最后发现，还是原来的业务最赚钱，最适合我。

在雷军等人的视角下，小钱是没必要赚的。他们的机会成本太高，投入时间去做一件事情，必然无法做另外一件事情。如果一项业务一年只能赚到几百万元，那么的确可以认为其"天花板"太低。但是，普通人不能和他们比。一年赚几百万元，对于大多数人而言，已经非常成功了。但是，在雷军、梁宁眼里，这就是大溃败。

每个人的"天花板"都不一样，不能套用别人的结论。

让自己七八岁的孩子去录制点评玩具的视频，能赚多少钱？你甚至会怀疑，这能赚到钱吗？2018 年 YouTube 年度收入冠军是一个 7 岁小朋友 Ryan，他的所有视频共带来了 260 亿次的播放量，以及 2000 万美元的收入。视频内容很简单，就是他在玩了各种玩具后说出自己的真实感想。

任何一个行业、市场、需求中，都蕴藏着年入百万元的机会。普通人有普通人的活法，普通人也有普通人的赚钱方法。有些"天花板"，对于大佬们而言很低，但对于大多数人来说，绝对够高了。

不论是保险等传统行业，还是电商、微商，每一个在这个世界上真实存在的现象，都值得去认真观察。你可以不认同它，但不能不去了解它背后的赚钱逻辑。

使用在线工具帮别人修复老照片；

帮别人把他朋友圈发布的内容做成一本照片书；

帮别人监控 Instagram 好友"取关"情况；

帮别人给微信头像"加 V"；

给做短视频的创作者提供配音服务；

教别人下载 Google Earth；

帮别人设计艺术签名；

帮宝宝取名；

教别人剪辑短视频；

……

你可能觉得这些事情做起来很简单，在网上一搜，很快就能学会。事实上，很多人通过这些小小的服务聚沙成塔，已经年入百万元以上了。

你的各种自我设限、你的每一个偏见，都在阻碍你拓展思路，进而影响到你赚钱。

开通高质量信息输入管道

都说赚钱要先开眼，怎么开？多看、多听、多聊、多想。

"生财有术"里的主题和评论我都会看，信息量非常大，相当于每个月有几十万字的输入量，并且基本都是被过滤后的优质信息。

我关注的订阅号数量很早就满 1000 个了，还付费加入了很多个知识星球。我每天都会刷朋友圈看好友分享的各种信息，我的微信收藏夹也快满了。平常如果刷到广告信息，只要感兴趣，成本也不是非常高的话，我都会花点钱去体验一下流程。

你会想，这么多内容，看得完吗？真的有那么多时间看吗？确实看不完。不过没关系，我要的是知识和信息，当你积累到足够多的时候，扫几眼就基本知道这是什么内容了。只有当让你感到心里"咯噔"一下的信息出现时，才值得花点时间去琢磨。

信息输入管道还包括"人"。认识更多的人，见识更大的世界，了解更丰富的人生可能性，本质上也是在拓展自己的赚钱思路。

有足够多的信息输入，思维自然活跃，就像"读书破万卷，下笔如有神"。

建立商业思维小闭环

如果没有构建起自己的商业思维小闭环，那么所有你看过的信息都将无枝可依，这也是把学到的东西系统化、结构化的一种体现。

最简单的商业思维小闭环就是由流量、产品、变现构成的。

- 流量：哪些流量？成本如何？获取效率怎样？"天花板"在哪？存在哪些风险？如何持续获取……

- 产品：广义的产品和狭义的产品分别是什么？怎样定义产品价值？有哪些表现方式？有哪些套路？有哪些提升留存的手段……

- 变现：低频刚需产品怎么变现？高频刚需产品怎么变现？低频非刚需产品怎么变现？高频非刚需产品怎么变现？分别有哪些案例？用户 ARPU（Average Revenue Per User，每用户平均收入）值怎么计算？时间与空间的因素如何考虑进来……

建立商业思维小闭环，就像在准备画一棵树之前已经画好了树干，而所学习的一切或完整或碎片化的知识，都是在填补树干上的枝丫和叶子。每学习一点，商业思维小闭环就更完整一点，也更成体系一点。有了它之后，接下来就是要不断补充、迭代、推翻和重建，当发展到特定阶段后，它就会趋于稳定。

我在 2019 年下半年带领 500 位圈友开启了"生财日历"共创项目——从"生财有术"的 8000 多篇文章中筛选出 366 条信息，以金句的形式呈现在 2020 年的日历页面上，每一天对应一个金句。当时仅筛选工作我们就花了半个多月的时间，只为确保所有金句都能为处于赚钱闭环中的人带来启发。

拿到日历后，有人反映，这 366 个金句中的一部分好像没什么价值。但是当他们做了一段时间的业务后再来翻阅，却发现当时很多看上去无感的金句，竟意外地变得很有道理。

究其根源，只要打通赚钱闭环，任何信息都可以成为闭环上的补充元素，进而映射到自己的项目上。心中有数，才能生财有术；反之，心里没谱，看山是山，看水是水，大概率在遇到有价值的信息时也会觉得与自己无关。

而关于商业思维小闭环的打造，我的经验是"努力获取一手信息"。我们习惯于利用碎片化时间获取碎片化信息，在没有建立闭环时，这些信息反而会扰乱自己的思考。经常遇到侃侃而谈却没能赚到多少钱的朋友，我给他们的建议是"多接收一手信息，少触碰碎片化信息"。因为他们在阅读碎片化信息时，经常把看起来很有道理的"局部解读"直接视为"定论"，既不去了解背景场合，也不能贯通前因后果。这种坐井观天得来的"学问"，往往经不起几句"然后呢"式的追问。

在自己的领域多获取一手信息，从行业的基础发展切入，通过相对完整的具体案例来学习，这样更容易打造闭环。为了将创业前后的全过程梳理成闭环，我翻烂过一本《邓小平时代》。书中邓公对改革开放构想的整个逻辑闭环，被我内化并改造为自己的一套创业方法论。每当看到与创业相关的信息时，我就在大脑里将其映射为某一个阶段里的某一个模块，这样在短时间内就能领会创业者的意图。

一旦建立了商业思维小闭环，之后你的任何信息输入，无非是对这个闭环的修修补补，自然获取信息的效率会变高，也更容易看到信息中隐藏的赚钱机会。

事出反常必有妖，培养异常值思维

在微信里搜索一个关键词，然后浏览排在前面的文章，如果某一篇文章的阅读量很高，但是所在公众号的其他文章的阅读量并不高，那么就意味着这个关键词有很大的 SEO（Search Engine Optimization，搜索引擎优化）机会。因为这个排名不是靠真实实力获得的，而是一个异常值。异常值意味着机会，意味着一步一步、稳扎稳打之外的机会。稳扎稳打是理所应当的，但与此同时，为了获得超速增长，需要找到这些异常值并利用它们。

一个领域生僻、讲师名不见经传的课程，其裂变海报却突然刷遍朋友圈，你不觉得奇怪吗？这就是异常值，它代表的是更多人对这个主题内容的期待。

为什么有些短视频账号的运营轨迹明显不符合正常逻辑？没怎么"养号"，也没怎么创作内容，仅仅发布了几条视频就快速积累了上百万个点赞数、几千万次播放量。这里面是不是有异常值的存在？异常的原因是什么？深入研究后，你可能会发现超出自己认知范围的赚钱机会。

曾经有人在"生财有术"中提问：想知道如何发现行业机会，发现隐藏在流量背后的生意。我的朋友黄亮提供了一个非常有价值的思考角度：

> "卸载所有能屏蔽广告的工具，多去看看每天跳出的广告。如果一个广告在多个平台都进行了大量的投放，这背后就是一个非常赚钱的业务。"

真正能持续打广告的，在多个平台大规模投放广告的，都是非常赚钱的公司。二手交易平台上"白送"的水果，突然之间很多人都在讨论的网剧，甚至"给我一顶圣诞帽@微信官方"这样的刷屏事件，这些都是异常值。相应地，很多人在第一时间挖掘出通过快递费来赚钱的"白送"生意，可以在一夜间"爆单"的网剧周边产品，以及免费获取几十万用户关注公众号的机会。

找到异常值，分析其背后的原因，就能找到新的机会。

万事万物相通，修炼组合思维

说起创新，乔布斯曾经引用过毕加索的一句话：

Good artists copy, great artists steal.

（行家抄作业，大师窃灵魂。）

换句话说，很多创新和突破在本质上都是"新瓶装旧酒"。这并不是对创新的贬低，而是代表一种新时代下对创新应有的思考方式。

大众创业，万众创新，是我们的愿景，是我们努力的方向；一人创新，万众模仿，是大多数普通人应该接受的现状。但很多人对模仿的理解仅限于抄作业、原样照搬，在模仿的过程中缺乏对业务延展性的思考，做不到灵活变通。

我曾经分享过一个点子：开发一款网页工具，满足通过 Google 搜索关键词"Instagram picture download（图片下载）"的用户的需求。这个点子本身是可以赚到钱的，但知道这个点子的人逐渐多了起来，同时一下子出现了很多 Instagram 图片下载工具站，竞争变得非常激烈。这时就可以借助组合思维，使用不同的组合方式来扩大自己的机会面积。

- 从用户层面拓展：是不是可以满足不同国家用户的需求，考虑做其他语言的网站？比如，把搜索关键词翻译成除英语之外的其他语种，同时考虑流量大小和竞争难度。

- 从场景上拓展：是不是可以扩充到其他平台？除了搜索引擎，再考虑安卓应用市场、苹果 App Store ，甚至考虑浏览器插件商店、淘宝、微博、抖音、快手和公众号等。

- 从需求方面拓展：把 Instagram、picture、download 三个关键词分别替换成其他同类关键词试一试。举例如下：
Instagram：YouTube、快手、美拍、秒拍、Vine、推特、Facebook……
picture：音频、视频、字幕、歌词、壁纸、头像、播放列表、用户名……
download：编辑、合并、上传、备份、分析、传播、点赞、"增粉"……
粗粗一算，这三类关键词至少有好几百种组合，其中几种组合已经得到了数据的验证，对应网站的月访问量高达一千万次。

"生财有术"的圈友、字说创始人严华培写过这样一段话，被我选录到了《生财日历 2020》上：

> "字说制作的文字动画，其实就是换了一种形式讲段子、读鸡汤，段子还是那个段子，鸡汤还是那个鸡汤。不同的人来读，不同的形式演绎。我们的很多用户，只是找了本书，划重点读了出来，也收获了上百万个粉丝。"

做视频营销需要的不是刻意的创新，需要的是不同的演绎。因为老的内容，对于用户来说，反而更容易被理解。

把国内的网文翻译成英语怎么样？把卖调味品改成卖菜谱怎么样？你看，用新瓶与旧酒组合，玩法一下就多了很多种，思路也会大为开阔。同样，这种组合思维也可以应用在自己的商业思维小闭环上，替换其中一些元素，为自己重新打开一扇窗。

即时正反馈、利他、不设限、高质量信息输入管道、商业思维小闭环、异常值思维、组合思维，是我总结出来的让赚钱思维更加开阔的七条建议。赚钱，绝非偶然，它不是一种天赋技能，而是在环境、认知、能力、思维、经验、性格、文化等多种因素之下的必然结果。

让自己的进步更加可持续、可积累，时间自然会给你惊喜。

极致复盘，
拍出完美人生

张千里

个 人 简 介

张千里，Getty Images 签约摄影师，PPOC（加拿大专业摄影师协会）会员，Gitzo 全球形象大使，索尼、哈苏、Profoto 长期合作摄影师，Datacolor 全球认证色彩管理专家；曾获美国《国家地理》摄影大赛一等奖、全球旅游摄影大赛一等奖、奥林匹克摄影大赛金牌；著有多部摄影畅销书；摄影视频节目《原来这么拍》创始人，知识星球"张千里·他山之石"星主。

扫码进入张千里的知识星球

"张千里·他山之石"

从喜欢摄影的中学生，到学金融的大学生，再到机缘巧合进入摄影圈的业余摄影爱好者，直到如今成为一名正牌自由摄影师，我的人生轨迹正如我的名字一般，纵横千里。

专注于旅行摄影，让我赶上了第一轮 KOL（Key Opinion Leader，关键意见领袖）热潮，实现了自媒体商业化。可以说，我完全依靠自己的爱好和手艺养活了自己。这既要感谢机遇的垂青，也要归功于一路的执着。或许是小学六年、转学六次的童年奇遇，让我对故乡的概念从未清晰过，反而远方更像是我的下一站目的地。成年之后，我不断旅行、不断探索，用相机记录眼中的世界、内心的独白，以及身处的时代。一路走来，我始终能听到来自内心的召唤，它让我选择了摄影这个职业，也让我十多年如一日地坚持下来。

步履未倦，初心不灭

第一次拿起相机是在高中时代，我在短暂接触后就举办了自己的校园摄影展，这带给我十足的成就感和笃定的信心。但是在那个年代，鲜有人放弃学业去专门从事摄影工作。考虑未来就业前景之后，我遵从父母意愿，只好选择了与摄影相距十万八千里的金融专业。但实际上，大学四年我花了很多时间学习摄影，而非钻研金融专业。天气好，就骑车外拍；天气不好，就躲在图书馆研究摄影资料。更幸运的是，我还在学校社团遇到了一群志同道合的伙伴，以及帮助我正式踏上摄影之路的老师。

大学毕业后，胸怀着对媒体行业的向往，我去了一家报社应聘实习摄影记者一职。当时有 32 个应聘者，除我之外，其他人都有专业摄影经验，而我凭借扎实的摄影基本功和一点点天赋，幸运地成为两位入选者之一。正在我踌躇满志地准备开启人生的第一段实习摄影记者生涯之时，意想不到的事情发生了，我的职位被人顶替了。

2000 年开始，机缘巧合，我通过数码网站干起了摄影器材测评的工作，并且一干就是 6 年。在当时，摄影器材测评是一个新兴行业，国内还没有出现严格意义上的专业测评实验室，所以我只能通过查阅一些国外网站上的相关资料，自己采购器材来搭建。有了实验室，我还需要请专人给团队成员做培训，并设法联系国际上的顶尖摄影大师，采访他们，然后将稿件及时发布在网站上。就这样，我逐渐将一个数码网站做成了当时国内领先的摄影器材测评实验室。在这期间，我还参加了第一版数码相机国家标准的制定（这一标准最终参考了我们实验室的大量数据），甚至出版了杂志。回到个体，我也从一个懵懂的大学生，经由器材测评编辑的历练，逐渐成长为能独当一面的数码网站主编。

至今，我都还清晰地记得，当年在上下班的公交车上，我经常醉心地"啃"着厚厚一沓国外资料打印稿，那是一段密集学习、快速吸收的日子。作为一名摄影发烧友，我也过上了梦寐以求的生活——可以抢先拿到尚未发布的相机镜头，能以写测试报告为由免费把玩最新摄影器材。可以说，我人生的第一桶金，并不是物质财富，而是在面对未知领域时，能摸着石头过河并最终想出应对之法的技能和心态。

直到现在，我依然保持着每日大量拍摄照片的习惯。因为我知道，扎实的技术、稳定的发挥等基本功是通过时间和快门数量的积累而不断磨炼出来的，而独特的审美也同样需要长期积累。好奇心和热爱，才是支撑我每一次飞越的原动力。

跳出舒适区的自雇者，精准定位的初代"网红"

摄影器材测评的日子本可以一直继续下去，工作会越来越顺手，圈内知名度也会越来越高，但是我总觉得哪里不对。有一段时间，我时常躺在床上问自己：我到底是喜欢摄影还是喜欢摄影器材？想得到答案并不难，难的是真的跳出舒适圈。

首先，放弃已经拥有的，重新从零开始，往往需要借助外力的推动。

2006 年，我抱着试一试的心态，参加了美国《国家地理》杂志举办的摄影大赛，最后竟意外获得了一等奖。在颁奖典礼上我才知道，最终参与角逐的两张照片都是我的作品。作为获奖者，我受邀去美国国家地理学会的华盛顿总部"朝圣"，此行对我的冲击力巨大。当学会副总裁 Rob Hernandez 问我是不是职业摄影师时，我的回答是，现在还不是，但我想以后会是的。那一刻，我更加坚信，该去闯一闯了。

很多人没勇气把养家糊口的"宝"押在收入不稳定的自由职业上，因为难以对抗其中的不确定性和不安全感。回到国内，我立即辞去了工作，正式成为一名自由摄影师。我相信自己有足够的能力拍出让客户满意的照片，家人也认为，如果我在年轻的时候不去闯一闯，以后就更没有机会了。信心、支持和能力，这三个要素在逃离舒适区的起始阶段，缺一不可。

其次，不仅要有生存的能力，还要有不被生存支配的能力。

我身边有越来越多想从事自由职业的朋友，包括摄影师或撰稿人，他们都来询问我的建议。虽然我知道他们多半是来寻求鼓励的，但我并不支持盲目辞职，尤其是将自由职业视为"自我放任"。生存，永远是头等大事。在辞职前，我们每一个人都需要对自己手里已有的及未来可以争取到的资源进行一次全面评估。毕竟，自由职业意味着要自己承担生存风险，而"摸鱼"是一分钱都挣不到的。

当然，如果一个人既有天分也有能力，并且足够勤奋，那么对未来也无须太过担心。以我为例，在辞职前我已经固定为多家媒体机构供稿，虽然稿酬不高（图片的稿酬比文字的略高一些），并且发放也不及时，但我一个月所获得的稿酬就能赶上当时一个普通职员的月薪，这对我而言，相当于有了一个稳定的保底收入。同时，我和太太还经营着一家摄影工作室，我们只在旅行期间暂停接单，而平时会源源不断地收到订单。

辞职之后，我接的第一笔商业订单，是为一家德国公司拍摄一场晚宴。最终，客户对冲洗出来的照片特别满意，多支付了 80%的费用，这让我对商业项目合作信心大增。之后，我和大品牌商合作的机会也越来越多，比如索尼公司，我们的合作长达 14 年之久，我为它们拍摄新摄影器材官方宣传片，同时我也是与索尼公司合作最久的中国摄影师。我转型的底气，正是来自这些客户对我的认可。

除了满足生存需要，我和太太还想做一些自己喜欢的事情，而不是被赚钱支配着耗尽所有的时间和精力。从 2004 年开始，我们在工作之余，一直在"离散式"地去实现环球旅行的梦想。在没有离职前，我们的时间和金钱都非常有限，而从事自由职业后各方面都大为改善，"说走就走"的旅行也多了起来。可以说，我们将买房、结婚之外的钱全都花在了旅行上。其间我们把拍摄的大量照片和几十万字的旅行记录分享到了论坛上，受到大量用户的关注。"爱情迟早退去激情，唯有我们始终牵手旅行"是我太太在昵称为"by_左手"的微博上的一句话，这也为我们成为第一代牵手旅行的"网红"夫妻埋下了伏笔。

随着知名度的提高，慕名前来请教摄影问题的人也越来越多。我发现其中的共性问题有很多，与其一遍遍回答，不如把问题和答案汇总起来集中发布。《旅行摄影圣经》这本书就这样在 2011年应运而生了。自己的处女作能否得到读者认可，我十分忐忑，好在图书上市后的反响非常好，很快跻身京东摄影类图书排行榜前列。2014 年，我的第二本书《旅行摄影圣经 2：实战为王》问世后，同样颇受读者欢迎。

2012 年，微博平台崛起，由于我长期坚持内容输出，所以省掉了"冷启动时间"，很快在微博上积累了 60 万粉丝（截至 2020年 10 月，微博粉丝数近 160 万，全网各平台粉丝总数超 300 万）。我太太的微博也因为讲述我们的旅行故事而异常火热。在那个鲜有人能持续环球旅行的年代，边旅行、边赚钱的"职业旅行者"是一个非常吸引眼球的新鲜概念，再加上用夫妻牵手旅行作为形象标志，我们可谓"一夜爆红"。我们的故事不仅被中央电视台、凤凰卫视等多家媒体广泛报道，我们也成为加拿大、新加坡等国家的当地旅游大使。2012 年，我们合作出版了《我们始终牵手旅行》一书，累计销量近 20 万册。

在细分领域深耕，只做最擅长的事

当环球旅行开始流行后，旅行类 KOL 大量涌现，流量也随之不断涌入进来。此时，我必须做出改变，尝试进行一系列商业化转变：从单打独斗升级为团队协作，从多渠道内容输出到专攻摄影领域自媒体，我的最终目标是要建立可持续发展的变现模式。

随着自媒体行业的发展，以及微博和公众号等平台触达能力的提升，只要我们在旅途中能拍、能写，那么作品一经发表，就能在大众视野中脱颖而出，就可以为我们带来流量。只要流量足够大，就可以产生广告收益及其他商业价值。当然，这也催生出大量数据造假和知名度炒作的互联网乱象。

在复杂多变的市场环境中，我们也经常问自己：面对竞争，甚至是不正当竞争，我们到底有什么核心优势可以让我们持续在这个行业中领先？5 年，甚至 10 年后，我们可以为读者、为自己留下多少真正有价值的东西？我们未来的发展方向，是摄影，是旅行，还是摄影旅行？是打造个人 IP，还是运营自媒体平台？是控制规模，还是探索更大型的商业化运作模式？

在此之前，我们只是随意地发发微博、写写稿子，缺少理性规划。经过一番考虑后，我们决定将自己的内容输出正式定位为"视频自媒体"，并且专注于摄影垂直领域。我们的视频内容包括旅行拍照教学、摄影器材推荐，以及后来加入的摄影文化。

至于为什么要改变 KOL 身份，这与我们分享的初心有关。实现个人价值，是比生存和发展更高阶的人生追求，吸引人的故事只能作为初始的引爆点，无法积淀营养。而我们的粉丝、读者，是我们在隔空的世界里最熟悉的人，我们需要产出真正有价值的内容来帮助他们持续成长。

对于摄影技巧，尤其是商业摄影技巧，很多同行在分享经验时都是有所保留的。而我却乐于把学到的或悟到的知识、经验传递给更多人。因为在初学摄影时，我也曾得到过很多老师、前辈、同行的帮助，虽然无法直接回馈这些帮助过我的人，但是我可以把这种分享精神传承下去。我认为，做成垂直领域的头部品牌并遵循现代大规模内容传播规律，就可以实现最大化的传播效果，从而能让更多人受益。

有人认为，旅行方向受众面广，比摄影方向机会多。但是，凡事各有利弊，成为旅行"达人"，门槛固然低，但想获得核心价值标签却并不容易，需要有更多的资源投入才能和别人不一样。摄影虽然覆盖人群有限，但成为头部 IP 的竞争也没那么激烈，因为真正能把照片拍好的人并不多。总之，我们还是要找到自己的精准定位。

2015 年，我推出了一档可免费观看的摄影类视频节目《原来这么拍》，主要分享我去世界各地拍摄照片所积累的经验和总结的心得，以及介绍最新上市的摄影器材。在那个时候，大部分人都还停留在发微博或在其他平台上发帖子的阶段，偶有视频，也都是讲解人坐在办公桌前的枯燥讲解。在拍摄现场，实地讲解场景构图、器材使用技巧、注意事项，并且现场出片和解析后期技巧，这些都是《原来这么拍》独创的。同时，我们要求出镜老师必须是工作在一线的摄影师，这也是该视频节目一直秉持的创作理念。

"原来这么拍，你也可以做到！"视频中的这句 Slogan，正是我想传递给观众的理念。世界各地的摄影爱好者，在公众号、B 站、微博、YouTube、今日头条、图虫等主流平台上观看了视频后，很多人来到视频的拍摄地点，在相同的拍摄时间里，按照视频中的拍摄思路、方法及后期技巧，的确拍出了具有专业水准的照片。在近 5 年的时间里，视频节目保持周更，共播出了 200 多集，收获了 300 多万个粉丝，播放量累计过亿次，是国内最具知名度的一档摄影类视频节目。

当然，做视频节目的压力并不小，拍摄资金是否充裕是最大的问题。为了保持视频节目小而美的调性，我们没有去融资。但是，视频的资金投入相对较大，尤其是我们这种非抖音风格的、时长为中等长度的视频，再加上对品质的高要求，制作成本更是居高不下。一开始，我们团队只有 3 个人，因为没有经验，拍摄和剪辑都很不专业，尤其是我，连台词都背不下来。平时我的表达都很顺畅，但是只要我面对镜头，时常会"卡壳"，需要重新拍摄多遍。好在我们一边拍摄、一边学习，不断扩大队伍、壮大实力，并在最终走上了正轨。

我一直相信，毫无保留的分享并不是单方面的付出，因为对待粉丝的态度将直接决定自己能得到什么样的回报。另外，更不用畏惧别人抄袭创意和内容，只要始终在路上，被再多人模仿也不会被超越。以我为例，为保持核心竞争力，我从未停下前进的脚步：一方面，基于原有品牌，通过持续内容输出和适度营销来强化个人 IP。另一方面，联合其他专家完善内容体系，进一步覆盖我不擅长的其他摄影领域。同时，还要随着外部环境的变化，不断摸索和创新。现在，我们也开始尝试并制作更符合大众口味的短视频，力争既不失专业性，把内容讲清楚，又能增加视频内容的趣味性。

打造自媒体立体化变现模式

商业化是确保一个项目持续健康发展的有效途径之一。仅凭创作者兴趣支撑而无任何收益的自媒体平台，很难持久输出高质量的内容。因此，在保持节目高质量内容的前提之下，我们开始思考如何实现视频自媒体的商业化变现。

视频自媒体商业化变现可选的方式，无非是产品代言、广告植入、带货销售、知识付费和社群收费等有限的几种。对于每一种方式，我们在过去 5 年里都有过尝试。

01．产品代言和广告植入

目前，产品代言和广告植入是我们最重要的变现方式。一方面，身为 KOL，我们一直有这方面的合作机会。另一方面，相对于图文，视频更符合品牌商的动态展示诉求，并且与旅行相结合的摄影节目可以覆盖很多产品，包括服装、户外产品、汽车、数码产品、摄影器材等。另外，旅游局、旅行社也都是我们的合作对象。

很多观众在观看视频时，一旦看到广告，就会刷"弹幕"吐槽："又恰饭（"弹幕"流行用语，意思是广告时间到了）了！"其实，我认为只要能处理好知识分享与商业植入的关系，确保输出的观点不屈服于商业利益，接广告就不存在什么问题，因为一旦节目没钱，就会"Game Over（游戏结束）"。另外，我们不拒绝商业合作，并不是不重视观众、粉丝的感受和体验，而是有信心实现三赢的局面：观众免费收获摄影知识，厂家得到产品展示、品牌"露出"和软性广告宣传，视频创作者获得用来维持视频更新和团队后续发展的资金。

02．带货销售

对于观众来说，以"摄影器材的分享与测试"为主题的视频，要
比介绍"摄影技巧"的视频更加喜闻乐见。正是基于观众在这方
面的需求，我又创办了一个专门聊摄影器材的系列视频节目《原
来这么毒》，截至 2020 年上半年，节目已更新至第 50 集。我们
的"自然流量"比较小，观众一般都是在看了节目后才会找到我
们的淘宝店去下单购买产品的。正如节目 Slogan（口号）"有
态度的推荐"一样，只有我自己用过后觉得好且是"有话要说"
的产品才会通过视频节目推荐给观众，并为我的淘宝店引流。可
以看得出来，这是一个典型的"买手店"，并没有太大的"自然
流量"，所以销售额在我的自媒体总营收中占比很小。相比其他
KOL 的带货能力，我们还有很大的发展空间。但这样一个淘宝
店，是完整变现体系中的一部分，值得我们继续探索。

03．知识付费

任何一种学习方法，都只能满足某些人的部分特定需求。如果想
全面提高摄影技能，仅通过观看视频肯定是不够的。针对某一个
具体问题，视频可能讲解得更为直观、透彻，但却无法传授全面、
系统的知识点，对于基本功比较薄弱的摄影爱好者，即使看完所
有视频，在实际拍摄中依然会遇到各式各样的问题。为此，我们
推出了线上与线下相结合的摄影课程，课程难度从初级到中、高
级不等，覆盖不同层次的摄影爱好者。

04. 社群收费

社群对自媒体人的重要性人尽皆知,我们也围绕社群做过多种尝试。在最开始,我们对社群的定位是想通过闲聊的方式拉近和粉丝之间的距离,并认为"微信群"或"QQ群"这两种工具已足够我们使用了。但是,随着我们对社群有了更为清晰的定位——将其打造成一个成熟的学习型社区,我们发现"微信群"或"QQ群"的弊端也越来越明显。首先,群内的话题较为散乱,导致整个社区"营养"不足;其次,有价值的内容无法得到沉淀,群成员"爬楼"比较费劲;最后,维护成本高(至少需要配备一名群管理员,去及时清理群里的广告帖及敏感内容),如不能产出有价值的 UGC(User Generated Content,用户生成内容即用户原创内容),则运营社群的性价比就极低。后来,我无意中接触到知识星球,像是发现了新大陆一样。"张千里·他山之石"是我在知识星球里建立的一个收费社群,专门用来解决学员在学习摄影的过程中遇到的各种瓶颈和问题。

至此,我们针对学员构建了一套相对立体的学习体系:视频→课程(线上课程、线下课程、在线私教课程)→社群(线下摄影社团、知识星球社群)。

- 视频。优点是免费、易获取,可随时随地学习,但内容不系统,缺乏有针对性的指导。

- 线上课程。优点是知识系统化且课程收费低，同样，易获取、可随时随地学习，但讲师同时面对几百名学员，无法照顾到每一个人。

- 线下课程。这是面对面教学的小班授课形式，有针对性指导，学习效果好，但必须在约定时间、约定地点上课，费用略高。

- 在线私教课程。新冠肺炎疫情期间，出于安全性考虑，我们开通了在线私教课程，用于满足特定时期内无法线下上课且又有强烈学习需求的学员。与普通线上课程相比，这种一对一的授课模式，针对性更强，并且节省了线下见面所要耗费的时间和金钱成本。

- 线下摄影社团，提供沉浸式高强度学习氛围，对学员来说，针对性最强，学习效果最好，但时间和金钱成本也是最高的。

- 知识星球社群，其特点是封闭式学习和交流，干扰信息少，答疑和辅导的即时性强，群内讨论氛围与互动效果好。

"张千里·他山之石"的极致复盘

很多人即使学习了多年摄影技巧，也仍然不知道自己拍得好不好，更不知道自己在哪些方面存在不足，甚至都难以说清楚自己满意的作品究竟有何亮点。他们需要建立一个全新的摄影学习理念，为此我提出复盘的概念。在"张千里·他山之石"星球里，学员们通过复盘可认清自身的长项和短板，进而解决要害问题，跨越技术瓶颈期，最终实现向下一个境界的攀升。

具体怎么复盘呢？我会不时在星球里发布一些作品，并带来幕后揭秘，同时进行"追魂连环问"。

当时，是什么原因激发我要拍这张照片的？

打算拍成什么样子？

做了哪些准备？

用了什么器材？

运用了什么拍摄技巧？

构图方面的考虑是怎样的？

临场的调控与应变是怎样的？

打算如何做后期？

如何进行作品的编排？

有什么不足之处可以提升？

如何继续改进？

······

复盘，本身就是一种学习方法。这样的追问，让我学会了运用理性的思维方式去冷静地对待感性的表达。这种方法，对学员也同样有效。

每个人在写帖子时，其实也是在复盘，因而我们对加入"张千里·他山之石"星球的用户做出统一要求——可以"潜水"，但不可以"灌水"。以下是我发布在星球里的"新人必读"，它阐明了我创建社群的宗旨及对学员的要求。

> 我在刚学摄影的时候，哪有钱买这么多胶卷？只能经常去学校图书馆看摄影杂志上刊登的作品，然后揣摩怎么用光、怎么构图、用什么焦距的镜头、用多大的光圈、有什么特别的拍摄技巧……时间一久，习以为常，一看照片就大致清楚作者是怎么拍的。我把这种省钱的学习方式叫作"复盘"——虽然人不在现场，但要在大脑中模拟出现场。

> 我希望，大家能按照一定的格式，分享自己拍摄照片的思路及技术参数。无论照片拍得好坏，都能让他人从中吸取经验和教训，让没有发照片的学员也可以通过看别人的照片和老师的点评来获得有价值的信息。从别人的成功和失败中获取经验，是复盘的精髓，也是星球名字"张千里·他山之石"的由来。

"能不能点评一下我的照片，看看哪里可以提高？"每天，我都会收到大量粉丝发来的诸如此类的私信，甚至还有很多粉丝直接通过微信"小窗"咨询我。他们从不做任何筛选和思考，只是一股脑儿扔过来几十张照片，寄希望于我的只言片语就能让这些照片脱胎换骨。我平时除了制作《原来这么拍》系列视频节目，还要拍照、讲课、写书、带团队，精力实在有限，没办法对海量照片一一点评，更不想鼓励这种混淆数量和质量的不切实际的行为。

很多粉丝之所以挑不出好照片，是因为不知道自己拍得是好还是坏。而只有通过细致到位的点评，才能对这些还在摄影道路上苦苦摸索的朋友带来帮助。所以，我希望粉丝在上传每张照片时，能给出拍摄参数、所用器材型号、拍摄时的想法、希望达到的效果、后期处理的思路，以及拍摄过程中的困惑。对于经过认真思考拍摄的照片，我一般会挑选出一些具有代表性的进行细致点评。

通过收费的方式，可以提高社群门槛来筛选目标客户，把那些没有认真对待这件事的人排除在外，也可以让我的时间投入更有价值。当然，付费并不意味着照片一定被选中。好在还有 UGC 产出，不少学员的高质量帖子会让其他学员的付费有所回报。毕竟，这些常见的学习困惑和操作误区，总是在不同人身上不断重复。

截至 2020 年上半年，"张千里·他山之石"的 1800 多名学员共发帖 5500 条，发布照片 18000 张，其中精华帖已超过 400 条，星球活跃度稳居知识星球总排行榜前列。而作为创办者，我也获得了一个机会，可以在一个比较长的时间区间内观察一个学员的成长与变化。那些早期加入且经常发照片的学员，进步最为明显，他们已经学会组织自己的摄影语言来寻找自己的风格，或者通过组图、专题的方式进行更有深度的拍摄。在他们身上，已经出现了"复盘效应"——从一开始不知道自己的问题所在，或陷入沾沾自喜的盲目状态，到学会分析自己的问题，找到现阶段需要努力的方向，再到获得肯定并取得进步。未来，他们可能还会经历一个个瓶颈期和稳定期，好在学会了通过自我审视找出问题并努力改进，往后发力的方向也会愈发精准。当然，我也在通过观察学员的成长进行自我复盘，已经记录下来的大量文字将以 UGC 的形式留给每一位星球学员。

从媒体从业人员到自由摄影师，再到组建团队打造视频自媒体，直至为社群学员构建立体化摄影学习体系。在整个过程中，我所做的每一件事情都不是那么容易的，但走过的每一步都是有价值的。摄影从未停止，我还解锁了经营小型企业和管理团队的技能，并且一直有荣誉相随，在实现梦想和商业变现之间我找到了平衡。

希望我的每一位粉丝，以及这本书的每一位读者，都能明白这样一个道理——人生的意义不在于和他人赛跑，而在于胜过昨天的自己。

不甘平庸的逆袭者

stormzhang

个 人 简 介

stormzhang，真名张奇；"学渣"出身，通过自学转行做程序员；写过五年程序，做过两年产品经理，从底层一路"开挂"成为产品负责人、公司高管；所负责产品的用户数排名同类产品第一，多次上榜苹果商店应用下载排行榜首页；后辞职做自由职业者、自媒体人，互联网领域头部公众号"stormzhang"作者，同领域规模最大付费知识星球"帅张和他的朋友们"星主。

扫码进入帅张的知识星球
"帅张和他的朋友们"

1989 年，我出生在安徽一个偏远的农村家庭，2011 年大学毕业后来到上海。第一份工作是做软件测试，之后转做软件开发和产品研发，直到进入公司核心管理层。2019 年年初我毅然投身自媒体行业，开始我的创业之路，目前在互联网领域还算有不小的影响力。

一路走来，我既无特别耀眼的学历与履历，也无拿得出手的 title（头衔），我不过是无数在外奋斗者的一个缩影。这恰恰让我具有天然的模板价值，我的成功经验更便于普通人移植，我的失败教训后来者尤其要引以为戒。

二流大学毕业生的魔幻逆袭

从 2007 年到 2011 年，我就读于一所不知名的二流大学，整个大学生涯基本上可以用逃课、"挂科"、"泡妞"、打篮球、玩 DOTA 这几个关键词概括。

毕业后经历了一段迷茫期，一次偶然的机会接触了一家培训机构，我抱着尝试的心态去了上海，在这家机构接受软件测试培训，之后找到了一份对口工作。当时每月 3500 元的工资，除了吃喝及支付房租，还要用来偿还培训贷款。因为家里条件差，毕业后也不好意思再向家里人要钱，所以那是我人生中最艰难的一段日子。最苦的是吃不饱，为了不饿肚子，我甚至很多天只吃馒头和咸菜。

经历过贫穷，更能意识到钱的重要性。在了解到做软件开发能赚更多钱后，我毫不犹豫开始自学 Android 编程。当时正好赶上移动互联网的风口，自学三个月后我入职了一家小型创业公司。但那时我的技术实在太差，曾一度处在被公司开除的边缘。为了能留下来，我比别人更加努力，几乎每天都是坐最后一班公交车回家。除此之外，我还主动帮公司干一些修电脑、装电话线的杂活，也许我的拼劲打动了 CTO，最后他同意让我转正。

可能很多人不相信"努力"二字，但是真实经历告诉我，让别人看到自己拼命的态度，也能赢得机会。转正后我也遇到了很多波折，但是凭借自身努力，我的技术也有了逐步提升。直到我单枪匹马用三个月时间实现了需要三个 iOS 开发人员做一年才能实现的产品功能时，我开始被公司重视，并晋升为技术主管。

我很早就开始写博客。动机很简单，就是想把自己做技术时遇到的"坑"记录下来，其他人看到后可以不再重蹈覆辙。这一写就写了七年，由于早期移动开发技术的相关资料较少，但我一直坚持传播和分享，以及坚持普及新技术，渐渐地，我在博客平台上建立起了一定的影响力。

我心态比较开放，愿意接受新事物。比如，现今已是全球最具影响力的开源技术社区 GitHub，由于接触得早，尽管我发布在 GitHub 上的项目较为简单，技术含量也不高，但是个人排名一直处于中国技术圈前十。不过，这些成就其实只是"先发红利"，我对自己的技术实力有自知之明。2017 年我受邀参加了 Google

I/O 开发者大会，圆了自己的一个小梦想。在这之前，我曾收到过 Facebook 及一些大公司的面试邀请，但念及公司 CTO 有恩于我，我在原公司坚守了六年。

然而，我不喜欢一辈子只干一件事，想多去折腾，于是我开始学习产品相关知识，并顺利转型为产品经理。由于干得还可以，我开始负责公司最核心的产品，职位也升至高管，开始参与公司最高级别的商业决策，包括融资，在产品研发上话语权仅次于公司 CEO 和 CTO。

至此，我这个不被人看好的小程序员，一路逆袭到技术和产品负责人、公司高管，听起来是不是很魔幻？

默默做事，红利频频

2014 年，我一时兴起，创建了公众号"stormzhang"，但当时只是当"通知"来用，有时写完博客文章就扔一个链接到公众号上。直到 2016 年年初，公众号的"赞赏"功能出现，我才决定好好运营这个公众号——写博客也是写，在公众号上写没准还可以赚杯咖啡钱。

认准了的事，我就会闷头做下去：不管多忙，每周都会坚持在公众号上发布文章，经常深夜一两点才睡觉，而且我还偏执地坚持原创。很快，公众号的读者关注人数就从 5000 涨到 1 万，然后是 5 万、10 万，再到现在的 50 万。随着职位、眼界的变化，以及接触领域的多元化，公众号上的内容不再局限于技术，而更多聚焦在职场成长与互联网思维上。

我的本职工作是带技术团队和负责产品研发，公众号完全是利用业余时间在写，精力分配早已捉襟见肘，而当时自媒体收入已是我主业收入的五倍，出来单干的想法自然而然地冒了出来。直到 2019 年年初在上海见到前辈曹政老师，他支持我独立创业，这让我彻底下定决心并很快付诸行动。全职做自媒体创业者就要放弃公司的薪资和期权，这当然是一个不小的牺牲，但我没有动摇。

2017 年 2 月，我从冯大辉老师那里了解到知识星球这个产品，抱着尝试的心态开通了自己的星球。在一开始也很困难，一堆人骂我"圈钱"，但我自认为做的事是对的，在星球运营过程中也的确为用户创造了价值，因此我咬牙坚持了下来。现在我的星球已运营到第三期，积累了两万多名用户，而且用户的活跃度与黏性都很高，因而星球续费率也非常高，被很多人誉为"互联网第一星球"。不管是不是第一，这又是一次不经意的"红利事件"，有运气的成分，同时也得益于我的坚持和用心——一直默默做事，不小心又做成一件。

职场上升曲线的支撑点

由于希望成为全领域人才，我涉猎广泛，技术、产品、写作、运营、数据、投资、商业等领域都在我的学习视野里。虽然我是程序员和产品人出身，但也一直关注着和产品相关的创业机会。鉴于如此复杂的学习和实践背景，我的职场经验还是比较有普适性的。

01. 深究专业能力

不管你身处哪个行业，具体做什么工作，工作的前五年一定要把提升专业能力放在第一位，因为这是你吃饭的"家伙"。为了积累足够的经验、技能与阅历，在一家公司扎扎实实待上三五年是很有必要的。跳槽不是不可以，但需要强调的是，为了蝇头小利而频繁跳槽并不是一件好事。

在你刚毕业的那几年，可能有些人的月工资比你的高出几百元甚至上千元，但是过几年再看，这些差距根本不值一提。三年，真的只需要三年，人与人之间的差距就能体现出来。等到五年之后，优秀的人更会比同样起点的很多人多拿至少一倍薪水。前提就是，专业能力一定要扎实。有人说，靠提升专业能力很难实现财务自由。事实上，只要能在专业领域做到行业前 10%，即使不能完全实现财务自由，日子也绝对可以过得非常舒服。

02. 成长是量变的结果

很多人每天坚持学习，却一直看不到自己的进步。这是因为学习带来的结果是有滞后性的。今天学到的知识，明天就得创造价值，这是一种奢望。我自认为我这些年有如此大的进步，并不是当下努力的结果，而是在过去的很多年里持续学习和积累，因为一旦积累的知识达到"临界点"，它就会爆发式地创造出惊人价值。"临界点"什么时候会到来呢？不可预知，且因人而异。你要做且能做的是，坚持每天学习，直到那一天来临。

03. 尽早积累影响力

很多人不理解影响力的意义，认为它没那么重要。举个例子，两个应聘者的专业能力不相上下，但是其中一个人在行业内比较知名，那么企业在招聘时会选择谁？再比如，企业在裁员时，有影响力的员工可以高枕无忧，因为这样的人要么不会被裁，要么很快就能找到更好的工作。

也有一些人误以为影响力就是个人微博、博客和公众号有大量粉丝关注。在这些平台上写文章的确可以积累影响力，但思路不要局限于此。在行业大会上做演讲，多"刷脸"，让业内人熟知，这些同样有效，而且做起来也不难。对于 BAT 这种级别的公司来说，它们有大量的各类会议的分享嘉宾名额。即使不在大公司工作，做一些内部分享，也同样是积累影响力的一种方式，内部分享对职场发展有很大的隐性作用。

影响力的积累不是一朝一夕之功，不要因事情在短期内没什么回报而懒得去做，这样最终会错失成长的好机会。

04．加入不同的圈子

很多人在加入各种社群或者圈子时,寄希望于能有贵人相助或能直接发财致富。事实上,圈子的价值在于扩展视野和优化思维,因为一直在固定的圈子里,难免对真实世界缺乏全面认识。比如,面对同一个热点话题,自媒体圈想的是怎么写文章;商业圈想的是其中有什么赚钱机会;技术圈想的是背后有哪些技术。不同圈子带来的不同视野和角度可以打破知识的"诅咒",让我们看待问题不再狭隘或僵化,我也一直受益于不同圈子带给我的思维上的转变。当然,每个人的精力都是有限的,在加入圈子时如果一味求多,极有可能会适得其反。

突破创业道路上的迷思

我从创业公司出来,马上开始自主创业,有不少心得可以与正在筹备或已经起步的创业者分享。

01．用创业的心态做事

创业只是某些人的人生经历,但创业的心态适用于每个人。打工的心态是:公司是老板的,我拿多少钱就干多少活,本职工作之外的事情一概与我无关。而创业的心态是:我是我自己的老板,我所付出的一切都在为自己负责。把工作当作自己的事情，把公司当作自己的公司，在职场中很容易脱颖而出，因为这样的人很稀有。

因为心态不同，别人能做到六七分的事，你就能做到八九分。最终，能力提升最大的是你，为公司创造更大价值的是你，被赏识、被机会垂青、被升职加薪的自然也是你。更为重要的是，创业的心态会改变一个人做事的态度与方式，进而影响一个人的人生轨迹。

02. 不必过分追求红利

创业者应该对市场机会保持高度敏感，毕竟如果赶上第一波红利，创业成功的概率会大增。但总是抱怨机会都已被别人抢占，或总是为错过红利而懊恼，则大可不必。因为大多数人并不是生不逢时，而是在面对红利时把握不住机会。只要起步够早，总会有"踩"到红利的机会，但不见得每个人都能坚持下来，笑到最后。

PC 时代迎来创业大潮，移动互联网时代的创业者更是数不胜数，而最终存活下来的巨头屈指可数。踌躇满志开始在博客和公众号上写文章的人同样不少，但能等到盈利的人却寥寥可数。即使时光可以倒流，你已成为阿里早期创业"十八罗汉"中的一员，你真能一路追随，直到胜利的终点吗？

只要心态足够开放，从某种意义上来说，所有新事物都会带来红利。但仅有敏感度是不够的，还需要多尝试，并乐观对待失败。不要好高骛远，总想一口气赚一千万元，应该先从赚第一个一百元、一万元开始。能在执行力、商业洞察力、学习力，以及视野、格局等方面稳步提升，比天天寻觅所谓的红利有用得多，踏实得多。

03．不要轻易辞职创业

对于绝大多数人而言，怀揣一个不成熟的想法或者坚信自己可以一夜暴富，抑或想逃避职场上的不如意就草率辞职去创业，这些想法和做法并不可取，也很有可能会失败。不妨在常规工作之余慢慢为创业做准备，等副业收入稳定后再考虑辞职去创业。

其实，没必要每个人都创业，甚至没必要每个人都追求暴富。很多人在看到一个创业成功的故事后，就抵制不住诱惑，认为自己也可以效仿，但每一个成功故事都无法轻易复制。在同一条路上，失败案例永远是远多于成功案例的。其实，在职场上如鱼得水，生活质量一样可以得到保障，何必舍近求远？

04．正确看待金钱

要尽早建立正确的金钱观——谈钱并不庸俗，赚钱也并不可耻，金钱是衡量一个人产生价值的最好标准。不管是工资收入还是经商所得，都在满足自身需求的同时为社会做出了贡献。所以，每一笔合法收入都值得尊重，而那些赚钱能力很强的人，基本上都有值得学习的独特品质。

承认自己想多赚钱是一个人成熟的标志，会赚钱是一个人综合能力的体现。

05. 一生最好的产品

很多人创业的第一动机，就是要做一个用户规模高达百万级甚至千万级的产品。能实现这个目标当然最好，但是不要忽略了另外一个创业的角度——将自己作为产品，对自己进行投资。很多创业者只关注市场机会，而不在意自身的成长。其实创业成功的总体概率很低，大部分创业项目都以失败告终。同时在较长的时间跨度下，每个人的成长空间都是无限的。所以，投资自己永远是最划算的项目，这个产品在未来的人生道路上将带来最大的回报。

06."相信努力"比"努力"更重要

现实中既有证明努力有用的例子，也有证明努力无用的例子。可见，只有努力是不够的——的确如此，与成功相比，这个世界从不缺努力的人。但如果你从此相信努力无用，在心态上就会越来越消沉，越来越想走捷径。事实上，任何事情都没有捷径，大多数成功的创业者都是一步一个脚印走过来的。他们或许有不同的特质，但是都相信努力有用，因为这是一切成功的前提。

最后，有一句话要送给所有人，是我一直以来做事的态度——宁愿犯错，也决不平庸。

自我进化的超级运营

韩 叙

个 人 简 介

韩叙，资深互联网运营专家，畅销书《超级运营术》作者，公众号"运营狗工作日记"作者；曾就职于百度、美团、网易，现任快手运营总监。在他的文字中，能看到创业公司从 0 到 1 的艰辛，也能感知到平台型公司的海量用户玩法，他是互联网运营领域不可错过的代表性人物。

互联网运营是什么，我这十几年一直在寻找答案。之所以如此专注，一是因为感兴趣，即使全身心投入也乐此不疲。二是自认为不够聪明，只做好这一件事就要花费比别人更多的时间。也正因为只做一件事，我的履历非常聚焦——

一直做运营，在大小公司都待过，见过不同类型的产品。由于习惯在干活的过程中总结方法和经验，有一个很多运营人都喜欢看的公众号，也出了一本关于运营的书。

从做个人站长到投身创业公司，再到入职百度、美团和网易，其间有成功的得意，也有失败的教训，希望读者能从中觅得些许收获。

运营践行者

大学毕业后，我来到北京找工作。当时并没有特别明确的求职方向，再加上自己从三本院校毕业，能力和眼界都很有限，所以我花了将近一个月才找到一份工作——在中关村做 IT 销售员。在公司被老板骂，拜访客户被拒之门外……我的职业生涯就这样开启了。那段时间，我很迷茫，不知道自己是不是喜欢这份工作，更不知道自己喜欢什么样的工作。

已是 2005 年，我才开始接触互联网。每天花最多时间做的事就是看论坛，论坛比早期的 BBS 内容丰富，页面也更好看；它有特定主题，发布的内容比文字聊天室里的内容更显严肃。在各个论坛里，我不仅有帖必回，而且还会琢磨每个论坛的内容定位，以及发什么样的内容会有更多人回复。因为努力，我成为好几个论坛的版主，有了越来越多的话语权。但我不想安于现状，想从零开始自己做一个论坛，让自己的想法落地，让自己获得更多的成就感。

把一个论坛做起来不难，如何把论坛"搞火"才是最难的事。当时还没有出现"运营"这一概念，我的角色叫"个人站长"，也就是没钱没公司、徒手建站、敢打敢拼的代名词。

直到 2019 年，我入职快手后，有一次和 CEO 宿华聊天，他说自己在大学时期也做过个人站长，也用 Discuz（社区论坛软件系统）建站。这个话题一下子拉近了我们之间的距离，也让我感慨万分，都是个人站长出身，十几年后的差距还是挺大的。

回想自己当时做的事情，多年后竟也成为自己总结的运营方法中的一部分。

01．快速迭代学习成果

做过个人站长的人有几个共同特点，那就是勤奋、求知欲强，再加上是自己一个人做，想做什么马上就能动手，执行力很强。我当时疯狂地看文章，提取其中有价值的内容，以此启发自己关于运营的各种想法——小到一个讨论帖如何策划，大到如何给论坛定位。有了好想法之后，我会马上在论坛里尝试，效果好就推广沿用。

当某个领域不存在领先者，众多产品处于混战时，就不会有成熟的运营套路可供借鉴，从业者就需要一边学习、思考，一边探索、落地，因此，我输出的内容一直备受业内关注。

02. 寻找差异化定位

我曾创建过一个体育论坛，由于设置的板块太多，导致人气不高。后来，我将板块缩减至 8 个，并重点打造国外媒体新闻板块。这个板块之所以能为论坛积累大量用户，是因为当时很多门户网站的论坛充斥着各类"标题党"及很多价值不高的内容，而我为了打造高质量论坛，在网上招募了几位英语专业出身的"体育迷"，成立了"外媒新闻社"。我们每天翻译多篇重要体育新闻和相关的优质文章，然后以中英文双语形式发布到论坛里。这样我们发布的体育新闻与门户网站发布的有很大区别，这种新颖的内容形式让很多用户养成了每天都来论坛阅读帖子的习惯。多年后，虎扑也采用类似的切入点打开了局面。

这段经历给我的启示是，不管是每天几百 UV（Unique Visitor，独立访客）的小论坛，还是几亿 DAU（Daily Active User，日活跃用户数）的短视频平台，在运营时都要找到自身的差异化定位，然后围绕自身特点，进行全方位强化。再大规模的公司、再多用户使用的产品，对于用户来说，也只需要简单明了的一句话描述。

03．关注核心用户的引入

论坛创建起来后，如果既无用户也无内容，就会面临冷启动的局面。当时，我决定从最核心的人——版主入手，发动他们来填充内容和为论坛"拉人"。版主去哪儿找呢？我的办法是，搜索高人气的同类型论坛，看谁发的帖子数量又多质量又好，就通过私信联系他。接下来就是高密度的私下沟通：从兴趣爱好到论坛定位，再到如何实现差异化。只要对方愿意加入，他完全可以把论坛当作自己的论坛来管理，并打造成自己想要的样子。很多人可能隔着屏幕也能感受到我的热情，就这样各板块的版主很快到位。

在这次冷启动期间，我无意中采用了"种子"用户运营模式——找到有话语权的优质内容创造者，制定好运营规则，让他们参与产品的内容策划和运营管理，把产品打造成他们想要的样子，然后对外推广、拉新。

04．内外联动推广

当时效果最好的推广方式是给中文版新闻加入来源链接，然后把新闻发在有人气的贴吧里。帖子发布后，再迅速组建推广小分队去顶帖，这种方式为论坛"薅"来了一大波流量。现在最大的体育网站之一"直播吧"，也是这样起家的。

我很重视内外联动，就是将站内优质内容推广到站外，为网站导流，类似于现在的"破圈"推广。比如快手将站内草根选手"云南滑翔机"矣进宏推到 CBA 全明星赛场上，他与职业球员同场竞技，并获得"扣篮王"称号。从 2005 年到 2019 年，从 PC 端到移动端，这个推广逻辑一直没变。

05．合理设置团队架构

做站外推广，需要有一支团队每天都能"盯"着。为此，我专门挑选了两个超级版主，一个负责站内管理，协调各版主间的工作，同时处理论坛里的各类矛盾；一个负责对外推广。另外，还要有专人负责为"外媒新闻社"招募志愿者，组织翻译工作，并为帖子数量和内容质量负责。

只有在团队正常运转后，我才可以专心琢磨怎么赚钱。

06．社区商业化变现

变现一直是社区产品的"死穴"，我的很多探索都以失败告终。我尝试过同步使用以下两种方法。

首先是广告。为了不影响用户体验，我只在论坛里开放了两个 Banner（网页上的矩形公告牌）位和一个文字链广告位，并且只接受"包月"广告。在广告定价方面，我们本应先核算出 CPM（Cost Per Mille，展现成本，也称千人展现成本），但由于当时监控不到曝光量和点击量这些效果数据，因此，我们只能以粗暴的方式来制定广告定价。而且，真正的大品牌商也看不上个人网站，因此，第一批给论坛投放广告的是境外博彩网站。之后，我也没有做过更深入的商业扩展，比如设置产品专区及活动冠名等。

其次是电商。2005 年，淘宝开始被更多人熟知，这也为个人网站变现提供了新机会。论坛可承载内容及与用户开展互动，而淘宝可实现交易转化，因此通过从论坛向淘宝导流可实现变现。我选择体育周边用品来"试水"：利用广告位推广，开设商品讨论板块，发帖做促销活动。因为客服、收发货、店铺管理的工作量巨大，同时我们在供应链上没有话语权，且最终的利润微薄，最终我放弃了这个方法。

07. 掌握商业视角

2010 年，我在派代网遇到几位淘品牌创始人，年纪和我相仿，但是他们都在大学毕业后投身于淘宝，现在年 GMV（Gross Merchandise Volume，总商品销量，多指网站成交金额）有几千万元，公司员工有几百人。相比而言，我却受限于自己的商业视野，在同样的时间没有做出同样的决策。不仅如此，论坛也在走下坡路——核心版主相继辞职，经济收益不见增长。

为了找到合伙人，我在站长论坛上发帖并参加线下沙龙。但接触过的人都认为，我做的事情的"天花板"太低，很难赢利。这让我学会了从商业视角去审视项目，不再迷信只要有人气就不愁赚钱的 VC（Venture Capital，风险投资）逻辑。

正规军打法

个人站长梦破灭之后，我决心去互联网公司工作，在大平台上学习团队协作，以此突破自己能力的天花板。然而，我投给新浪、搜狐的简历都石沉大海，最终我来到派代网这家创业公司，并在这里待了两年，摆脱了互联网行业零经验从业者的身份。

两年后，我想更为系统地学习运营方法，也想研究大流量产品的运转规律。因此，我加入了百度，负责"百度知道"的核心用户运营。

01．对运营理解的颠覆

当时"百度知道"在 PC 端和移动端的累计 UV 已超过 2 亿，这让我心生困惑：运营工作能影响的用户数量非常有限，对用户规模如此大的产品来说，运营工作能有多大的意义？为解开这个困惑，我花了很多时间去和核心用户沟通，慢慢地，我开始有所感悟。核心用户的真正价值在于帮助平台解决产品和技术手段无法覆盖的问题。比如，在"百度知道"里，高价值问题是无法通过历史问答找到匹配答案的，如果平台不能快速给出解答，提问者的使用体验就会受到影响，这时就需要核心用户在很短的时间内迅速给出答案。再比如,对于无法通过技术手段识别的广告关键词,需要先由核心用户进行"人肉筛选",之后才能进入反作弊的批量处理流程。

运营这 1000 多位核心用户,希望通过他们做的事,解决当下技术解决不了的短板问题。运营工作只能干预少量的用户和内容,所以要抓重点,通过"少量的重点"去带动和影响"整体的面",直接或间接地提升产品的整体数据。

我认为,百度运营工作还存在一些不足。相对于产品人员的强势,运营人员缺少话语权,很难提前参与新功能或活动的讨论。产品是给用户用的,产品人员离用户的距离比运营人员远,因此采集的需求并不准确。运营人员相对弱势直接导致的结果是,继"百度知道""百度贴吧"和"百度百科"之后,很难做出成功的用户类产品。

02. 运营"作业帮"

"作业帮"的思路是从"百度知道"的 14 个问题分类中,挑选出需求量大且有行业代表性的垂直领域来做专业化运营。这类似于现在快手、抖音、微博等平台对垂直类内容的打法,称为 PGC(Professional Generated Content,专业生产内容)。经过数据调研和运行反馈,K12(kindergarten through twelfth grade,指学前至高中)教育、医疗和母婴被锁定为值得继续投入资源去深挖的领域,其中 K12 教育由我来负责。

在和不同领域的合作方交流的时候，有一点让我印象特别深刻。合作方身处自己的行业，有一套完整成熟且可延续的打法。这就像大人看小孩一样，他们会觉得当时的百度哪里都不对。但小孩却不一定是错的，因为小孩有新的思路和不一样的视角，不会受固有认知的禁锢，反而可能带来新的突破。当然，互联网公司也要时刻心存敬畏，这样才有可能将传统行业互联网化，并发挥出产品和技术优势。

03．我眼中的百度

在百度，当时运营人员需要向产品经理汇报工作，我由于不甘于做陪衬，在 2014 年转投了正在飞速发展且更重视运营工作的美团。现在回过头来说说我眼中的百度。

首先，拥有优秀的公司文化。部门之间的沟通有统一模式，可以确保信息传递清晰高效。比如，公司内部统一使用固定模板来写项目总结，以保证从没参与过该项目的人员都能轻松看懂。

再比如，公司严格遵循这样的会议流程：

- 约定好时间、地点，参加人员准时到场。
- 交代项目背景、需求、时间节点和负责人。
- 明确双方权益并达成合作意向。
- 需求方发送会议记录邮件，并抄送给对方上级，邮件内容为沟通关键点。

其次，拥有完整的方法论体系。比如，在做项目时，要关注如下几个问题。

- 项目目的是什么？
- 用什么指标衡量项目，预期数值是多少？
- 从制定策略到落地实施，其路径是什么，如何拆解？
- 谁是负责人，谁来配合，时间节点是什么时候？
- 什么时候给出效果评估？在为产品评级时，公司甚至会将是否产出一套方法论作为一项衡量标准。

最后，拥有出色的年轻人。当时百度的产品经理和运营人员大多来自名校，这些经过层层筛选的校招生，薪水和职级都不低，也具备匹配的能力和担当。

沉淀方法论

可以说，百度让我学会了如何系统思考和分析问题的方法，也让我积累了一定的管理经验。而美团因为发展更快，团队成员状态更"嗨"，条条框框的东西相对更少，它带给了我全新的感受。

01．平台的高度

我在美团参加的第一个会议，是某个重要项目的复盘会。复盘主讲人和该项目负责人是同一个人，是一位做运营的同事。而在百度，项目负责人，以及项目启动或总结负责人，都是由产品经理担任的。这让我感觉美团是一个重视运营工作的平台。

我所在的电影事业部，推出了一个用户在购买电影票时还可以同时在线选座的独立 App——猫眼电影，但是票价比日常的团购票价高，我认为没人愿意多花钱在选座上。上级一言以蔽之：真正喜欢看电影的人愿意花这个钱。看看现在，在线选座已成了用户在购买电影票时的标配。在风口公司工作，总能见识一些新鲜的玩法。

美团的快速发展不断推着我前进，这让我受益匪浅。优秀人才向头部公司流动，是有道理的。

美团当时做的很多事情，在业内都是没有先例的。最早外卖也只是一个区域性实验，配送团队到位前，产品经理自己去送餐，这是多么接地气又大胆的思路！再举一个例子，有一次我去看电影，发现猫眼取票机无法正常取票，售票台服务人员也不知该怎么办，我立马在公司的产品微信群里求助，很快得到一位产品经理的回复：

"重启一下就好了。"

"怎么重启？"

"把取票机反过来，按一下左下方的按钮。"

我立刻一试，果然管用。后来才知道，猫眼电影 App 的产品经理都做过线下"地推"，所以他们有应对各类突发状况的经验。他们甚至在推出猫眼取票机前，去各大影城找到其他售票机上的生产厂商联系方式，然后一个个打电话联系。

美团在这样做时，其他大部分公司的产品经理和运营人员还只是坐在办公室里写文档。这颠覆了我对职业的认知，让我明白：要做好一件事，不管是在传统行业还是在互联网公司，都要动手去干"脏活""累活"，这样才能在最短的时间内从平台学到东西，才能随时跟上行业前进的脚步。对公司而言，这样才能构建一个真正"懂"某个领域的团队，从而使自己立于不败之地——从某种程度上说，美团真正地做成了电影 O2O（Online To Offline，线上到线下）。

02. 鉴别伪需求

当时猫眼电影已经是院线片 UGC 量级最大、新片影评产出最快的 App，并能保证产出的内容都出自看过电影的观众之手。不过，在互联网行业成事，很难说是运营能力强，还是产品量级使然。因此，证明自己的增量产出，是每位运营人员都要面对的课题。

我到猫眼团队后的第一个任务就是从零开始运营猫眼社区，猫眼社区的定位是打造一个能让电影爱好者深度交流的场所，"深度"是相对于通过短评实现快速互动而言的。而且，如果用户只在每周看一次电影时才访问猫眼电影 App，那么对于一个想做内容的产品来说，这个频率就太低了，所以社区被寄望于能起到"提频"的作用。

社区是有中心化特征的，需要有一个大广场可以让用户"遛弯"。如果把这个广场分割成无数个小屋子，那么每个小屋子都会很冷清，整个社区也很难形成良好的互动氛围。所以，我们将最初的为每部电影、每个演员设置一个板块改为根据用户的兴趣爱好来建立板块。虽然改版有一定的效果，但最终这个社区还是没做起来。事实证明，深度讨论和电影相关的一系列话题，是一个伪需求，没有哪个产品能把电影社区这件事做得很好。

一个社区"死"掉有很多种可能，比如产品功能及运营滞后、"破圈"能力差等。如果不能提前得出"伪需求"这种核心结论，那么只能承担在实践中进行验证的高昂的资金和时间成本。这次经历之后，但凡有其他设想时，我总会先考虑用户是否感兴趣，这帮助我在之后的工作中避开过很多"坑"。比如，旨在提升用户黏性的社区，基本上都没能存活下来，因为运营人员满脑子想的都是"留存"，势必会忽视用户需求。

03．超级运营术

我一直以每周 1～2 篇的文章输出频率，将自己在工作中的思考和经验总结发布在公众号"运营狗工作日记"上。出版社因此向我约稿，起初我信心全无，是编辑老师的一句话"坚持写下去"鼓励了我。就是这句话，让我受用至今。

后来，我又埋头写了几个月书稿，关于运营的几个模块书稿中都已基本被覆盖，结构和篇幅也很接近一本书的标准，再加上一些忠实读者对内容质量的肯定，出书被正式提上了日程。历经波折，《超级运营术》终于在 2017 年 5 月面世，市场反响和读者反馈都比较正面，我也因此多了一个新的身份——图书作者。

出版过程中有两件事值得玩味。一是我执意不找别人写序和推荐语，以示自己和其他图书作者不一样，而且出版社让我写文章来宣传自己的书，并计划为我举办线下签售会，我也是百般推脱。这充分说明，当一个人的自信超出实力时，就会好面子、不切实际，以及分不清利弊。二是我对《超级运营术》这个书名很排斥，总觉得它不够高端大气，为此我还和出版社僵持了一个月，最终以我服软告终。回头来看，这是我的认知出现了问题。书名、内容定位和目标读者这三者应该是协调统一的，书名《超级运营术》是最佳选择。

04. 从创业到择业

在光线传媒成为猫眼电影 App 的老板后，我所在的团队一直在裁员，运营人员所能发挥的空间也越来越小，再加上当时正是自己自信心"爆棚"的时候，我离开了美团。我也曾先后收到过几家公司的邀请，但是为了更好地施展自己的才华，我最终选择了一家创业公司。在这里，我倾尽全力，抱着"死也要死在公司"的决心，并为之奋斗了 8 个月。最后业务黄了，几天时间内产品下线，团队解散，这对我的打击很大。

从理性角度来说，这是我职业生涯中的一次错误选择。但我不后悔，因为这个结果是无法避免的。由于个人英雄主义作祟，我当时特别想独立地把一个产品撑起来，而且骨子里创业的小火苗也处在一点就着的关头，所以我注定会踩这个"坑"。现在我对创业有了更为清晰的认识，当别人再问我为什么不创业时，我的回答是："没有这个能力。"

从创业公司出来后，我加入了网易，负责网易新闻的产品运营。当时如果只看业务本身，在"个性化推荐+短视频"形式盛行的时代，以"门户+图文"形式出身的网易新闻已经不是一个处于上升期的产品了。尽管很多朋友极力劝阻我，但我偏偏是一个认定一件事情后就不会再听别人建议的人。这次的决定很难说是错的还是对的。

网易新闻曾经是新闻领域当之无愧的"大哥"，以真新闻和有调性的内容给用户留下了高品质的印象，因此其品牌广告一直卖得不错。但今日头条的出现，颠覆了传统新闻这一概念。它把图文和视频内容通过个性化推荐分发给用户，因而不再需要大量编辑去产出内容，而只需用平台来吸引全网的内容源，凭借占据大量用户时间来变现，随后再把获得的收入投放到市场和渠道中，并获取尽可能多的新用户。

从获客到留存，从留存到变现，再从变现到获客，这样的循环模式让传统门户网站的玩法彻底退出了历史舞台，也帮助今日头条抢走了不少网易新闻的用户和收入。

用户增长与 OKR

在网易的那几年，业内有一个炒得比较火的概念——用户增长，如果哪个公司不做这件事，就好像已经跟不上最新形势了。这恰好给了我一次宝贵的机会，可以对用户增长有所思考和实践。

01．一种思考问题的方式

从本质上说，用户增长是以拉新或留存为目标的，要横跨不同团队来整合资源。它涵盖的内容不一定是之前完全没做过的事情，而是之前没人管的"死角"，或者是没人尝试过的角色协作。可以说，打破公司内部团队之间的"谷仓效应"，是用户增长的最大价值。

对内容产品而言，牵头做用户增长的角色首先应该是产品经理，其次是负责渠道获客的团队，而不是我这样的运营人员。但在网易的那段时间，的确是我在负责这件事，这不仅使我自己感到有点别扭，而且负责产品和渠道的同事估计也不舒服。

新用户如何留存一直是业内的普遍性难题。我曾尝试过很多种方法，比如，对新用户路径进行转化、冷启动内容推荐、针对新用户组织各类推广活动，我还曾经寄希望于创建适用的数据统计平台、用户画像平台和 A/B 测试工具，但总体来讲收效甚微。这也许是因为在一个很低的"天花板"下面做事，会受限于网易新闻在整个互联网大环境里的处境。毕竟很多项目的成功并不取决于力挽狂澜，而往往只需要顺水推舟。

这么多年过去了，我没听到过多少个成功案例，甚至有明确正向结论，且可以推全量的 A/B 测试工具也不多见。在网易工作期间，我还在业内做过关于用户增长的分享，但是以后肯定不会再讲，因为在见过世面之后才深刻体会到了自己的无知。现在每每听到有人说，自己实现了新用户或新客留存的显著增长，我会先在心里打一个大大的问号——除非底子很差，否则一定是增长的归因出现了问题。

02. 价值体现在团队协作上

"用户增长"的核心在于重组团队间的协作。最理想的情况是，老板重视"用户增长"，由上至下推动团队间的协作，甚至对组织架构进行调整。因此，想知道一个公司有没有决心做用户增长，看其组织架构里有没有相应的部门和岗位就够了，比如，快手、字节跳动都有这样的部门和岗位。

如果老板不重视"用户增长"，仅依靠中层去推动团队间的协作，那么"用户增长"基本上会"九死一生"。在网易工作的那段时间，我曾希望通过推动 OKR（Objectives and Key Results，目标与关键成果法）这个工具来完成不同部门间的协作。当时我不懂

OKR，尽管已经几乎读完了市面上所有讲 OKR 的书，但是对其真正的理解和应用，还是请两位 HR 同事做导师，一边学习一边实践才完成的。在这个过程中，还要反复拆解、反复思考，甚至需要从零开始辅导其他人。

OKR，对公司来说是协作工具，对管理者来说是管理方式，对个人来说是梳理思路的有效方法。直到现在，我都在使用 OKR，除了用于工作，还通过给自己制订双月 OKR 来管理个人学习和健康。

相同与不同

从我十几年的从业经历中可以总结出 5 个字：相同和不同。

相同的是运营的基本功底。从最初做个人站长，到去百度、美团、网易等公司任职，做运营所需的基本技能都是相同的，或者说是有相通的地方的。如果眼前这件事和很多年前曾做过的某个项目有相似之处，那么思考起来就有依据，会更容易找出项目成败的关键点。

不管在什么样的公司，不管公司量级和自身发挥空间有多大，努力做好每一件事都是对未来的积累。更重要的是，要把这些日常积累通过思考提炼出来，记录下来，这样才能将其变成自己的东西。

不同的是运营人员面临的所有具体问题都是不同的。不同的公司和产品，对应着不同的垂直行业和特定的用户群体，有着不同的商业生态和实操玩法。如果做运营的人不懂这些"不同"，只觉得自己在互联网领域很专业，那么势必是要栽跟头的。

当前的互联网已不是一个行业，而是每个垂直行业的工具。若要靠运营解决各种问题，就不只是搬出用户、活动和内容这些手段这么简单了，而是要有清晰的决策逻辑。对于做运营的人来说，这需要我们真正懂得行业，并和业内人士打成一片，熟悉他们的语言和利益关系。

如何成为更好的自己

张伟华

个人简介

张伟华，海外并购专家，国际油气实务专家，国务院国有资产监督管理委员会特聘海外并购法律专家；主导过国内最大一笔跨境能源并购交易，参与交割的并购交易总金额超 600 亿美元；先后获得由 The Legal 500 机构和汤森路透旗下的《亚洲法律杂志》颁发的多项殊荣；商务旅行目的地超 70 国；AIPN（国际石油者谈判协会）董事会成员，A 股上市公司独立董事；出版中文版跨境并购实务类专著 6 部，合著多部英文版国际油气实务著作，被多家知名大学聘为客座教授。

从四川小镇考到北京大学，同学眼里的我有些特立独行。进入社会后，我一直精力充沛，深深扎根于国际并购交易领域 20 年，且成果丰硕。工作之余，我不仅足迹遍布 7 大洲、5 大洋的 70 多个国家和地区，还在 5 年内写出狂揽各类奖项的 6 部图书作品。

很多人问我，这一路、这一切，是如何做到的？欲求答案，权且随我回眸往昔。

只选择爱的，只爱选择的

从没想过做一名律师，小时候受金庸大师的影响，更希望成为一名仗剑走天涯的侠士。为此，我收集过很多武功秘籍：铁砂掌、轻功、大小周天……还曾放满一缸清水，用手掌拍击水面，以期练成化骨绵掌。后来，父亲将水缸装满米后，我又改成用手指插米来练习点穴。最终不仅神功未成，而且也知道了根本没有江湖来任我快意恩仇。武侠梦破灭的我，去了一家央企。由于我在大学期间是一个非常有个性的人，因此这个决定让很多同学都觉得出乎意料。

我去央企，是出于对国际并购交易这件事情的热爱。做这份工作需要一年中的大部分时间在全世界飞来飞去。对接的人，都是国际投行人士、国际律师、四大会计师事务所合伙人和资源国政府官员等。周游世界和采购油气，对我而言都充满着挑战和新鲜感。凭借笔试、面试双双第一的成绩，我进入了当时国内最大央企的总部，拿到了这个很多人都梦寐以求的 Offer，而且一干就是 20 年，也做出了一些让人认可的成绩。

后来，每当有人问我如何做职业选择时，我总是回答：对于一份工作，不要只考虑暂时的收入和看上去是否光鲜，而要选择自己真正喜欢的和擅长的，这样才能从中发掘持久的快乐和动力。

投身国际并购行业以来，我先后参与了多起国内油气行业的标志性项目，比如，多笔世界级能源交易、亚洲第一支能源油气投资基金的设立，以及中国企业第一次以美国证监会注册方式发行美元债券。这是一段艰难的岁月，现在回想起来，我却倍感幸运。正是筹备与世界一流能源公司、资源国政府或有高超商业谈判技巧的卖方谈判的不眠之夜，正是从看似难以逾越的法律风险和让人绞尽脑汁的方案设计中接触到的大量最前沿和最专业的知识，正是与众多全球石油业顶级富豪面对面展开的一次次斗智斗勇的谈判，让我长了大见识，学了大经验，有了大视野。

曾心向往之的跨时区密集飞行，有时候不仅无法洒脱惬意，而且还时常充满着各种惊险。比如，因非洲某国一家酒店提供的热水不够干净而染上了皮肤病，满脸长包，一年多后才完全治愈；在发生内乱的危险国家，街道上满是持枪者，出门只能乘坐防弹车，由荷枪实弹的士兵护送；在南美洲险被海关人员敲诈勒索；在穿越北回归线的直升机上吐得昏天暗地；在中东沙漠的空气热浪中濒临中暑；在北美最冷的一个油气勘探现场，头上飞舞的蚊子比拇指还大；在从多哈飞往新加坡的飞机上，在 3 万米的高空突然发烧，幸好被邻座美国姑娘提供的药物及时搭救……一入江湖催人老，醉心于跨境并购的这 20 年，工作几乎填满了我的全部生活。

这段痛并快乐着的奋斗岁月，也让我养成了每天只睡 4～5 小时的作息习惯。直到现在，不管是在国内还是在国外，我都一直坚持每天早晨 4 点起床工作。过去这些年写完的 6 本书，以及亲自打理并不停在更新内容的公众号"unclehome"，甚至疫情期间创立的 Leslie 法商学院，都受益于早起这个习惯。因为有更充裕的工作时间，所以我在被中国人民大学、中国政法大学、对外经济贸易大学、北京外国语大学聘为客座教授后，可以经常在这几所高校，以及北京大学、上海交通大学、浙江大学、华东政法大学等高校开设培训课程或举办讲座，我也成了 AIPN 全球董事会中唯一的中国籍成员。有朋友开玩笑说："不比财富，你的睡眠时间已经比肩李嘉诚了……"

2016 年，我辞去央企总部某部门处长一职，投身一家香港上市公司做高管。改换门庭之前，单位正计划提拔我当副局级干部，但我去意已决。究其原因，就是这家香港公司未来有海外扩张的收购计划。而我所在的央企，在过去 10 多年间已斥资几百亿美元进行了海外投资，我预测在大概率情况下，今后不会再有如此高密度的并购交易。因此，我毅然做出放弃体制内工作的决定，这也是出于自己对海外投资事业的热爱。

加入这家公司的几年时间里，我成功完成多项并购交易，打造了一支能打硬仗、打大仗的国际法务团队。

过往经验告诉我，及早发现自己的"热爱"，并把自己的"热爱"坚持到底，是一生的财富，只有这样你才能一直快乐、不知疲倦。我认为自己非常幸运，在年轻的时候就发现了自己一生中热爱的事情。

具备良好的商业思维力

在职场上做到"更加优秀"几乎是所有人的心愿，而在专业上成为"大家"则是每个人的梦想。我认为，职场人士要做好工作，尤其是专业性要求较高的工作，就要具备良好的商业思维力。以公司法务工作者为例，具体要做到以下几点。

01．明确职业定位

法务工作者需要明确自己的职业定位是什么。毫无疑问，应该是帮助公司实现盈利，以及将法律风险尽可能降到公司能够承受的最低限度。作为一名法律人，在学校学习的法律知识帮助我们逐步形成了法律思维，但有些人也容易成为风险厌恶者。在商业交易中，一点儿风险也没有的事情是非常少见的。法务工作者要敢于拥抱风险，与风险"共舞"。

02. 理性看待风险

法务工作者应该理性看待风险,不能仅仅从法律角度去看待和解决问题,而是需要在更广的维度上理解公司的法律问题,不能只说 No,但在底线风险面前也不能不说 No。风险是商业世界的客观存在,法务工作者需要从战略、商务和执行的角度去理解和看待风险,还要破除自己是交易推动器的 illusion(错觉),要清楚自己的工作只是为商业交易提供必要的服务。

03. 提供商务可行服务

提供商务可行服务的前提是,与商务人员建立良好的关系,得到商务伙伴的认可,能提供商务伙伴认可的解决方案,能为商务活动的顺利推进出谋划策。能否提供商务上的可行性方案,是判断法务工作者是否有经验的重要标准之一。识别法律风险只是法务工作的第一步,之后如何提供能被商务伙伴认可的方案,去控制法律风险,才是对法务工作者功力的真正考验。

04. 识别灰色地带并提出解决方案

在实践中,很少有"绝对不行"或者"Deal Breaker(破坏交易)"的法律风险。大多数法律风险都处于灰色地带,既未达到足以"杀死"交易的地步,也不能对其掉以轻心。在这样的情况下,能向客户提供解决方案的法务工作者,才能得到客户的信任和认可。

举一个例子。在一个并购业务中，事前的尽职调查表明有很大一部分并购资产在私有化的过程中带有"原罪"，直接买进必然存有风险，那么法务工作者是否可以直接向管理层说明"这笔交易不能进行"？当然不可以！正确的做法应该是，在充分告知风险的同时，给出解决方案，比如，要求对方在交易前对风险瑕疵进行补正，让对方增加未来交割后的赔偿担保，在交易过渡期放入风险控制条款或在合同中添加交易保护条款。

05．提高自身判断力

当遇到现实的法律风险时，法务工作者的判断力就显得尤为重要了。他必须准确识别出当前的风险仅仅是理论上存在的，还是现实存在且有可能对整笔交易产生极大影响的。对于风险，很难有完全双赢的解决方案，只能不断商讨并在甲乙双方之间"挪移"，只要能找到双方利益的重合点，就完全有可能实现交易双方利益的最大化，并最终提出解决问题的好方案。

商业世界的商业规则，由商务人士来主导，也是题中应有之义。但是，这不代表法务工作者要将自己置于旁观者的位置上。虽然法律往往不是推动商业交易的最终决定性因素，但是为了实现商业目的，在大多数时候，法务工作者需要将自己置于"支持"和"帮助"的位置上，但这也绝不是说法务工作者不重要。法务工作者是商业活动成功的有机组成部分，这个角色非常重要。

06. 帮助客户实现商业目标

当客户遇到问题时，不能仅仅提示风险，甚至不能仅仅在提供消除风险的几条途径后让客户自行从中选择。法务工作者一定要有能力向客户提供确定性的意见和建议，不但需要运用自身的专业判断和专业素质帮助客户解决问题，而且在必要时需要成为引导者，帮助客户做出能实现其商业目标的正确选择。

07. 业务之外的重点

在做好业务的同时，法务工作者也需要了解公司的整体战略方向和业务重点。比如，要经常阅读公司战略规划、年度目标等文件，还需要培养读"三张报表（资产负债表、利润表、现金流量表）"的能力，以便快速把握一个公司的优势、劣势，以及需要改进的地方。

只有站在更高的层面看待公司业务，法务工作者才能更好地提供法律意见。如果把法律技能看作"形而下"，把商业战略看作"形而上"，那么有效结合"形而下"和"形而上"，才能使视角不囿于法律，提出的意见才能更具有建设性。

在专业上走向卓越

每一名公司法务工作者都希望自己比外部律师更加专业，经常会有人问，想做到这一点，有捷径吗？我的回答永远是：没有捷径，只能寄希望于持续不断的学习。三天不学习就要落后，因此终身学习是对每一名公司法务工作者的现实要求。需要知道的是，法律环境、商业环境，甚至是政治环境的变化，都会深深影响到日常的工作。

01．为什么要不断优化专业知识

举个例子，只有真正接触过交易细节的法务工作者，才能对上市公司的"并购价款调整机制"有深入理解。哪怕是在华尔街，也只有深度参与过国际高端并购案的律师才能对其全面把握。一旦专业知识储备不足，更是随时都有可能露怯。

作为一名法务工作者，除了在自己的专业技术上紧跟变化，还需要对商业动态、科技趋势和政治环境进行定期追踪。

- 埃博拉疫情的蔓延、新冠肺炎的肆虐、北美天然气价格的走低，这些都和法务工作者没有关系？错。大量的商业诉讼案，可能就来自这些事件。

- 乌干达出台的《石油法》和法务工作者没有关系？错。客户可能会要求你就相关事件提出法律方面的意见。

- 英国上诉法院的一项判决和法务工作者没有关系？错。很可能在下一次就英国法律管辖的合约进行谈判时，你就需要采用技术手段对判决中涉及的相关风险进行规避。

  ……

学习的目的，不仅仅是学习法律知识，更是要通晓所处行业的最新信息，即我们常说的要懂行——懂得客户所处行业的相关知识。比如，专攻油气类业务的法务工作者，如果不能掌握勘探、开发、生产的基本流程和油气行业的基础知识，就很难做好关于Lifting Agreement（提油协议）、Gas Balancing Agreement（提气平衡协议）、Unitization Agreement（一体化协议）等专业性很强的油气类合同。

终身学习，既是时代对法务工作者的基本要求，也是让大部分从业者倍感焦虑的压力来源之一。值得庆幸的是，如今的信息获取渠道格外通畅——有众多面向法律专业人士的新媒体 App 及可以快速实现跨界交流的信息分享平台，还有琳琅满目的法律微信公众号。

02. 如何成为高水平的专业人士

很多法务工作者的目标是成为一名高水平的专业人士，那么如何评价他的专业水平呢？

收入是一个重要的参考指标。我们以几年前美国多家公司总法律顾问的年收入统计为例，排名前 100 的人均基本工资（现金部分）为 70 万美元，除股票和期权外，人均到手现金为 210 万美元。当年排名第一的是迪士尼公司总法律顾问 Alan Braverman，每年现金收入为 670 万美元，加上期权行权和股票，年收入高达 1218

万美元。而 2020 年总法律顾问收入统计中，排名第一的总法律顾问现金收入已经达到了 800 多万美元，加上期权行权和股票，年收入更是高达数千万美元。

如果对以上这些人收入如此之高有所质疑，可能与大众对法律服务按"小时收费"这一形式难以理解的原因基本一致——对法务工作者在真正提供服务之前需要投入的高昂时间和金钱成本缺乏了一定的感性认识，而接受过法律服务的人则大多认可：法律服务带来的增值远远超过付费账单上的那个数字。

想要成为高水平的专业人士，或是将自己的高水平兑现为高收入，需要在一点一滴的积累中积丘成山。建议在一段时间内给自己设定几个目标，并每隔一段时间进行回顾——有没有每天阅读一两篇有用的文章？有没有跟进最近一个交易实务案例？有没有按照以下标准对自己的专业水平进行评级？

- 懂：能看得懂、听得懂，达到公司法务人员初级水平。
- 会：能写、能改、能谈。
- 专：对专业事项有充分的认识和处理能力。
- 精：熟悉专业事项的各类变化和发展，能游刃有余地处理疑难、复杂问题。
- 深：达到体系化或"庖丁解牛"般的水平。

成为高水平专业人士，追求的就是精深。我认识一名专门解决天然气争议的公司法务工作者，可以做到对任何一份天然气合同里每一项条款背后的含义、可能存在的风险及未来发展了如指掌，比如天然气价格审视条款涉及哪些有争议的问题，解决因素包含哪些，价格重谈的触发条件是什么，以及应该如何界定市场重大变化，等等。如果钻研得不够精深，往往无法确定争议解决条款里应该涵盖哪些内容。而行家就会知道，仲裁庭在仲裁时有可能重写合同里的价格条款，因此有必要在争议解决条款里直接限制仲裁庭的权利——不能重写价格条款，不能任意决定不在约定价格区间内的数字等。

培养职业化行为模式

在遇到重大抉择的时候，往往可以体现出一名公司法务工作者的专业水平。但公司法务工作者的职业化，不仅体现在对大事的判断上，更体现在每一个工作细节中。

01. 沟通应简单高效

简单高效沟通是对专业人士的基本要求。举个例子，写邮件是每天的常规事务，但看似简单的邮件交流，却能够非常清晰地呈现出一名法务工作者的基本职业素养。

有人把写邮件当成一种聊天方式，其实这是一种非职业化的表现。法务工作者应该学会如何提问，如何引导客户进行提问，并竭力把讨论的焦点带到正确的方向上。成功的公司法务工作者有一条职场经验：像首席执行官那样写邮件（Email Like a CEO）。我收到过不少公司高管的邮件，他们的确很少写冗长的邮件，不仅不在邮件中夹杂专业术语和大段分析，而且邮件中的指令都很简单明了，诉求也非常明确。

商务人员最怕的是，收到法务工作者发来的长达几十页的法律意见，从理论到立法，再到判例，甚至还加上了不少脚注加以阐释。他们不得不经常去质问法务工作者：能不能好好说话？能不能说我们能听得懂的话？法务工作者可能对此不以为然，认为这样才能体现自己的专业性——法律工作本来就不是人人都可以从事的。的确，从法务工作者的角度来看，出具在逻辑、理论和实务上都完备的周全法律意见，才是最好的工作作品，但这并不妨碍他们在邮件正文中写明要点并加上推荐意见。所有公司法务工作者和外部律师都要谨记：和论文不一样，法律意见要以切中实际、解决问题为目的。特别是以邮件形式发送给商务人员的法律意见，正文一定要尽可能简单，长篇大论则最好放在附件里。

还要知道，写邮件也不是万能的。我们在日常工作中，经常会看到有的法务工作者在 Group Email（群组邮件）中就某个细节反复发送邮件，几十封邮件都没有把问题解释清楚，这样的沟通是低效且无用的。但凡遇到这种情况，应该立即拿起电话直接和对方沟通，在电话沟通之后再以邮件的方式复述电话中的要点加以确认。清楚地知道应该何时拿起电话和客户进行沟通，不仅仅是工作中的方式方法问题，更能体现法务工作者的职业素养和专业素质。

特别是在向公司管理层提供法律意见时，一定要用简单易懂、思路明晰的方式让其了解和听懂，这是非常关键的沟通细节。如果一个法务工作者不能用浅显的语言将复杂的法律问题表述清楚，那么他就不是一名合格的从业者。

02. 回复必须及时

客户在评价你的法律服务时，"又快又好"无疑是最重要的标准之一。相反，"好而不快""快而不好"都是客户心目中的减分项。对于公司法务工作者来说，有一个"24 小时法则"，即在工作中收到的邮件或电话，在任何情况下都不能超过 24 小时再回复。对于的确紧急的事项，更是必须尽可能快地回复。当然，在客户眼里所有事项都是紧急的，要视不同情况而定。

及时回复客户的邮件或电话，让客户感到他受到了重视，是公司法务工作者不应忽视的工作细节。即使对客户提出的问题不能马上给出答案，也要先行回复，并给出正式答复的大致时间，以便让客户心中有数。一定要避免没有按时回复，因为违背承诺势必会给客户留下非常糟糕的印象。作为公司的法务工作者，一定要养成良好的工作习惯和职业化的工作方式。

03. 不断提升职业化段位

职业化段位体现在很多事情当中，比如，在很多交易中，谈判双方在本质上就是不平等的，所具备的技能、知识、技巧、经验完全不在同一个水平线上。如果不能保持较高的、对等的职业化段位，不能站在比外部律师或对手更高的层面来考虑问题，那么最终就很难达到满意的谈判效果。

为此，一名优秀的法务人员应当了解行业大势和公司战略，培养商业思维，学习商业语言和商业知识，多做项目，多和商业人士进行交流，积极地提高自己的专业水平和专业能力，建立体系化的思考模式和良好的思维习惯，同时要用职业化的方式做事。

不同职业化段位的专业人士各有不同的职业定位——初级的叫作"问题解决者过渡到"价值创造者"，才能在职业道路上越走"，进阶一步叫作"商业伙伴"，然后是"值得信赖的顾问"，最后是"价值创造者"。公司法务工作者的职业发展取决于这四种定位在工作中所占比例的调整和变化。只有从"问题解决者"越远。

精进管理技能

在你的岗位被赋予了一定的管理职能后，管理水平的提升就成为当务之急。因为管理能力的强弱，直接决定了你后续职业上升空间的大小。

首先，是对个人的管理。管理个人能力大致分为以下几种。

- 对情绪和压力的管理能力。尤其在面临重大项目、疑难问题时，需要管理好情绪和压力，做到冷静处理、平和面对。当然，这与经验和见识有关，见多识广、经验丰富的职场人士，一般来说是不易控制不住情绪或被压力摧垮的。

- 管理时间的能力。凡事都要有轻重缓急，做到忙而不乱。尤其当很多事情需要并行处理时，必须做到井然有序、高效运转，而且任何事情都不能拖延。

- 管理睡眠的能力。良好的睡眠习惯是拥有充沛精力的先决条件。一旦觉得疲倦，马上要求自己暂停工作，稍事休息。无论多高的工作强度、多紧张的工作节奏，也要给自己留足打盹儿的时间，只有这样，才能和自己的身体和解。

- 管理知识的能力。新知识、新资讯层出不穷，是不是都需要去学、去看？我的意见是，还是先在自己擅长的领域成为专家，再考虑广和泛。也就是聚焦于核心能力建设上，有计划地管理好自己的知识。

- 管理和他人关系的能力。公司法务部门作为一个职能部门，在很大程度上要服务于公司的业务部门，与其建立良好的关系是非常必要的。

其次，是对组织的管理。相应的能力主要包括如下几种。

- 管理外部顾问的能力。如果聘用外部顾问，就需要把控好他的工作质量和进度。

- 管理团队预算的能力。在你成为领导后，管理好团队预算是非常重要的。尤其是现在很多公司在给法务工作者支付更少的法律费用的同时要求其做更多的工作。

- 管理团队的能力。到了一定职级后，管理好下属才能把事情做好。在管理团队时，既要根据不同下属的特点"对症下药"，又要做到知人善任，让合适的人来做合适的事情。

- 管理外部资源的能力。拥有外部资源，能让工作更加高效和便捷，而合法合规地对其进行管理，则能提高对外部资源的利用率。

- 管理项目的能力。比如，在处理诉讼纠纷、并购、投资、融资等重大项目时，负责人就需要用项目管理的思路和方法对流程、成果进行管理，以控制质量和结果。

- 管理预期的能力。预防和控制风险是法务工作者的重要职责，如果董事会或管理层对法律工作及结果有不切实际的幻想，那么就需要有管理其预期的能力。

我的经历说明了一个朴素的道理——只要能尽早发现自己真正感兴趣且愿意做的事情，并在职业发展过程中兼顾商业和专业，那么每个人就都有可能成为自己领域的顶级专家，进而可以从容选择或向管理层转型，或继续在专业道路上深造，而最终一定会拥有一个成功的职业生涯。

以阅读为支撑，用写作促成长

邱 岳

个 人 简 介

邱岳，人称二爷，十年资深产品人，无码科技联合创始人及产品经理；曾任阿里巴巴产品经理，某互联网医疗公司产品总监；极客时间课程讲师；公众号"二爷鉴书"作者，知识星球"二爷书友会"星主；主导的无码科技小程序用户数超 1 亿人。

扫码进入邱岳的知识星球
"二爷书友会"

我负责和参与过许多产品，但至今还没有做出过特别了不起的东西。幸运的是，做产品依然是我的工作，我还有时间，也还有机会。除此之外，我赶上了公众号和知识星球的发展红利期，并因此积累了一些影响力，自媒体之路也促使我将阅读和写作变成了日常生活中重要的两个部分。如果没有在自媒体平台上持续输出的驱动，我恐怕很难有足够的韧性和耐力保持高密度的输入。

开始运营公众号的这 8 年多时间里，我读了近千本书，写下了数百篇阅读笔记，这让我在见识、格局、阅读品位和思维能力等方面发生了不小的变化。如果把"出类拔萃"定义为成功，那么大部分人注定无所建树。但若能把"比昨天进步多一点"当作目标，那么我们每天都有机会宣布自己获得了一次小胜利。所谓"流水不腐，户枢不蠹"，始终对昨天的自己保持质疑，并不断挑战自我，我们就不至于变得迂腐而刻薄。

并行阅读最高效

可能受家庭环境的影响，我从小就喜欢读书，起初读故事书和小说，后来家里书架上有什么书就读什么书。我父亲当时是一名教计算机的老师，所以我也读了很多犹如"天书"的专业教材。由于逐渐养成了大量阅读的习惯，一旦我闲下来，如果不读些文字，就会浑身难受——有时上厕所没有什么东西可读时，我甚至会把身份证掏出来读一遍。

但以我当时的年纪，书中的大部分内容是读不懂的，我往往都是囫囵吞枣地跳着读。这就埋下了一个隐患——在遇到读不懂的内容时，我逐渐习惯于不求甚解。后来，当我可以读大部头著作时，缺乏钻研的韧性也让我吃了不少苦头，我也耗费了很多心力去改正。

中学时期以学业为重，读的"闲书"并不多。上大学后，"读闲书"再也不用藏着掖着，我彻底放飞自我。为方便在晚上 12 点寝室熄灯后多读 1 小时书，我特地买了一个能戴在头上的充电矿灯。起初，我读的最多的是与学业有关的书，比如，在开设微积分课程的那个学期，白天在课堂上学的知识，晚上通过阅读国外的微积分教材复习，既巩固了数学，也练习了英语。

在这个过程中我发现，对于同一学科的主题，不同版本的教材在讲解时会有不同的侧重。在一本书里没有弄明白的知识点，很可能由于另一本书换了一个讲解角度，一读就懂。

此后，我养成了一个让我受益匪浅的习惯——针对同一个主题，同时阅读不同作者的书，比如，在学编程时，我会并行阅读 3～5 本不同的参考书。如果今天学习"数组"，我会把这几本书中有关"数组"的那一章都读一遍，其间我见识到不同的类比、不同的例程，这样交叉阅读的方式让我更快、更深刻地理解新概念。

这样的学习方式，再加上很多山东考生自带的考试技能，让我的大学成绩一直很好。但当我向家里报喜时，父亲却忧心忡忡地说：

"儿子啊，最好不要考第一，总考第一的孩子将来没啥大出息。"我听完后觉得有些道理，于是决定把课业放一放，把更多精力用在别的地方，为此我调整了自己的书单，读书的主题也越来越杂。

"无用之书"更有益

因为一直对嵌入式系统情有独钟，我把大部分课余时间都花在了这上面。当时如果想学新知识，一般只能自己看书摸索，不像现在有充足的网络课程资源可供选择，所以我买了很多这方面的书。我甚至还偷跑去网吧玩通宵，我一般是前半宿打游戏，后半宿调试开发板。网吧老板在巡夜时，经常会看到一个年轻人正在把一块裸露的电路板接到电脑上——我至今还记得他那充满警惕性的眼神。

没过多久，我搬回了学校主校区，认识了很多志同道合的小伙伴，捣鼓这些硬件的条件也改善了很多。那段时间我过得充实且快乐，读书的类型和节奏也逐渐稳定了下来。

我们学校有组织辩论赛的传统。在我大二那一年，校辩论队还在国际大专辩论会上荣获冠军，那一届的决赛最佳辩手就是我们学院的学长。而我，因为普通话讲得相对好一些，入选了学院的辩论队。就这样，我在辩论氛围的熏陶之下，开始大量地阅读与本专业无关的书，而且都是些"大部头"，涉及领域有哲学、逻辑学、经济学、心理学等。

老师和学长开的书单非常"硬核",都是康德、黑格尔等大师的著作。这些"大部头"本来就晦涩难懂,内容又不具备可操作性和可实验性,我读起来不仅苦闷,而且始终会有一种浮于书外的挫败感。于是,前文提到的我读书缺乏韧性的问题,在这个时候集中爆发了,最终很多书都没有好好读完。

时至今日,虽然我已过而立之年,但是还常常后悔当时没有耐住性子,把那些当时觉得没用的书好好"啃一啃"。因为我逐渐意识到,在那个朝气蓬勃的年纪,应该多用这些人类智慧精华来塑造自己的三观。

不过即便没有将这些经典的内容全部内化,但阅读人文类图书还是在我心里埋下了一粒知性的种子,让我这个纯粹的工科学生早早萌生信念——那些原以为无用的知识,似乎才是构成人之为人的灵魂骨架。

阅读出口在写作

我在辩论上天赋有限,再加上有轻微口吃,一着急,说话就会打磕巴,所以并没有在辩论赛上取得过优异的成绩。但是参加辩论赛对我的帮助和改变是巨大的,除了开始系统阅读人文类图书,我还开启了写作之路。

当时主要是写辩论稿。要把事情描述清楚，要言之有物，要有逻辑结构和论证的构建步骤，最重要的是，还要尽可能不给对手留下可攻击的漏洞，因此我的每篇文章都需要不断修改和完善。与大部分技能一样，写作和练习写作是完全不同的两件事情。对同一篇文章不停地修改和完善，是一种刻意练习。

写辩论稿还带给我另外一个帮助。为了赢得比赛，写稿时我必须去预测对手会说些什么，虽然是以对立的心态去预测的，但总归需要从不同的角度和立场来看待问题，需要站在"反方"的角度修正自己的观点。习惯成自然，现在每当讨论时事时，我会习惯性地查阅一些和自己观点相左的文章。即使查阅的过程并不会改变想法，但也会帮助我从自己狭隘的立场空间里走出来，能更理性、更全面地看待事情。

除了写辩论稿，我还尝试着写博客，可总是写不出多少有意思的内容，有时想表现自己的与众不同，偏偏脑子里没什么"货"，只能写出一些哗众取宠的文字。但写作是有惯性的，一旦开始，就有望坚持下去。

而且，写作即思考。当我们尝试将自以为已经理解的东西写出来时，才会发现它在脑子里仍是一团糨糊。所以，写作最大的好处是倒逼自己的头脑——把意识里的东西线条化、结构化和系统化。

写作与阅读也是相得益彰的。有写作体验的人对好的文字更敏感，更能体会经典的妙处。同时，我们用写作视角来欣赏或审视图书中的表达，也会有别样的收获。

职场中人如何阅读

踏入社会之后，静下心来阅读的时间和精力不再宽裕，这让我几乎彻底告别了艰涩的"大书"。而且，我在读书上开始变得功利起来，比如，阅读大量工具书只是为了解决工作中的问题，而不再是为了系统化学习某些知识点。与此同时，我会以"有用"和"没用"为标准计算阅读时间的投入产出比，因此就不再读那么多人文类的图书了。

我始终认为，真正能够在足够长的时间里对我们有帮助的，正是那些历史、艺术、文学、哲学类的"无用之书"。它们会潜移默化地改变我们的认知结构，能让我们更好地面对未知的世界和未来的自己，而工具书只能在特定时间、特定程度上帮助我们解决特定问题，经不起时过境迁。

为此，我刻意不去记录阅读总量，转而关注阅读质量，尤其是"无用之书"的占比。每当读完一本工具书时，我都会找几本其他类型的书来"对冲"一下。

我也找到了一类特别适合职场人在业余时间阅读的"无用之书"，那就是人物传记。人物传记有血有肉，有代入感，故事性强，易读易懂，同时我们可以通过其中的人物生平及足够丰富的历史背景来窥览时代的变革。自传中主角的心路历程和重要抉择时刻、他人撰写的传记中更客观和更立体化的角度、同领域同时代人与人之间的交错与碰撞，可以帮助我们形成对某个时代既具象又宽阔的认识。

对于这些闪耀在人类历史星空中的大人物，相比高光时刻与卓越成就，他们漫长的生活历程更能给我们普通人带来无限启发——如何度过低谷期、秉持什么样的原则，以及如何与世界相处。

我也读了一些小说，好的小说能让人快速进入另一个世界，在其中看人、看事、看时间的变迁，区分善恶美丑，体验酸甜苦辣，如同凭空多出一段经历。如果你很久没读书，建议先从中篇小说读起，武侠小说或侦探小说尤佳，这会让你很快体会到阅读的乐趣。

输出要有自己的定位和节奏

微博开始盛行后，人们越来越喜欢 140 字内的快速表达，开始对"长文字"失去耐心。同时，移动互联网的爆发让个人表达形式逐渐多媒体化，写点东西，尤其是写点"长东西"的门槛越来越高。直到 2012 年微信公众平台的出现，让原本日趋式微的"长文字"迎来了转机。

在 Fenng 的感召下，我很快注册了公众号"二爷鉴书"。在定主题时，我觉得自己没有什么拿得出手的技能，可能就是读书量比大部分人的平均数多了一点。而且当时我已经有挺厚的一本手写的读书笔记，有一些存货可以用来发文章，所以就选定了阅读作为公众号主题。

之所以用"鉴"而非"荐"，一是对自己的读书品位没有什么信心，二是觉得读书是很私人化的事情，所谓"汝之蜜糖，彼之砒霜"，我只有自己的经历，也只能唠自己的嗑。后来我得知"鉴"也颇有傲慢之意，一度非常惶恐，后悔当初没用"二爷贱书"。

账号开通后，起初只有亲朋好友十几个订阅者。第一次发文章时我还用错了格式，又手动给每一个订阅者发了一遍——那时还没有 48 小时互动限制，号主可以主动向订阅者发起互动。

当时在公众号上写文章的人很少，一些原本就具备行业影响力的意见领袖很快拥有了自己的订阅者群体，Fenng 便是其中之一。有感于公众号平台缺乏"发现"机制，他不断在文章里推荐值得关注的公众号，我很快成为其中之一。在新平台崛起的时候，这种推荐的力量是巨大的。"二爷鉴书"的订阅者数量从某一天开始，突然以每天几千个的速度快速增长。Fenng 又引荐我认识了日后一直肝胆相照的老大哥——池建强，我的公众号同样得到池老师暴风骤雨般的推荐。迄今为止，我的公众号都是在朋友的帮衬下慢慢建立起订阅者群体的，这与很多自力更生、拔地而起的公众号截然不同。

日益增长的订阅者数量，无形中带给我不小的压力，也促成我形成了独特的阅读和写作节奏。写书评并不轻松，要读完一本书，还要找到自己的角度，而且并不是所有的书都值得撰文的，所以我无法保持太高的文章更新频率，曾被读者调侃为"月更侠"。

常见的书评有三种。一种是"总结"，流行的说法叫"拆书"，即书评人尽可能把书中的主要观点和结构提炼出来，读者通过读一篇书评省去阅读全书的过程；另一种是"引荐"，主要介绍一本书能带来什么启发，以让读者产生阅读兴趣为目的；最后一种是"读后感"，主要用来介绍阅读完一本书的感受和得到的启发。

我希望自己的书评是"引荐"和"读后感"的结合体。换句话说，我并不希望读者只读文章不读书，而是希望他们因我的书评而与一本书结缘。同时，我也想传递自己的感受和受到的启发，让我的文章受众群体在读书时像是有一位书友相伴一样。每当得知有读者因为"二爷鉴书"而去阅读并喜欢上一本他从未听说过的书，甚至受到启发时，我都能收获满满的成就感。

不过我一直对"如何能让公众号文章大范围传播"不得要领，也从来没有写出过阅读量达到"10 万+"的文章。羡慕那些文章动辄有几万次阅读量的公众号号主之余，我也会安慰自己，书评并不具备大范围传播的潜力。

我也尝试过写与书无关的内容，但我既不善于追热点话题，写作速度也不快。更重要的是，我总觉得自己的观点如果不能与众不同，就没有发表的必要。直到今天，我依然在迟缓地读书、写作，估计也很难成为坐拥数百万粉丝的自媒体"大 V"。

星球的意外收获

我们大部分人都不会成为杂志封面上的成功人士，早晚有一天会意识到自己的平凡。在那之后我们的所作所为，将真正决定我们的生活质量。而对我来说，阅读和写作已经成为我人生的重要组成部分，看起来也将继续下去。正是这个原因，我的知识星球"二爷书友会"也以读书为主题。

创建书友会的初衷，与我的读书习惯有关。我喜欢在书上写写画画，内容并不是什么高深的思考，仅是一些灵感乍现的只言片语或一时意气用事的牢骚。但我想，或许每个人都会有类似的心绪，就像是阅读为我们插上翅膀，带我们离开一些东西，又靠近一些东西。

我一直希望有一个地方可以寄放这些看似无足轻重却又带有强烈个人色彩、能真切代表阅读轨迹的片段。这些片段或许与整本书无关，只是断章取义的碎片化内容，比如，一本悲伤的书里令人心情放松的片刻，或是圆满的喜剧里让我们黯然神伤的字句。它也可能是一行诗、一句话，若无其事地藏在字里行间，被无数双眼睛一扫而过，却恰好能刺痛你自己。

因此，我开通知识星球原本只是为了还愿，没有太大的野心，也不想对付费规则再行更改。只希望每位星友都能一直读、一直分享，在这里找到想读的书或值得认识的人。在星球里，最有所收获的是我自己，我循着星友的分享买了很多书，读到一些我自己很难发现的有意思的东西——真可谓"赠人玫瑰，手有余香"。

这个时代给我们提供了无与伦比的阅读和写作条件，书从未像今天这般唾手可得——它们没有深藏于庄严的图书馆的厚重书架上，甚至能以轻盈的数字形态向我们敞开怀抱。我们的父辈难以想象，先贤的智慧能这样与我们连接。值得感谢的还有为我们提供连接的平台与产品，它们让平凡的我们获得更多人的关注，将我们的声音传送给志同道合的人。

原本星星点点散落在各处的人们，能这样聚集到一起，是这个时代最好的馈赠。

一个长期主义者的路演

邵云蛟

个 人 简 介

邵云蛟，公众号"旁门左道 PPT"主笔，知识星球"旁友圈「PPT
学习」"星主；畅销书《PPT 设计思维（实战版）》《PPT 设计思
维：教你又好又快搞定幻灯片》作者；国内多家一线企业发布
会 PPT 特约设计师；知乎"万赞答主"，知乎用户对其 PPT 话
题答案收藏量超 300 万次，在全网近 3 亿名用户中排名第二。

扫码进入邵云蛟的知识星球
"旁友圈「PPT学习」"

2017 年，在大学毕业 3 个月后，我创办了一家专门做 PPT 的公司。一直到现在，它位居行业前列，长期为腾讯、高通、吉利等世界知名企业定制、设计 PPT，旗下学习社群也稳居领域第一。不仅如此，这家公司还在快速成长，有很多潜力仍待解锁。很多人认为，我很幸运，一毕业就找到了人生方向。其实，我也是一路磕磕绊绊走到今天的。

用不断试错找到正确方向

生活中没有灯塔和领航员，我们要重视每一次选择和决定，并且从中吸收养分，在看清形势之后坚定信念，人生的正轨就会越来越清晰地在脚下呈现。

01. 从每一个项目中沉淀一项能力

我从高中开始就一直爱折腾。在智能手机刚兴起时，由于当时流量套餐的选择余地很小，很多同学每月的手机流量都不够用。我从淘宝购进一批流量卡，专门卖给这些同学，每个月能有几千元的收入。大学期间我更没闲着——大一第二学期就拉着同学一起创业，想用类似于美团的模式帮校园附近的商家引流、卖货，同时让同学们享受到优惠。这种模式虽然看起来简单，但是操作起来难度却很大。因为在这个由商家和学生构成的双边市场中，我必须对每一边都有很强的把控力。最终，这个项目在不到 5 个月后告终了。

项目结束后，我一个人坐在操场上思考了两个问题。一是项目为什么失败。最终，我能想到的答案是，整个项目规模太大，几个合伙人又没有任何经验，很难操盘这个大项目。如果我们切入的是一个比较细分的领域，也许成功的概率会大一些。二是我从这个项目中获得了什么。除了成长历练和对市场推广模式的熟悉，我接触到一个新的工具——微信公众平台，因为我们整个项目都是基于公众号展开的。

我很快又找到了第二个项目——在校园内做正装租赁业务。一方面，每年有很多同学都要参加各种比赛或答辩，因此对西服等正装的临时租借需求比较旺盛。另一方面，我吸取了上次的教训，打算在细分领域进行尝试。校园里已有的同类服务比较落后，需要租借者完成现场登记、交押金等烦琐手续。而我想在微信公众平台上做一些功能开发，为同学们提供更好的服务，比如，线上预定、送衣上门、免收押金，等等。

项目上线之后，取得了比较好的反响。为了继续提高项目知名度，吸引目标用户，我开始尝试做一些线上的营销活动，比如，热门电影上映时联合校园媒体向目标用户赠电影票，找优秀学长做答辩经验分享，等等。

这个项目让我对互联网线上营销产生了极大的兴趣，我也沉淀了一些好的经验，比如，如何进行活动预热、如何跨界传播、如何做好新媒体运营，等等。

不过最终，我和朋友在喝了一顿大酒之后，我把这个项目卖给了他。在我看来，这个项目虽然挣到了一些钱，但它毕竟局限于校园市场，而我想探索一些更有挑战性的细分领域，找到一个能将我学到的互联网营销技巧落地的项目。

校园附近的商家众多，但几乎没有几个懂得要利用互联网工具进行营销传播和服务优化。我写了不同的方案，挨个找他们聊。很快我找到了第一个客户：驾校。我很早就思考过，驾校能不能提供教练预约服务，让学员不用再临时打电话来确认教练是否有空闲时间。而且校园附近的驾校有很多，如果这样的优质服务能让学员满意，那么有没有可能发挥口碑效应，让他们再去介绍一些新学员。为了验证这个想法，我在一开始联系的都是驾校类客户，之后才逐渐扩展到其他行业。

这个项目我做了近 1 年，服务了近 100 个客户，最终有了 50 万元的收入——这是我人生的第一桶金。本以为能一直顺利做下去，但由于微信公众平台提供开发服务的风口很快就消失了，虽然依旧有一些商家愿意接受这样的服务，但我预判到它早晚会沉寂。

这个项目让我成长了很多，尤其是懂得一个道理：一定要选择一个生命周期较长的行业，这样才值得持续投入。否则当整个行业衰退的时候，没有人能够屹立潮头。

02. 从每一次选择中识别潜在机会

这几年，我遇到过很多创业者和求职者，发现他们更喜欢做跨越式的改变——抛弃之前所有的积累，去做一件全新的事情。但我更喜欢做延续式的改变——每一件事情都是基于上一件事情的某个分支展开的。这样更容易积累自己的优势，同时可以降低做下一件事情的难度。

比如，当我意识到为商家提供开发服务的前景堪忧时，我立即转向基于微信公众平台的运营。在我看来，后者比提供纯粹的开发服务更为长久，且空间更加广阔。因为技术开发更偏向于一锤子买卖，而运营则可以作为后续所有事情的集合。而且我更擅长做的事情是营销传播，开发并非我的强项，如果我坚持做下去会让自己彻底丧失竞争力，要做就做未来可能更擅长的事情。

为了提高运营能力，我学习了大量关于运营方法的文章，边学习，边思考其中的方法是否适合之前服务的客户。而且，比起积累方法，我更看重上手实操，因而专门申请了一个公众号，叫作"旁门左道"，希望能在运营过程中获得第一手经验反馈。此外，我还特意到一家互联网公司工作，希望通过实践进一步加深对运营的理解。在进入这家公司之前，面试官问我都尝试做过哪些新媒体运营。我在亮出只有 1000 个粉丝的公众号后跟他说，我通过 1 个月的公众号运营吸引了 1000 个粉丝，但到年底这个公众号的粉丝数就能变成 1 万。

坦白讲，当时我心里并没有足够的底气。于是，我白天在公司上班，晚上考虑如何实现公众号粉丝数的增长。我尝试过混各种微信群、与其他公众号互推、抽奖送小礼物等方法，效果都不好。直到有一天，我发布在知乎上的一个有关 PPT 问题的答案，一下子火了。在接下来的一个星期内，有 3000 多人关注了我的公众号，很多粉丝在后台留言，希望能看到更多的 PPT 教程。这让我第一次意识到，有价值的内容，自带流量吸力。

同时我也陷入纠结，我的公众号的定位是继续保持运营知识分享，还是转型为 PPT 教程分享。苦苦思索几天后，我选择了后者。首先，公众号需要有清晰精准的定位，两个主题并行会给粉丝造成困扰。其次，不管是运营工作还是 PPT 制作，我都是"门外汉"。而 PPT 作为一个更为细分的领域，对于一个在校大学生来讲，会更容易上手学习。最后，当时的我只是想运营一个公众号并从中获取运营经验，公众号内容如何定位，对我的初衷并没有太大的影响。

之后，除了每天学习与运营相关的知识，我又多了一项新的学习任务，那就是 PPT 制作。公众号就像是实时直播，粉丝不会等你学有所成后再去浏览你分享的内容，我必须边学习、边输出。白天上班，晚上学完当天的内容后写文章分享，这种状态我持续了近 6 个月。2015 年，我一般都在接近深夜 12 点才发布文章，不是因为我拖延，而是我只能现学现卖。

这一年年底，在告知我曾经的面试官，我已经实现了公众号粉丝数1万的目标后，我辞职了。我太累了，由于公众号要日更，上班之余我几乎没有休息时间，而且我想更专注地运营自己的公众号。因为通过半年积累，公众号不仅获得了更多人的关注，我也迎来了一些新的机会。比如，有出版社开始约我写书，有些平台希望我能入驻、撰稿……

如果当初选择继续分享运营知识，会是什么样的结果？答案不得而知。但是这次选择的确让我走上了一条崭新的人生道路。

03．从每一次反馈中明确选择

很多人生选择，父母或者老师也许会参与。比如，他们会建议你报考哪所大学、选择什么专业，甚至直接帮你安排好工作。而我的选择，则是一群未曾谋面的陌生人帮忙决定的。

2016年，也就是我辞职后的那一年，我全身心地运营公众号，以至于女朋友都抱怨我陪伴公众号的时间比陪伴她还要久。一年里，我看完市面上所有有关PPT设计的图书，还看了很多演讲和设计方面的资料。与此同时，我的PPT设计、制作能力有了极大提升和突破；我还写完人生中第一本书，在书中系统地分享了一些PPT设计的经验；公众号也获得更多粉丝关注，粉丝数从1万变成了15万。

虽然很多人知道了我的公众号，但它并没有盈利。同时，我看到身边很多朋友在大学期间把项目做得风生水起，但一出校门他们就难以为继，往往熬不过一年就都去找工作了。我也即将毕业，焦虑感与日俱增，不知毕业后是继续分享 PPT 教程，还是直接找一份工作。

在父母眼中，做新媒体就像是不务正业，他们打心底还是希望我能找一份安稳的工作。他们虽然不会直接劝我放弃，但是在通电话时偶尔还是会旁敲侧击地问我有没有去找新工作。同学们毕业前会去参加各种面试，有人拿到了百度、阿里的 Offer，这样的消息会不经意地钻到我的耳朵里，更增加了我的焦虑感。

有一天焦虑到极点，我忍不住在公众号上发布了一条求职消息，希望能找到一份合适的工作。出乎意料的是，安慰、鼓励、认可的留言纷至沓来。有些人问我是不是遇到了困难，有些人给我很多专业的指导，还有人分享了学习我的公众号的收获。我逐条看完，心里除了感动，就是感激。

心理学强调，重塑一个人行为最好的方式是鼓励。从几度想要放弃，到最终坚定地做公众号，改变我的正是后台那一条条来自粉丝的反馈。从此，我不再给自己留退路，不再去想万一失败会怎么样。我在心底对自己说，这条路一定会成为我的职业道路。

毕业前夕，我的第一本书正式上市。我们学院院长专门为我举办了一场新书发布会。发布会上我分享了自己的创作心路，并以下面这段话做了结尾：

> 感谢那个为了写好文章，曾多次在深夜苦苦研究 PPT
> 的少年；感谢他虽然动摇过，但终究没有放弃；同样
> 也感谢隔着屏幕，但每天坚持阅读文章的人。成长的
> 路上，孤鸟不鸣，感谢陪伴。

5 年多过去，我从一个只有一腔热血的大学生，成长为别人口中的"PPT 大神"，写的两本书也已成为领域畅销书。一路走来，从来没有一帆风顺，只有一路跌跌撞撞，我在不断积累中慢慢地找到了自己的职业方向。而且，这还只是一个开始。

用长期专注实现价值跃升

作为自媒体人，想确保输出的内容越来越有深度，对个人学习能力的要求会与日俱增，而且无可逃避。

01. 坚持长期学习，才能避免内容枯竭

我在运营公众号的这几年，听到最多的一句话就是：这个领域真的有这么多东西可以分享吗？我的答复是——你学习得越多，越会发现自己了解得太少。尤其是以分享知识为主的自媒体人，想要变得优秀，就要具备给别人制造惊喜的能力。这里所说的"惊喜"，就是别人不知道的一些知识点，并且只能来自长期学习的心态和习惯。为了快速提升我的 PPT 设计、制作能力，我在起步阶段长期坚持这样的学习轨迹。

梳理知识体系：每一个领域都有前人构建出的知识体系，我们可以通过阅读图书获得。PPT 领域的知识体系可以按照从 0 到 1 制作一份 PPT 的过程来加以梳理：如何写出一份结构清晰的 PPT 演讲稿 → 如何设计自己的演讲结构 → 如何快速确立 PPT 的设计风格……

除此之外，还可以遵循从软件到设计方法的学习体系：PPT 软件的快捷键有哪些 → 图片处理的方法有哪些 → 如何快速套用一份 PPT 模板……

只要构建出大致的 PPT 知识体系框架，就算迈出了学习的第一步。

总结规律特征：前人的经验毕竟有限，而且人人都可以获取。如果停步于此，就不能输出独特的见解或方法，我们还需要有所创新。我比较喜欢的方法是：总结优秀作品的特征，并利用"倒推法"从中提炼出设计规律。比如，5 个优秀作品都用到同一种设计技巧，那么我们就可以理解为这种技巧在某一类作品中的应用是通用的。当然，还可以寻找更多案例来验证其通用性，从而总结出全新的设计方法。再比如，不仅在设计领域，而且在运营自媒体平台时有人也会采用"关键词测试法"，将高阅读量文章中的某些特定关键词加入新文章里，验证是否能获取更高的阅读量。

扩大圈层范围：这种方法比较有挑战性，需要学习其他相关领域的知识，而且很多领域的知识点是相通的。对于编制 PPT 这种结构化文档，与之相关联的就是写作能力及结构化思维能力。二者都有对应的体系，比如，结构化思维包括提炼、归纳信息及准确表达，等等。

02. 坚持长期输出，才能不被遗忘

公众号是没有暂停键的直播，如果你或团队不具备长期稳定输出的能力，结果就只有死路一条。因为一旦你离场，很快就会有其他人来顶替你的位置。再次强调，这种能力必须是长期且稳定的。有些人具备创作能力，但长期分享对他们来说，仍然是一个不小的挑战。或者，即便他们能持续更新，但发挥不稳定，内容质量忽高忽低，这也会造成大批粉丝的流失。之所以有人说，能坚持把公众号做下去的最后都会是赢家，是因为很少有人能在这个漫长而残酷的筛选中幸存。

5 年多来，我的公众号长期保持更新，发布过 1300 多篇教程，总篇幅在 500 万字以上。我的秘诀只有 5 个字——存量变增量。这 5 个字在极大程度上缓解了我的输出压力。什么是存量变增量呢？存量就是我们每个人所储备的知识量。通过看文章、看书增加的新知识，都属于存量范畴。什么叫增量呢？被创作出来的东西。举一个通俗的例子，你看了一本关于服装穿搭的书，从中学到的穿搭技巧就是你的存量；而你利用这些技巧帮一个人完成了穿搭改造，属于你的后期创作，这就是增量。

拿我的老本行"写 PPT 教程"来说，每个创作者的存量几乎是固定的，不会有太大差异，比如 PPT 配色、字体选择、排版、

演讲等，因为整个行业的知识总量就是那么多。如何把存量变为增量呢？这里分享三个方法。

- 设计"栏目化"增量。2016 年，我在行业内首创了"整容计划"这样一个栏目，广受粉丝喜爱。简单来说，这是一个修改 PPT 案例的栏目，每一期会分享 5 个 PPT 页面的修改过程。这里的存量是我掌握的 PPT 设计方法，而增量是我利用这些方法修改页面的案例成果。如果你在做摄影、装修、服装、插画等领域的知识分享，是不是也可以采用这样的栏目形式？每一次的改造过程都是全新的，但所调用的存量知识却是固定的。

- 跟随"热点化"增量。每一年，甚至每一个月都会有全民关注的事件发生，我们可以利用知识储备进行深度分析，从而输出自己的观点和结论。比如，王宝强离婚事件发生后，各行各业的自媒体都积极表态——法律类的公众号在普及婚姻法，情感类的公众号在探讨两性关系，甚至算命类的公众号都在趁机宣扬面相对人生影响的歪理邪说。事实上，这些输出依旧是在调用存量知识。再比如 PPT 领域，每年会有一些固定的会议——苹果发布会、Google 开发者大会、微软技术大会等，我们可以分析会议上的 PPT 设计亮点或演讲技巧。

- 结合"行业化"增量。每个行业都有特定的喜好或禁忌，我们可以据此输出一些内容。我见过很多专门针对教育、医疗、学术领域的 PPT 技巧分享，因为切中行业痛点，深受相关从业者的喜爱。

用新的赛道跑到领域第一

运营公众号的前两年，我其实没有考虑过盈利问题。一方面，手里还有一点之前的积蓄；另一方面，没有找到非常合适的产品形态。对于知识类自媒体而言，最直接、最顺理成章的盈利模式是推出付费课程。但是一些企业已经在这方面做得很好了，而我又并非专业培训师出身，自然毫无优势可言，因而就没有贸然行动。直到 2017 年发现了知识星球，我开始考虑能否基于这个平台来构建一种全新的学习方式。

传统的线上课程大多是讲师提前录制好视频，用户付费后就可以观看。这种方式虽然简捷方便，但也存在弊端：用户只停留在学习这一个环节上。但是对于任何技能的掌握，学习、练习及交流，三个环节缺一不可。我们不妨回想一下自己的学习经历，有哪些技能是看会的呢？基本上所有技能都是通过实操习得的，所谓"纸上得来终觉浅，绝知此事要躬行"，基于以上考虑，我想要创建一个以练习为主导的学习社群，并用配套课程作为辅助练习。直到今天，我创建的"旁友圈「PPT 学习」"社群已有 3 万多人加入——在整个知识星球平台上活跃度长期位列前三名，社群成员提交的 PPT 练习作业累计页面超过 9 万张。而我独创的这种社群形态，也在被很多 PPT 社群模仿。下面分享一些打造高价值社群的方法和心得。

01. 以任务驱动打造高活跃度社群

就输出的文字数量和质量而论,我的社群在知识星球绝对排在前列。很多人想知道这到底是怎么做到的,知识星球运营官也问过同样的问题。其实并不难,有源源不断的新内容产生,这对一个社群的生存是至关重要的。要达成这一要求,以下两种方式缺一不可。

● 不断有新成员加入,创作新内容。
● 鼓励已有成员,持续创作内容。

每个成员在社群里的停留时间都是有限的,几个月或几天不等。如果社群能持续提供有吸引力的内容,其成员停留的时间就会越来越长。不断有新的内容创作者加入,保持社群的活力,内容就不会枯竭。同时,还要有合理机制鼓励所有成员积极输出,我采用的方法是"建立 1 项主线任务,并行 4 项副本任务"。

主线任务是成员进入这个社群后必须要完成的明确的任务。"旁友圈「PPT 学习」"社群一直倡导刻意练习,因此主线任务设定的是:完成本周练习任务。任务包括针对零基础成员的模仿训练,以及针对进阶成员的作业训练。主线任务产生的内容约占社群内容总量的 70%,而在一些主打交流的社群里,一旦活跃成员离开,社群会一下子变得非常安静,因为很多人最自然的状态就是沉默。

在主线任务之外我还需要打造一些副本任务,进一步激励成员去创作新内容,并且确保社群内容的多元化。副本任务是短期的,而且需要根据不同社群的特点去创建。我为社群创建的副本任务包括:

- 合作内容: 与社群优秀成员合作,策划特定主题的内容。在这之前,群主需要对每一位优秀成员所擅长的能力有所了解。
- 专业内容: 基于社群成员需求,由内部团队策划和生产有针对性的内容以保证质量,但策划频率不会很高。
- 活动内容: 不定期策划一些有趣的活动。比如,我们策划的"甲方来袭"活动。在活动中,虽然成员是练习的主角,但每次活动都会由一位成员虚拟成"甲方爸爸",由他提出设计要求,最终作品通过的成员会赢得奖金。这种形式上的转变,让成员兴趣盎然。
- 意外内容: 是指某些成员不定期发表的内容。虽然具体的内容和时间都不可控,但我们可以提高它发生的概率。比如,一旦有人发表内容,我们就给予"曝光"和奖励,以此引导更多成员的效仿。

这些任务不仅可以有效保证社群内容的稳定输出,而且对提高社群的活跃度及成员对社群的认可度都大有帮助。

02. 凭集智效应打造高价值感社群

一个社群最有价值的资源就是社群成员。把每一位成员的价值集聚起来，就能够形成"集智[1]效应"，而利用这种效应创造出来的衍生产品，几乎无人能敌。所以，遵循集智原则，时刻记得挖掘社群里的高价值内容，是非常重要的一件事情。以我的社群为例，最有价值的内容当然是成员的 PPT 作品，那么怎么让其发挥更大的价值呢？

从创建社群的第一天开始，我们就规定每周进行一次优秀作业评选。评优的标准是作业获得较高的赞同数。每到年底，我们会对这一年的优秀作业再进行一次筛选，只保留最优秀的作业，并且按照 PPT 类型与设计风格加以分类，最终形成一本 1980 页的年度《PPT 设计灵感手册》。因为我们社群的收费机制是"一次加入，永久有效"，所以每一年，所有成员都会收到这份手册。现在，它已经演变成社群里的一种仪式，连纯属偶然的"1980"这个数字也被沿袭了下来。每到年底，大家的催问声就会不绝于耳："1980 页灵感手册什么时候推出？"

大多数社群都是围绕着某个价值点来运营的，所以实现集智效应的步骤和方法论，对他们而言，也是通用的，一共分为以下三个步骤：

- 识别社群有效价值点。

- 通过制度激发价值创造。

- 完成价值的二次开发。

---

1 集智亦集体智慧，是一种共享的或者群体的智能。

比如一个摄影社群，其价值点是输出的照片。可以鼓励社群成员每周拍摄一组特定主题的照片，鼓励方式可以是发放奖金或登上荣誉榜等。每到一个周期结束之时，按照建筑、美食、人像等分类对照片进行整理，最终推出一份《拍照构图手册》。如果有社群成员遇到构图疑难，可以直接查询手册来获取思路。

相似的例子还有很多，如抖音运营案例库、电商运营案例库，等等。所有这些以一人或一个团队之力难以完成的事情，只要遵循集智原则，就会变得非常轻松。而集智过程本身，也记载着每一位成员自身的成长印迹。我们社群里的很多成员都曾做出承诺："为了作品能入选今年的灵感手册，我一定要好好学习 PPT！"

我看过不少人物传记，也耳闻目睹了很多有为之士的成长历程。在不同的精彩故事背后，这些有所成就的人都有一个共同的精神内核——坚持。如果读罢我这篇文章，你能从中体会到坚持的力量，那么我们就都不虚此行。

机会主义者必死，长期主义者永存。

有意识的人生，
做自己的领航员

屠龙的胭脂井

个 人 简 介

屠龙的胭脂井，本名杨滢，北京世纪好未来教育科技有限公司工程研发中心科学家，主要从事脑科学和认知成像领域的相关研究；本科就读于清华大学，美国匹兹堡大学博士后研究员；曾任美国卡内基梅隆大学科研教授及翼开科技首席科学家；微博"屠龙的胭脂井"博主，同名知识星球星主。

扫码进入屠龙的胭脂井的知识星球
"屠龙的胭脂井"

1983 年，我出生在北京。年幼时的记忆里都是冬储大白菜、粮票菜票、胡同旱厕、天天挂在身上的校服、加长版彩虹毛裤……1990 年，北京举办亚运会，我在那年上了小学。30 年后，我就读的朝阳门小学已不存在，当年每天必坐的马蹄形地铁二号线也已闭合成了一个"圆"。

上小学时，我个头特别高，十岁我就长到了一米七。老师在班里训话时必须先让我坐下，否则觉得自己没有气势。我并不是传统意义上的"好学生"，只有教语文的唐老师看好我，跟我妈说我将来能成为一名作家。现在，她的预言真的实现了。

后来，我妈希望我将来能多一条出路，咬牙供我学了扬琴。"小升初"时，正是这个特长让我进入了北京二十七中的民乐特长班。北京二十七中紧挨故宫的东华门，我每天能绕着故宫练习 800 米长跑。现在每当我跟外国友人描述这段往事时，他们都惊呼："Such a privilege（简直是特权）！"初二之后，我能轻松考取全年级第一，老师就鼓励我报考北京四中，没想到我还真的考上了。

破局思维

进入北京四中后，我的成绩一度垫底，有位老师话语严厉，让我倍感焦虑。如何与一众尖子生"厮杀"，家里人也没能给出更好的建议，我只能自己破解这个困局。有一天，我突然想明白：我的敌人既不是时间，也不是同学，而是我自己。如果我足够聪明，能想到解决自身问题的方法，那么肯定有足够的时间去提升成绩。我们每个人在考试时面对的无非是一张卷子，只要自己不出错，别人就不能拿你怎么样。

这个结论包含两个重要的方法论。一是要复盘自己的错误。我为此定制了自己的"错题本"，里面不仅记录了每道错题及解题方法，而且还归纳、记录了自己到底错在哪里，以及这种错误还会出现在哪类题型上。二是"各个击破"。作为一家之言，我认为考试本质上是一个得分游戏，有些科目的分数相对好得一些。对于我来说，"化学"和"英语"两个科目最简单，可以先把它们提升到满分水平，这样心里就有了底。至于"语文"和"数学"这种比较难啃的骨头，可以等我心里有底之后，再去一一攻克。同时，我也明白了一个道理，成功并不一定非得靠吃苦，更要靠聪明的方法。

最终，我考上了清华，在新生开学的那一天，我和来自全国各地的新同学一起，像古人中举一样被亲友簇拥着走进校园。

最有前途的路线

在上大学之前，我总能仰仗自己的天赋在各种考试中反败为胜，但这条浅薄的"人生经验"在清华被碾压得稀碎。"山外有山，人外有人"，这个残酷的现实，来得太晚却足够深刻。就这样伴随着好几门在及格线徘徊的科目成绩和半夜的噩梦，我来到人生需要做出抉择的时刻——是工作、读研究生，还是出国留学？

就在这个时候，我的人生迎来了一个机遇，我们系正好有两个去澳大利亚墨尔本大学学习的名额，我知道所有同学都想争取这个机会去国外开拓一下眼界。本来以我的成绩，我根本不可能被选上，碰巧的是，与我竞争的两位同学是情侣关系，因为有一个人没被选上，另一个人也选择了放弃，我成为最终的幸运儿。

墨尔本大学的课程更偏应用性，老师会讲儿童语言发展障碍问题和老年人脑衰老之后所带来的一系列老年病问题，这些课程开拓了我的思路，也让长久以来困扰我的一个难题迎刃而解。

我知道，自己做实验或理论研究永远做不过其他同学。并且我发现，生物科学的爆发期还没有到来，在很多细分领域都会出现红海竞争，从而缺少可拓展的空间。而一个真正处于爆发期的行业，每一个细分领域都能产生很多机会。但是我又不想放弃专业去投身金融或 IT 行业，因为走出生物医学这个大圈子，我将毫无竞争优势。要想在新战场打赢战争，就必须流更多血，我在清华上学期间已经苦够了，真的不想再苦下去。

我当时给自己制定了一条最有前途的路线：当一个应用型科学家，在深入垂直领域的同时实现市场化。

饥饿感驱动

当时是 2006 年，未来中国将可能进入老龄化社会，养老、预防和治疗老年病，以及康复事业也可能进入长期增长期。同时，独生子女一代还将面临一个难解的局面——赡养四个老人的同时还要照顾自己的子女。很多父母害怕给子女添麻烦，对老年性脑病、阿尔茨海默病等疾病尤为恐惧。任何行业在市场萌芽期或许都会混乱不堪，但在走向规范的过程中将会萌生大量机会。如果我继续去国外深造，几年后学成归来正好能赶上国内养老和康复市场的上升期，我就可以将欧美国家的康复理念、方法和手段搬到国内。

确定了路线，我马上开始准备留美申请。本来我在清华的 GPA（Grade Point Average，平均学分绩点）实在不高，想申请好学校机会非常渺茫，但是我的托福和 GRE 成绩好，这又给了我一些底气。于是我抱着试一把的心态，申请了 13 所学校。为什么我只申请 13 所？因为没钱。那个时候美元汇率高，申请一所学校的费用将近 100 美元，再加上寄送托福、GRE 官方成绩及其他资料的费用，我能申请 13 所学校，父母已经尽了全力。

我申请的都是应用型或临床型的好学校、好专业，但是我并没有相关经验。在美国，一般博士生在校学习期间都有奖学金，但硕士生大多要自费就读，考虑到家里的实际情况，我只好直接申请攻读博士学位。由于导师对录取博士生的话语权非常大，如果想被顺利录取，申请者就必须提前和导师"套磁"，与导师建立一对一的联系，并让他坚持收你"入门"。

很多同学都会以邮件的方式联系导师，但我认为人与人之间建立信任的最好方式是见面或通话。为此，我除要克服第一次打国际长途电话用英语和陌生人"套磁"的恐惧，和向一个学问比自己高很多的人证明自己能力的担忧外，还需要精打细算地节省每一笔电话费。

但人天生就是这样的"泥腿子"，为了生存和前途，任何困难都能克服。就这样，我不管不顾地给所有导师发邮件预约通话时间，然后挨个去打电话，直到我遇见了匹兹堡大学的 Connie A. Tompkins 博士。她非常善良，当听我说我省出的一星期饭钱只够通话 30 分钟时，她让我挂断电话，然后她打了过来。两小时后，她被我的热忱和宏大理想感动了。

通话结束后，她极力游说一个个审批人签名同意录取我，并让他们签字同意给我奖学金。否则，以我的资历没人会同意录取我，而匹兹堡大学的康复科学专业当时在美国排名第二。就这样，我拿到了 Offer，并转到应用科学方向，不必再做生化细胞分子实验，也不必再养老鼠了。

现在的我，很难想象当时怎么能有那么强烈的"饥饿感"。我能把自己的全部知识和经验传递给我的孩子，却也很难让他拥有同样的渴望和动力。

低谷遇见挚爱

我的原计划是博士毕业后迅速回国，没想到在美国一待就是 11 年，而这 11 年里的所见所得成为我一生最宝贵的财富。

我在一开始并不顺利。在脑语言康复系读博士生的第一年，我根本都听不懂别人在说什么，更别说找课题了。由于博士生所读专业和我的本科专业跨度太大，我时常觉得自己还不如这里的本科生。加上我的长相又稍显年龄小，作为一名助教，我在本科生面前毫无威严。每次在课堂上教授他们的内容，都是我"现学现卖"的，其实内心虚得很。

2008 年，我们赶上了金融危机。导师的科研经费被卡，我的奖学金也没了着落。更窘迫的是，由于我的签证身份是 F1，我不能申请助学贷款，而以我家的经济实力也确实不可能让我完成学业。我不想前功尽弃，唯一的出路就是再迅速投奔一位有科研经费的教授，用校内工作的收入来"续命"。

那年冬天特别冷，户外零下 20 多摄氏度，大雪齐膝。系里"哀鸿遍野"，同学们都在为学费犯愁，老师的退休金也被砍半。晚上我裹着棉被喝着伏特加驱寒，白天哆哆嗦嗦拿着硬币去打印简历，还怕脸上结冰甚至不敢哭。

当时"僧多粥少"，有科研经费的教授每天要收到几百封申请邮件，而美国人一般习惯于每天只看一两次邮件。我在想，与其等待，还不如直接敲门当面问。如果被拒绝，至少能得到明确答复，不必再盯着邮箱；如果有戏，则可以当场面试。我找遍周围相关系的教授，终于有一位精神病院的教授愿意资助我，他有一笔研究精神病人肥胖症的经费。

我在精神病院学到了不少心理治疗方面的专业知识，还"蹭"上了精神病院的伙食，并且那里还有全校最好的咖啡厅。更幸运的是，因为这段工作经历，我有幸进入学校的人脸识别实验室学习人脸表情分析技术。因此在 2009 年，我就见识到了世界上最先进的人脸合成和表情识别技术，后来我发现声音可以自动探测抑郁症的严重程度，这种算法成本低且应用广泛，我的相关文章还登上了 IEEE[1] 的子刊封面。

至此，我对算法的热爱一发不可收拾，越来越喜欢机器学习。而在这方面，我的导师也不能再帮我了，我只能顶着导师的名号到处向别的教授求教，寻找其他资源。我无私的导师不仅不介意，还主动伸出援手去帮我。最后我发表了一篇题为"用算法自动解析核磁共振照片来预测老人中风后语言病症"的文章。至此，总算给导师长了脸。

---

1 IEEE，英文全称 Institute of Electrical and Electronics Engineers，美国电气和电子工程师协会。

2012 年，在摸爬滚打 6 年之后，我毕业了。在毕业典礼上，导师把我博士帽的穗子从一边拨至了另一边，这也代表了我将正式离开学校走向社会，而后她语重心长地跟我说："From now on, survival of the fittest（从今天起，适者生存）。"

她是丁克一族，60 多岁的年纪，仍保持着一颗少女心。我跟她说，我要去跳伞。她的回应不是"太危险了"，而是"带上我"。她不喜欢学生的孩子叫她"阿姨"，我们也都是直呼其名。她也从不对学生嘘寒问暖，不过问我们找对象没有，吃饭了没有。

师生 6 年，我们姐妹相待，对于毕业典礼上的那句嘱托，她是担心一向争强好胜的我在走出象牙塔后还是这副死样子，跟谁都较真。事实证明，她是有远见的，我在社会上确实吃过不少这方面的亏，在每次反思时都会想起她说的这句话。

从"脑机接口"到"脑脑翻译"

博士毕业那年，我碰巧读到《脑机穿越》一书，这本书描绘了一个非常神奇的未来世界：用脑机接口技术拓展身体的边界，未来我们在家里就能触摸月球的表面，还可以用意念去通信或者控制一切外部设备。

我完全被这个未来蓝图吸引住了，当我得知匹兹堡大学医学中心的中国籍老师王纬博士在做这个领域的研究时，我按照自己的一贯做法，直奔他的办公室，最终他成为我的第一个博士后导师。

我在实验室待了两年，长了很多见识，也参与了很多重要实验，深刻地理解了侵入式脑机接口的原理。脑机接口的成功，取决于两件事情：植入材料和技术的进步，以及算法的提升。因为这项技术既要解码大脑的信号，又要连接机械手，还必须做到实时的线上解码和控制，所以对算法的要求很高。对机械手的控制只需要一个低维度算法，因为双手挪动只有上下、左右、前后三个维度，加上手指和关节的所有活动，一共也只需要几十个维度。而语言是一个由几千个维度组成的空间，很多适用于低维空间的算法，如果用在高维空间，则会失灵。因此，我对语言解码也逐渐产生了兴趣。

2008 年，卡内基梅隆大学的 Tom Mitchell 和 Marcel Just 在 *Science*（《科学》杂志）上发表了一篇论文，第一次用非侵入式人类磁共振照片来解析人类语言。这篇论文让该领域研究者大为震惊——原来人类语言这种高维度的东西，也可以从人脑中直接解析出来。经过一番努力，我跳槽到 Marcel Just 的实验室，他成为我最后一位博士后导师，给我的影响也是最大的。

我在实验室做了很多关于"脑脑翻译"的实验，也就是用说一门语言的人的大脑信号去训练算法，然后用这个算法去解析说另一门语言的人的大脑信号。这样就能通过大脑来进行语言翻译，而不需要任何媒介，甚至不需要发声。我在 2017 年发表了两篇论文来解释这个成果。

至此，我的研究已渐入佳境。

疯狂时刻不宜盲动

由于我一直蹲守在匹兹堡，关于如何回国发展的消息非常闭塞。直到 Google、Facebook、Uber 等大公司为节省成本在匹兹堡建立分部，很多同学开始"回流"。特别是 2013 年，美国加州房价大涨，很多程序员、算法工程师也更愿意留在匹兹堡。这让从国内前来探望朋友的很多人不得不在匹兹堡停留一站，于是我们的交流活动多了起来，就在这个时候，我想回家了。

很多人一直劝我回国，甚至还有人夸张地说，现在国内创业环境十分宽松，学历高的人振臂一呼就能拉来大笔投资。本来计划做完博士后研究我就回国，但愣是被这种言论吓到，我决定再在美国待两年，跟着一位更加知名的科学家做第二段博士后研究，继续储备自己的势能。

那两年我试图应聘教职，可惜一直没能如愿，但在 2017 年，我中了 NIH（National Institute of Health，美国国立卫生研究院）的 R21（Exploratory/Developmental Grants Phase I，探索/发展基金 I）。这笔面向前沿科学的科研经费，竞争非常激烈。在提交申请的所有科学家中，只有排名前 20% 的人才能拿到。从那一刻起，我才真正在美国扎根，工作、生活、房子和身份都不用再犯愁。

这个时候，我却做了一个让所有人跌破眼镜的决定：离开美国，离开学术圈，回国创业。这并不是一时兴起而做的决定，而是因为我在找工作和向基金出资方汇报工作的过程中逐渐发现，很多人在美国的学术职业发展是有"天花板"限制的。很多优秀的华人科学家能轻而易举地在 Science、Nature（《自然》杂志）上发表多篇文章，但无不止步于正教授和系主任之间，入国籍也无济于事。

其实我并不注重名利，也没有官瘾，况且我懒散的个性也不适合管人。但是美国学术研究机构的决策层里几乎没有中国人，这个影响是很大的，这涉及科研资源的分配以及个人的职业前途。任何人的发展都离不开平台，它能让你迅速成长、晋级，能让你集中力量办大事。即使是想单打独斗的天才，也需要付出更多努力，出成果的速度也更慢，更不可能保持长期高产出。

回国后，我先进入了一家创业公司，不久后在校友的引荐下，来到北京世纪好未来教育科技有限公司当科学家。脑科学与教育的结合，在中国正处于大发展时期，而且有大量的数据和场景供我研究，所以这份工作很有前途，也非常适合我。

剩下的历史还要我去书写，前景也难以预料，但是我会带着这些年积攒的信念和方法继续成长、不断转型。

一个人的市场部

2010 年，我开通了微博，是微博的首批用户。一开始我并不打算通过社交媒体来变现，因为当时在全球范围内尚未出现能变现的社交媒体平台。但是通过对 Instagram、YouTube、Facebook 这些早期社交媒体的了解，我知道它们早晚会成为打造个人品牌的平台。

作为老牌发达国家，美国的商业细分市场非常完善，有很多尚在萌芽阶段的商业模式会陆续出现在中国。当时，已经有很多作家和知识分子在推特上进行个人品牌的打造。我的想法很简单：既然早晚要回国，那么就要占据这个先机，提前在国内的社交媒体上打造个人品牌，说不定它会成为我的一个发声渠道。

于是我一下坚持了 10 年，这 10 年的发展超出我的想象。我的微博账号没有得到任何投资和宣传，完全靠自然增长，粉丝数已过 140 万，并且还在持续增长中。社交媒体也给我带来不少收入，至少比很多人的工资高（其中很大一部分来自我的知识星球"屠龙的胭脂井"）。

在这种情况下，很多人开始劝导我利用社交媒体来创业，但我认为这并不是一件靠谱的事情。对于一个专业人士来说，打造个人品牌固然重要，但它不能是"无源之水，无本之木"。我不在娱乐圈，也不能以"纯网红"的身份生活，社交媒体是一个宣传个人理念、寻找读者的绝好出口，但并不能以此为业。

社交媒体是我一个人的市场部，可以帮我做市场营销，但我不能抛弃自己的产品部门，我的终极目标是研发更好的精神产品。

如何持续飞越

对普通人而言，36 岁已近中年，但这只是专业人员职业生涯的开始。我还需要不断调整和转型，寻找更多的平台，才能实现下一次跳跃。同时，我这些年的奋斗经历也让我收获了很多方法和经验。

01. 前进中要不断寻找导师

人们总把优秀归因到智慧、勇气或气魄这些品质上，但我认为，最重要的品质是倾听——在听的时候动脑子，不带偏见、虚怀若谷地听其深意和内涵。聪明人擅长学习间接经验：如果倾听就可以规避"大坑"，那么通过一次次栽跟头来学习就显得成本太高。

很多人总是告诉你，人需要试错。这句话本身没有错，但它是当你穷尽所有方法还是不知道该怎么办时，不得已用来试试看的选择。很多人不是"试错"，而是"犯错"——没有倾听别人的意见，也没有在倾听之后认真思索，就去犯了本不该犯的错。我们每一个人都要对此有所警惕。

02．选对战场与考虑战略转移

转行前要慎重，转行时要考虑"战略转移"。每一次转行，都是在拿你的短板去跟别人的长处硬碰硬。最优生存策略并不是跟人硬碰硬，而是找到能将自己优势最大化的地方，也就是"选对战场"。

对此，很多人的做法是，马上放弃 A 并迅速转行到 B，但是更聪明的做法是找到 A 和 B 的交叉点，基于这两个专业向纵深方向发展。我的母校清华大学现在的人才培养策略侧重于将研究生培养成 H 型人才。所谓 H 型人才，就是分别在两个领域有很深的造诣，并在这两个领域的交界处掌握着非常广泛的知识。这是清华的智者在分析了中国的就业和人才市场，并经过充分的思考和讨论后得出的结论：未来的中国将缺乏 H 型人才。

如果你对本专业之外的另一个专业产生了浓厚的兴趣，那么你将会迎来转型的大好机会。

03．储备要大于消耗

要过一个有意识的人生，不断储备精力、实力、能力与知识，并且随时监视生活，辨别哪些事情是"消耗"，哪些事情是"积累"。如果一个人看似每天忙碌，其实却只消耗不储备，那么职业生涯就会很艰难。人在整个职业生涯中都在和各种消耗自己的力量做斗争，在这个过程中，自己到底有没有成长，一定要高度敏感。

你是你自己的保镖，也是自己的教练员。

向上狂奔才能停驻尖端

吴思涵

个 人 简 介

吴思涵，2009 年本科毕业于中山大学生命科学学院，2014 年于中山大学中山医学院取得药理学博士学位，先后入职 Ludwig 癌症研究所与美国加州大学圣地亚哥分校，从事肿瘤遗传学与代谢方向的博士后工作。近年来的研究重心是人类肿瘤中的染色体外环状 DNA ——解析其物理结构、序列结构及染色质特征，为研发新一代肿瘤治疗策略提供理论基础。

扫码进入吴思涵的知识星球
"真知拙见 KnowledgeHot"

是过去的一点一滴，塑造了我们现在的自己。家庭环境、教育背景、人脉圈子，甚至日常的因缘际会，都是一个人成长道路上的影响因子。所以，我踏上科研这条路，想必也绝非一起偶然事件。

无法抗拒的宿命

我走上生物学这条道路，有两个原因。

一是遇到了非常优秀的启蒙老师——高中生物老师。她是市级名师，她的每一节课都像是一场精彩的演讲，不知不觉中 45 分钟的课就结束了。我就此对生物学着了迷，高考填志愿时首选的专业几乎都和生物学有关。可见，启蒙老师对一个人将来的专业选择，甚至职业选择有很大的影响。

二是受身为医生的外公的影响。他退休后开办了一个小诊所，对于穷人家的患者，他不收分文。小时候我每到周末都会到那里玩，外公妙手仁心的形象，深深刻在我的脑海中。虽然我一直认为我的性格并不适合学习临床医学，但在本科保研前，我还是选择跨专业到医学院攻读博士学位。大概医学情结已伴随家庭生活融入我的潜意识深处。

现在，我之所以专注于肿瘤学方向的研究，也和自己的际遇有关。中山大学有南方最大的肿瘤防治中心，学院里的很多任课老师都在做肿瘤生化、肿瘤遗传学、分子生物学等领域的研究。因此，在平时的课堂上，还有一些讲座中，我总会接触一些教科书上没有的肿瘤学知识，这激发了我的研究兴趣。

当然，还有另外一个重要原因。我曾经接触过肿瘤患者与家属，他们当时的神色让我难以忘怀——那是一种绝望与求生、悲伤与坚强交织在一起的神情。我总觉得自己应该做些什么，去帮助这一群人。而我现在也认识到，虽然我从事的基础研究并不能立刻拯救肿瘤患者，但是我的研究领域是前沿的，也是重要的。其成果能够在未来转化成有价值的知识，可以用来指导肿瘤治疗的临床工作。

科研思维三要素

科研工作者在自己的职业生涯中要历经多次大浪淘沙，从本科生到博士生，从博士后训练到进入人才市场，从初级职称到高级职称，可谓考验重重。据我观察，最后成功突围的人，除了有过人的抗压能力，更重要的是有过硬的业务能力，即强大的科研思维。什么是科研思维？我认为，科研思维应该包含三个部分：知识积淀、理性逻辑思维，以及想象力与创造力。

我们不妨以武侠小说的世界观来打比方。没有充沛的内力，很难练成六脉神剑。在思考科学问题之前，首先需要保证脑袋里是有"墨水"的，否则我们都不知道"从何想起"。这些知识，除了来自专业领域的教科书，还来自大量最新文献。同时，思考科学问题还需要拓宽个人视野。比如研究肿瘤的科研工作者，不能老盯着肿瘤细胞看，也要多了解基因组学、蛋白质组学、细胞生物学等领域。

其次，如果知识积淀是内功修为，那么理性逻辑思维就是武功招式。"吃"进肚子里面的知识，要会用才行。我总喜欢向后辈、同行"安利"经典逻辑学方面的入门图书，以及科学、哲学方面的知识。虽然整天听很多人在说分析和归纳，但真正理解这些逻辑学词汇的人，实际上并不多。

最后，想成为一代宗师，必须创造新的武学。生物医学发展太快，平庸的学者只能从中"蹭"热点，杰出的学者则可以自己创造热点——而这正需要强大的想象力和创造力。当然，将创意付诸实践的执行力也不可或缺。创新思维往往含有非理性逻辑的成分，但它同样需要知识积淀和理性逻辑思维来支撑，要不然就会沦为尝试发明永动机的民科。

用计算机程序解决问题

如果有人问我，近几年我学到的最重要的技能是什么？我的回答一定是：计算机编程。当然，与之相配套的应用统计学也不可不学。很多实验科学工作者总是自嘲，说自己是实验里"搬砖"的

"狗"。然而学科的飞速发展又给从业者浇来了一盆冷水——如果不会用计算机程序进行大数据分析，那么就还不是一只优秀的"实验狗"。

生物医学，已经从几十年前一次研究一个或几个样本的时代发展到现在的大数据时代。自人类基因组计划启动以来，我们又经历了许多后基因组时代的大型科研计划，而眼下还有千人、万人基因组计划。浩如烟海的大数据中蕴藏着丰富的原始信息，大量隐藏在疾病中的遗传机制亟待我们挖掘。但 Excel 表格已经无法满足当下大数据的研究需求——动辄几万行、几万列的表格会直接让系统崩溃。

虽然我上大学时学院还没有开设计算机课程，但当年我在参加网络媒体社团时，曾接触和学习过前端开发和数据库的相关知识，因此也为编程打下了一些基础。现在，为免沦为被拍死的"前浪"，几年前我又利用一个圣诞节假期学习了 R 语言。这其实并不难，先看一小时网络视频，然后跟着实例动手操作，遇到不懂的就查 Stack Overflow，最后坚持将日常的数据分析移植到程序中。自从点开了这个技能树，我的科研思维得到大幅拓展，我不仅能完成以前无法实现的数据分析，而且更有一种"原来事情还可以这么做"的领悟。

目前，利用计算机程序来解决业务问题，已经是各行各业的常态。最近有一件事让我印象深刻，2020 年 3 月，我的微信群里有一群人在讨论一个话题：在新冠病毒筛查中，能否通过合并样本来提高检测速度？如果可以，又应该怎么做？参与讨论的人中，甚至有在一线研发检测试剂的同行。一位信息科学专家很快写了几行 Python 代码，进行了模拟，之后就给出了具体的指导方案。后来，类似的方案也确实运用到了实践中。

现在，很多高校各院系都陆续开设了计算机课程，在校学生一定不要放弃这个学习机会。我有一位师兄，因为当年学院没有开设此类课程，只能去别的学院"蹭"课。但他靠"蹭"课，就把Computer Science（计算机科学）的研究生课程修完了。几年前，他受聘回国担任一所高校的教授和博士生导师，专攻系统生物学——用各种数学方法和计算机模拟来构建和研究复杂的生物系统。现在，网上也有很多不错的课程可供自学，我有一个师妹就是通过 B 站学的 R 语言和 Python 语言的。

"白大褂"和"正装"缺一不可

提到科学家，你的脑海中会浮现什么样的形象呢？是科幻电影中身披白大褂、手摇试管的角色，还是美剧《生活大爆炸》里面那些"死宅"呢？其实这些刻板印象和真实的科学家形象还是相差很远的。

"白大褂"算是猜对了一半——毕竟，科学家的工作重心就是在实验室里从事科研工作，包括操作实验、整理数据、撰写论文等。

然而，在当下的潮流中，只会埋头钻研的科学家并不是杰出的科学家。科研工作本身的确很重要，但是如何将科研成果传播出去，也是不容回避的问题。

科学家成千上万，如何让同行认识你并了解你的工作呢？如果答案是"读论文"，那么下一个问题就来了：每个月新发表的同领域论文多不胜数，在有限的时间里，同行凭什么非要读你的论文呢？而更大范围的普通大众，也根本不是通过阅读论文来获取资讯的，更多是通过新闻，尤其是通过新媒体平台。那么如何吸引这些新媒体来报道你的工作，从而让大众能了解你的工作的重要性呢？

想做杰出的科学家，不仅要很会想、很会写，还必须很会讲。科学家在实验室里穿着白大褂，但在同行和公众面前，就应该是身着正装去"推销"自己科研成果的商人。

近几年，我尤其感受到演讲能力对一个人科研生涯的重要性。2019 年，我有不少出席各种公开场合报告自己科研成果的机会。我发现，如果我准备充分，讲完之后就有很多同行来找我寻求合作，还会获得更多的出席其他场合的机会。但如果我发挥不佳，和我搭话的人就会变少。普遍而言，优秀的演讲总能吸引更多的会后交流。

我曾在中山大学常年参加艺术社团，这不仅锻炼了口才，也让我收获了一条受益终身的教诲：成功的前提是熟练。这是当年我的艺术指导老师对准备参加钢琴比赛的同学所说的话，意思是只有将乐谱烂熟于胸，才能将作品的内涵和演奏者对作品的理解传递给观众。不论在哪个行业，在业务上足够熟练，都是成功的关键。现在，我会认真准备每一场报告，会把演讲稿背得滚瓜烂熟才上台，而我也希望将这个经验分享给每一个人。

摆脱心魔，重塑信念

从研究生开始，到现在从事博士后工作，在这十年里，我的心态一直随着自身实力与环境的变化而变化。

当年我拖着行李箱只身来到美国，心里面还是有些忐忑的，因为这是我第一次真正意义上的背井离乡——即使曾离开汕头老家去上大学，也还是在广东省内，不过几小时路程。好在研究所的同事们都很照顾我，我很快融入了集体。

单位里的每一个人，都是来自世界各个国家的最优秀的科学家。每年 *Nature* 都会统计各科研机构的自然指数（Nature Index），用来评价这些机构的科研实力。有一年，加州大学圣地亚哥分校在所属领域排名第八，但是如果去掉我们研究所的科研贡献，它的排名就直接跌至第十一。有人会好奇，是不是因为我们研究所的规模很大呢？事实上，我们研究所总共只有七名 PI（Principal Investigator，首席研究员），只是在科研贡献上，这七名 PI 足以比肩数十名科学家。

可想而知，在这种人才济济的环境中，人是很容易发现自身缺陷的，比如知识积累的不足、科研技能的匮乏以及科研思维的滞后。正因为其他人如此优秀，以至于在入职第一年，我头一次萌生了"或许我不适合做科研"的念头，因为我觉得我比不上他们。我在读博士期间都从未遇到过如此严峻的挑战，这更加剧了我在心态上的落差。

这时，我迎来一个转机。每年在和导师讨论训练计划时，我们都要填一张评估表。那一年我在表上写的是"或许未来我有一半的概率不会从事科研工作。"导师看到后，把我叫到办公室，在听我倾诉了内心的矛盾之后，用一句话点醒了我："你觉得我为什么要聘用你来我们实验室？是因为我看中了你的创造力。你能来到这个地方，就说明你和其他人是同样优秀的。"

从那天起，我开始认识到，应该利用自己最擅长的创造力，并发挥生物学、医学双重背景的优势，去做一些更前沿、更富探索性的科研工作。虽然这意味着要解决更多的未知，要克服更大的困难，但这不就是我出国深造的目的吗？

摆正心态之后，我的自信心又慢慢回来了。现在回头来看，当初那种消极心态的确有些幼稚，但这往往是一个人蜕变的契机。2019 年年终聚会上，所长宣布了年度最佳论文奖，这一次轮到我站上了领奖台，我向自己证明了我也是很优秀的科学家。两个月后，英国格林尼治大学的 Lauren Pecorino 教授发来授权请求，希望将我论文中的图片编入最新版的《癌症分子生物学》教科书中。这让我无比兴奋，因为我的研究成果已经可以变成具体的知识，被一代代传承下去。

放弃安逸，选择挑战

在生物医学这个领域，就算你读完本科，也只是经历了"扫盲"阶段，因为学科发展实在太快。虽然用"颠覆教科书"来吸引眼球是很多自媒体平台惯用的标题党行为，但是不少教科书上的内容的确已经远远落后于时代。因此，想要真正一窥生物医学的奥秘，你就必须亲自进入科研领域，而这样做的起点就是攻读博士学位。

要是有人问我做博士生苦不苦？我的回答是：不苦。我从本科一直到博士毕业，都非常顺利，从未遇到过迈不过去的坎；在学习和研究之余，我还有时间玩社团、打游戏；"直博"后，两年内论文就顺利发表，可以说除修满学分之外，我已提前满足了博士毕业的条件。

正所谓"生于忧患，死于安乐"，在读博的后两年，我渐渐有了触碰到"天花板"的感受。四年本科生学习加上五年博士生研究，已经占据了我当时三分之一的人生。在如此熟悉的环境中，我找不到新的挑战，也很难发现突破口。虽然当领头羊的滋味不错，但我内心总有因止步不前而带来的种种不安。

于是在博士毕业之际，我毅然放弃破格晋升副教授的机会和优厚的留校待遇，决定出国深造。当时有不少人劝我，以后还有很多出国机会，应该先在国内把脚跟站稳。我为此踟蹰了两三个月，也去咨询了不同领域的前辈。但是，越咨询、越迷惘，最终我只能选择听从内心，即无论将来是成功还是失败，我都要出去开开眼界。仔细算算并不亏，投资五六年的时间出去闯荡，有所成就则如愿以偿，即使失败也能从中看清自身实力，以此明确未来职业定位。而相较于近 80 年的预期寿命，这点时间不过弹指。

回头来看，这个决定是正确的。我认识很多"先站稳脚跟"的人，对他们迅速获得各种头衔也曾心生羡慕。然而，他们在"先站稳脚跟"后并没有选择去全新的环境挑战自己。现在我们在讨论一些课题时，我能明显感受到他们在科研思维上的局限性。有这样一个说法，企业里的老员工的优势不在于具备更强的业务能力，而在于对内部流程有较高的熟悉程度。这种在同一个环境中久待而形成的思维定式，可能因为符合既定环境而让人一时受益，但长久来看，却是阻碍创新的掣肘。

我庆幸自己当初在放弃安逸时，能有破釜沉舟的坚定，是它让我完成了之后的一系列蜕变。

学会和负能量对抗

近几年，我时不时听说我的硕博人脉圈里有人患了抑郁症，需要

接受心理咨询，甚至服药，我一开始以为这只是个别案例。网上
有很多关于劝退某人放弃某某专业的言论，我也只当是少数失败
者在那里贩卖焦虑。前两年回国参加硕博圈子的聚会，看到很多
人不要命似的喝酒、吼歌，我仍不相信他们的压力已大到需要用
放纵来排解，直到有人直接向我倾诉：担心自己无法承受"硕转
博"的身心压力。那时我才意识到，我的同行、我的前辈和后辈，
他们中的很多人长期紧绷着一根弦，一旦弦断，后果或许很严重。
而我一直以为自己心态平和是因为天性乐观，现在突然觉得可能
另有原因。

热爱自己的事业，是最重要的原因。我眼中的科研并不只是事业，
更是一种生活方式，可以说，科研就是我生活的一部分。如果一
个人把思考和学习视为生活的一部分，就更不会觉得科研是什么
天大的事情。

网上大面积反对"996"，然而对于优秀的科学家来说，工作节
奏往往是"007"。当然，我所理解的"007"，估计和很多人想
的不一样。对我来说，任何时刻都可以切换到科研状态，包括洗
澡、如厕。只要脑子持续在运转、在思考问题，这就是在进行一
项科研活动。我特别喜欢在洗澡的时候胡思乱想，因为身体在放
松的时候，脑子里总会涌现出令人惊喜的灵感。当然，灵感偏爱
有准备的头脑。倘若平时不主动思考，就算一天洗 100 次澡，也不
会悟出什么东西来。

换句话说，并不是只有把白大褂穿上身，在实验室里摆弄各种仪器试剂，才叫"做科研"。事实上，我经常让自己从实验操作中跳脱出来，去思考一些或具体或抽象的问题：我做这件事的目的是什么；这个实验是否设计得足够好；做完这个实验，真的能解决问题吗？我很喜欢这句话："Work smart before work hard（先聪明地工作，再努力地工作）"。自从养成"先想好再动手"的习惯后，我的工作效率提高了数倍，成果的质量也更高了。我也经常鼓励后辈，不要整天泡在实验室里，应该将自己从具体的实验操作中抽身出来。当然，抽身出来的时间并不是像咸鱼一样瘫在床上发呆，无论做什么都好，比如运动、冥想、听音乐，要让头脑保持运转，这样才有可能产生灵感。

而且，生活并不是只有科研。我在读博期间，每周会参加两次合唱团训练，几乎风雨无阻；有演出和比赛任务时也从不耽误排练。音乐也是我生活中不可剥离的一部分，即使我现在不在艺术团，每天也还会和以前一样，花时间听音乐，还会在一个轻松、没有压力的氛围下研究唱腔、编曲、配器等音乐元素。科研工作者需要用兴趣爱好来调剂生活和转移压力，我的同行里有马拉松爱好者，有游戏玩家，有喜欢压马路、晒美食的同行，还有不少绘画"大触"。

更重要的是，我很幸运地结识到一群能够随意聊天、自由讨论，而且不会因为观点冲突就翻脸的人。在生活中，我们能够理解彼此的处境和困难，能够安全地宣泄心理压力；在工作上，有这样一个圈子，非常便于我们快速找到问题的解决方案，甚至还能产生新的灵感。

星球的使命

我一直认为，科学家除了从事本职工作，还需要承担社会责任。既然大部分科研经费来自纳税人，科学家理所应当为社会做贡献。比如，美国的大学教授就有传播科学知识的社会责任，包括出席面向大众的讲座、论坛，参与中小学教学，等等。

对我来说，目前履行科学家社会责任的最好方式，便是创作科普文章。科学家需要将自己的科研成果传播出去，通过获得更多人关注来吸引合作和获取科研基金。而达到这个目的所需要的表达能力在创作科普文章的过程中可以得到很好的锻炼和提高。

我曾经在不同平台上发表过科普文章，但几经辗转，最终选择了知识星球，并坚守数年。因为我需要一个友善的科普创作环境，在这里能够和目标读者进行更加深入的交流，并从中了解大众最希望获取的科学信息以及最容易接受的科普方式。

我有两个知识星球。一个是免费星球，叫"生物狗窝"，会员需通过审核才能加入，而且只允许生物医学的同行加入。现在，星球主要用来回答科研新人在工作与生活中遇到的各类问题。我曾经收到一名硕士毕业生的私信，感谢我的星球对他在求学过程中的帮助，而这正是我希望看到的结果。另一个是付费星球，叫作

"真知拙见 KnowledgeHot"，由海内外 20 多名教授、博士、高管一起运营，面向希望利用碎片化时间"充电"的大众。这个星球每月都会发布数十篇原创精华文章，内容覆盖经济学、计算机、医学、法学、心理学等诸多领域。

在运营星球的过程中，我结交了一帮来自不同专业领域的朋友。合伙人和嘉宾的知识背景不同、人生经历不同，在探讨问题时大家总能从多个角度切入，因而最终的结论可以博采众议。而且这些友善的合伙人，即使遇到观点争锋，也不会将其演变为骂战，每每都能通过观点的相互碰撞为各自带来新的收获，甚至科研上的灵感。在这些专业人士中，那些格外有趣的灵魂在私交上也能更进一层，最终成为无话不谈的人生挚友。

我们的世界，每一秒都在被科技的进步刷新着。身为科研大厦的建设者，每天都在和人类知识和智慧的累积赛跑。尤其是想做先行者或排头兵的人，更是片刻都不能慢下脚步。

尽管如此，我仍然希望，自己奔跑的姿态足够优雅，脸上的笑容足够温暖。

年入千万的轨迹：
构建成长模型，持续自我迭代

粥左罗

个人简介

粥左罗,"90后",向上生长学院创始人,个人成长深度研究者和方法实践者;畅销书《学会写作》《学会成长》作者;他以一年自我迭代一次的方式实现5年爆发式成长,从月薪5000元到年入千万元;主讲的个人成长类课程销售额过千万元,学员超10万人;公众号"粥左罗"粉丝数达85万,阅读量超10万次的文章累计100余篇,单篇文章最高阅读量达1500万次,单篇"涨粉"17万人。

我是一个起点很低的人。但我经常告诫自己：起点低并没有什么关系，起点不决定终点，要有耐心做一个大器晚成的人。大器晚成，并不是非要等到 50 岁、60 岁，甚至 80 岁才能成事，而是要有足够的耐心给自己补课，要有足够的勇气一步一步实现迭代。

迭代思维：一生很长，起点不决定终点

1990 年，我出生在山东一个相对落后的农村。20 岁那年，我考上了北京的一所大学，但是这也无法立刻改变我在见识、认知、视野和格局上的局限性。如果我想在这个人才济济的城市参与竞争，我就必须给自己补课。

在整个大学期间，我拼命地阅读图书、增长见识、丰富阅历，像是在和时间赛跑。当我毕业走向社会后，由于我的家庭既不能给我提供丰富的社会资源和人脉资源，也不能帮我规划未来发展方向，很多事我都要从头做起。以下是我这 10 年的迭代历程：

- 2010 年 9 月，来到北京读大学。大学期间兼职做过保安，干过工地零工，做过英语家教，开过淘宝店，卖过明信片。
- 2014 年 7 月，大学毕业后在北京南锣鼓巷摆地摊两个月。
- 2014 年 10 月，在北京西单商场一家服装店做了 10 个月店员，月薪 4000 元。

- 2015 年 8 月，进入新媒体行业，做排版、打杂小编，月薪 5000 元。

- 2016 年 3 月，从小编晋升为新媒体运营经理，月入过两万元。

- 2017 年 3 月，转型为一名新媒体讲师，同时担任公司内容副总裁，年薪 50 万元，主讲的课程销售额超千万元。

- 2018 年 3 月，辞职进入自媒体行业，全力运营自己的公众号"粥左罗"，5 个月后又拓展了广告、知识星球社群及相关课程等业务，月入超过 20 万元。

- 2019 年 5 月，正式组建团队，完成了一名自由职业者的升级转型，个人累计年收入达到千万元。

- 2020 年 3 月，团队扩展到 12 人，并建立了稳定的"内容＋课程＋运营"的业务模式，年内完成向上生长学院全部课程体系的搭建。

这是一轮近 10 年的迭代历程。别人看到的可能是最直观的收入变化，但是对于我来说，最重要的变化是我感受到自己的爆发式成长。从低处开始，我将每一次迭代的结果作为下一次迭代的起点，这样一步一步、稳扎稳打地走到今天——收入暴增只是这个成长过程中的显性变现。

迭代思维之所以重要，是因为很多人有两个"看不清"。

第一个是看不清自己当下的位置。很多人总喜欢给自己设定一个远超当下能力的目标，而最终只能反复被现实捶打。所以，认清自己当下的位置非常关键，而很多人并没有意识到这一点。条条大路通罗马，有的人就生在"罗马"，总是盲目地跟生在"罗马"的人做比较，就会让人怀疑人生，甚至自暴自弃。

第二个是看不清事情的演化规律。很多人总是给自己制订一个不合理的推进计划，其结果就是在整个计划实施过程中屡屡受挫。因此，每个人在成长过程中都要学会用迭代思维看清当下、预见未来。

也许有人会问，你怎么知道事情会按照你设想的轨迹去发展？其实我并不知道终局会怎样，但我坚信一个朴素的道理：有些事是必然会发生的，只要持续按照正确的方式做正确的事，你一定会变得越来越好。对我而言，这场迭代才刚刚开始，我相信在下一个 10 年，等待我的又将是一番新天地。

人和人在成长之路上能拉开距离的关键因素就是，每个人所构建的思维模型不同。接下来，我将分阶段介绍我个人的迭代式成长之旅，希望其中涉及的思维方式也能对你有所启发。

借势思维：为什么我一定要来且留在北京

我曾就读的中学的升学率极低，低到大城市的孩子都无法想象。在我以全校文科第一的高考成绩考上大学之前，每年高考中学校文科生几乎是全军覆没。按照我们当地的风俗习惯，我考上了大学，家里人要先摆酒席庆祝，然后风风光光送我去读大学。然而这些事情都没有发生，因为我放弃了这次上大学的机会。

当时，我反复问自己一个问题：如果高考是我唯一的杠杆，那么我能把自己"撬"到哪里？既然这个问题的答案会深深影响我未来的人生轨迹，而我又并不想继续留在省内，那么就要给自己一次重新撬动的机会。那年夏天，我一个人坐大巴来到省城济南，找到一家复读机构，开始准备第二年的高考。一年后，我以 621 分的高考成绩把自己"撬"到了北京。填报志愿时学校和专业对于当时的我来说，都不是优先考虑因素，因为最重要的是，我从农村一脚迈到了首都。

2019 年，一个亲戚家的孩子高考失利，失利原因居然是他在英语考场上睡着了。我对这个孩子很失望，他跟很多人一样，根本没有分寸感，不知道人生中哪些是琐事，哪些是容不得半点马虎的大事。

我平时也是一个吊儿郎当的人，但是一旦逮住机会，就会很拼。而且越是临近决战的时刻，我的状态就越好。高中三年，我的成绩基本都在全校第十名徘徊，但我的第一次高考成绩却是全校第一。复读那年，我在各种模拟考试中成绩始终达不到 600 分，而最终我的高考成绩是 621 分。

学生时期，很多平时成绩好的人，一遇到重要考试就会紧张，导致发挥失常。为了避免这种情况发生，我会用各种方法让自己进入最佳战前状态。比如，在英语高考的前一晚，很多同学都在聊天、狂欢，而我却早早睡觉。第二天一大早，当他们还在熟睡时，我已起床出门，找到一个安静的角落，认真复习起平时从《英语周报》上收集到的"阅读理解"文章和作文范文。一直到快要开考的那一刻，我才赶到考场。我就是要把自己的最佳语感保留到考场，让心流直通答题状态。最后，我的英语成绩是 136 分。高考那几天，我始终保持这种状态，所有科目都发挥得很好。

高考是我人生中的第一个大机会。我为什么如此重视呢？因为我有借势思维。我出生在农村，父母都是农民，在个人未来发展上，能从家里借到的势能几乎没有。对我来说，唯一一条出路就是高考，我要借高考的势能改变人生轨迹。

所谓借势思维，就是强调位置决定命运。一个人能量再大，也只是一个"点"，力量终归有限。更重要的是，作为一个"点"，其命运也取决于是否在一条足够好的"线"上，这条"线"是否在一张足够好的"面"上，以及这张"面"是否在一个足够好的"体"上。这就是借势思维的"点、线、面、体"理论——把自己放在最有利的位置上，借势而起。就好比一辆时速为 200 公里的跑车，如果把它放在泥泞的乡村小道上，那么它可能还没有拖拉机跑得快。

当时的我拥有在将来成就一番事业的想法，所以我对自己的规划是，最好能去一线城市，那里机会更多、资源更多、成功概率更大。所以，作为一个北方人，高考时我的首选之地就是北京。很幸运，经过一年复读，我终于来到了北京。大学毕业后，即便没有足够好的工作机会，我也留了下来。我觉得，留下就还有可能，走了就任何可能都没有了。

现在回想起来，去北京上大学，以及毕业后留在北京的决定无比重要，这大概是我人生前二十几年里做得最正确的决定了。我把个人发展放在北京这个资源框架里，就已经比一些同龄人更有优势了。

赛点思维：小机会可以错过，大机会不容有失

如果说，到北京读大学是我人生中的第一个大机会，那么 2015 年阴差阳错地进入新媒体行业，就是我人生中的第二个大机会。幸亏当年一脚迈了进来，我才凭借新媒体这个杠杆走到今天，并有了自己的公司。很多人都会问我：作为一名服装店店员，你怎么能进得了新媒体行业，你是怎么通过面试的呢？

这就需要提到第三种思维——赛点思维。何为赛点？赛点这个词来自体育比赛，是指比赛进入了关键时刻，如果能抓住赛点这个机会干掉对手，你就能大获全胜。人生又何尝不是这样呢？有所成就的人，一路走来并非一帆风顺，更非时时刻刻都能遇到机会，甚至很多人在成功之前跟普通人并无两样。但他们的过人之处在

于，当赛点出现时他们会死死地抓住机会，最终实现"鲤鱼跃龙门"。

导演饺子在 22 岁时，从就读了三年的药学专业转行学习动画创作，立志要做出最厉害的国漫作品。他在当时有机会吗？没有。13 年后，光线传媒旗下的动画公司找到他，他抓住了机会，经过 5 年精心筹备，制作出动漫电影《哪吒之魔童降世》。这部动漫电影的票房接近 50 亿元，位列内地电影票房总榜前三，导演饺子的人生由此向前迈出了巨大一步。人生不需要那么多机会，抓住几个足矣。当那几个机会来临的时候，我们一定要咬着牙笃定地对自己说："赛点来了！赛点来了！"

2015 年 8 月的某一天，我回学校摆地摊时遇到一个朋友，在聊天过程中他建议我尝试转行到新媒体行业。后来，我在一次饭局上遇到一家创投媒体的编辑，他在问了我一些问题后，觉得我还不错，说可以推荐我去面试，但不保证我能被录用，因为我没有任何相关背景和经验。我当时想，拼了命也要抓住这个机会。

面试前我做足了功课，通过百度百科、知乎、微博等各种渠道，整理出很多与新媒体相关的资料，并对这家公司进行了全面了解，还经常在家以自问自答的方式模拟面试过程。谢天谢地，也感谢自己的努力准备，面试过程很顺利。在最后一轮面试快要结束时，面试官还是给我留了一个作业：如果你来运营我们的公众号，你会怎么做？

我能理解面试官，毕竟相信一个服装店店员能运营好公众号，是需要一些勇气和魄力的。那时我刚大学毕业一年，还租住在地下室，做点什么能让他相信我的能力呢？之后的三天时间里，我把自己关在地下室，查阅了关于 36 氪、虎嗅等几个竞品平台的几百篇文章，研究选题内容、文章标题，分析每篇文章的阅读量、点赞数和评论数等数据，又恶补了大量关于新媒体运营的实操知识，最后提交了一份长达 88 页的 PPT 运营报告作为面试作业。至于 PPT 的制作，也是我那几天从淘宝上购买教学课程现学的。

三天后我入职了这家创投媒体，从公众号小编做起，月薪 5000 元。

机会固然重要，但是很多机会真不是天上掉下来的，而是拼命抢来的。比如我抓住的这个机会，如果换作其他人，多半是抓不住的。每个人更应该有赛点思维，特别是手里没好牌的人，更要努力抓住每一个大机会。

作品思维：做任何事情，都要积累代表作

进入这家公司后，我努力工作，写出上百篇阅读量超 10 万次的"爆文"，很快从打杂小编晋升为新媒体运营经理，月收入从 5000元涨到了两万元。

2017 年年初，我加入一家新媒体培训机构，担任内容副总裁兼首席新媒体讲师。那一年是我的职业黄金年，我的课程遍布各大自

媒体平台，课程累计阅读量超过 6000 万次，销售额超千万元。那一年也是我最寂寞的一年，整整一年我就做了一件事——备好课，讲好课。

为什么要这么做，因为我具备作品思维。

一个人越是在默默无闻的时候，越要沉下心来积累代表作。没有代表作，你怎么包装自己都没有多大用处；有了代表作，你去哪里别人都认可你。代表作不用多，但含金量要足够高。举个例子，怎么判断一个投资人到底牛不牛呢？看他有没有"投"出明星公司，有一个就足够了。比如，王刚老师作为天使投资人投资滴滴出行，今日资本徐新老师投资京东，晨兴资本刘芹老师投资小米，等等。

所以，要想实现爆发式成长，最好的方式就是拿出代表作。人在默默无闻的时候，很难积累代表作，但可以用海量输入来自我滋养。一旦时机成熟，就能一剑封喉——输出代表作。

整个 2017 年，我基本上是零社交，没有在公开场合和同行、朋友聊过天，没有参加过任何商业饭局，更没有在行业峰会上露过面。课程推广是同事做的，企业客户也是同事谈的。我没有和任何一个线上学员加过微信好友，有线下课的时候也基本是提前十多分钟到现场，讲完课就走。只要不上课，我就待在办公室写脚本、录课。日复一日，只为认真打造代表作。

2017 年年底，我在接受一家自媒体平台采访时，记者这样总结："2017 年对你很重要。在打造个人品牌的过程中，最好能有一段时间可以大规模地收到别人对你的评价和反馈，通过这种方式，你能清楚地知道外部对你的了解和认识，便于梳理出个人品牌的一些独特标签。"他还告诉我，那一年我在圈子里很出名，影响了很多年轻人。我马上交代了真实情况："跟你想象的完全相反，2017 年，是我收到外界反馈最少的一年。我根本不知道我很出名，不知道圈子里的人怎么评价我，甚至学员怎么评价我，我都不清楚。"

2018 年，在开始运营公众号"粥左罗"之后，我才意识到自己真的出名了。在那年 5 月开设的一次线下课上，很多学员发言时都提到我对他们人生的改变，这让我有些惊讶。还有两次线下经历让我很受触动。在上海的一次线下课上，很多学员告诉我，他们的领导或者老板会把我的公众号文章转发给他们，让他们去学习。另一次是在上海的一个行业峰会上，我面对近千人做了一场半小时的演讲，结束后被很多人围着提问。

我很感谢不知道自己很厉害、很有名，甚至轻度不自信的那一年。因为在那一年，我非常平静、非常安心地做着自己的事，磨炼自己的手艺，不浮躁不自恋。最后，我打磨的课程一炮而红，全网销售超过 10 万份，这也使得我后面的路越走越顺。

2018 年 8 月，我在准备入驻知识星球时，向星球运营负责人刘容老师求教，以我当时的公众号、朋友圈体量，以及我的推广资源，如果会员价定为 199 元／年，招满 1000 个会员大概需要多久？她给出的答案是"大概两个月"。这让我略感沮丧，不过我还是决定入驻知识星球。

2018 年 8 月 11 日晚上，我在公众号上首次开放知识星球会员报名通道，最终的数据远远超出所有人预期。4 小时后会员数破千，文章阅读转化率超过 10%，究其原因，还是作品的影响力。很多会员之前听过我的课，看过我的文章，或者参加过我的线下活动，而我的作品从未让他们失望过。所以，正如他们在公众号上的留言："无论是出品课程，还是打造社群，都可以闭着眼睛入手。"

打造个人品牌的重要性毋庸置疑，但它只是一个结果。在你能力不强、手艺不精、没有作品的时候，想通过自己给自己贴标签，或者在朋友圈、微信群宣传和包装自己等方式来打造个人品牌，基本上是行不通的。大多数人在最初都没有建立起个人品牌，但只要有作品思维，肯花时间和心血不停地做实事，并且把每一件事做到极致，你的个人品牌就会在这个过程中不断被认可和强化。

"代表作"是你最可以依赖的资产，也是普通人崛起的最有效的依托。认认真真干实事的人，在这个时代是不会吃亏的。

原动力思维：学得了别人的勤奋，学不了别人的动机

2018 年 3 月，在"公众号红利期已过"的说法甚嚣尘上的时候，我辞掉年薪 50 万的工作，开始运营个人公众号。今天，我的两个公众号"粥左罗"和"粥左罗的好奇心"的粉丝数已累计过百万。

这样的结果，离不开我的勤奋。但是，很多人同样勤奋，却依然没有取得足够亮眼的成绩，可见只有勤奋还是远远不够的。因为勤奋可以模仿，但做事情的动机却因人而异。同样是创业，有的人是为了抓住一个巨大的红利，有的人是为了改变自身的命运，有的人是为了赚钱还债，还有的人只是单纯想赢。动机不一样，决策就不一样，其结果自然大相径庭。

动机是由一个人的原动力决定的，而原动力是来自内心深处的期望。这种期望是做好一件事情最深层的驱动力，强大到可以让人克服所有困难去努力实现某个愿景。同样的事情，一样的努力，只要原动力不同，最终达到的高度就会不同。因此，原动力才是一个人最核心的竞争力，它定义了你的梦想和野心。一个被野心驱动的人，会极度自律、昼度夜思、不知疲倦，因为他不是想赢，而是必须赢。

很多新媒体作者在策划选题时都倍感煎熬，文章也是他们硬着头皮在写，因而他们更不可能再花时间去打磨文章。对于他们来说，这就是一份赚钱养家的工作而已，完成工作任务就是唯一的目标，提高文章的阅读量也只是为了多拿奖金。如果有工资更高、待遇更好的工作，他们会立刻跳槽。在很多行业，这样的人都不在少数。

我们团队曾经有一位刚入职的同事在写完一篇文章后，让我帮他修改，我花了 10 小时去修改和打磨文章，从观点表达到案例选取，从图片搭配到措辞表述……改到最后，他都快要崩溃了，而我却乐此不疲。

我之所以愿意花 10 小时打磨文章，是因为我对好内容有信仰，做内容的人更要懂得尊重文字。我经常对我的内容团队成员说，你写的文章一经推送，就有可能被上万甚至数十万读者阅读，这是一件很严肃的事情。当你具有这样的影响力时，就要对内容更加慎重，对自己写的每一句话负责。我坚信"You are what you read（你的阅读造就了你）"，你读到的好内容能给你力量，可以让你成为更好的自己。

原动力可以升级吗？当然可以。只要你不断升级自己的见识、圈层和目标，原动力就会跟着进化。

- 人很难为自己从没有见识过的东西努力，我庆幸自己读过不少真正意义上的好书，学习过很多营养价值颇高的课程，更庆幸我在它们的激励下一直在努力。

- 人很难大幅超越所在圈层的认知水平——我在创业后遇到了各个行业的牛人，接触的圈层一变，野心也随之膨胀。

- 人很难得到超越目标的结果。求上得中、求中得下——目标是60分，你就不可能付出100分的努力，也不太可能拿到80分。

我喜欢研究牛人的经历，高中时喜欢阅读杂志上刊登的知名企业家的故事，大学时读了林肯、富兰克林等名人传记。"同样是人，人家怎么会有这些开创性的想法，而我怎么就总向往按部就班式的生活，我就不能有更远大的志向吗？"我在学习他们人生经验的过程中经常会这样反躬自问。

有句话是这样说的：所谓进步，就是不断发现自己的过去很愚蠢。的确如此，我认为，成长是一个不断发现自己过去的原动力很低级的过程，但是只要勇于自我推翻，革新自己的原动力，人生之路就会越走越宽广，看到的风景也会越来越美丽。

我在一个内容极度匮乏的环境中长大，20岁后才来到北京这样一个各种资源都极度丰富的地方。一切过往，皆是序章。我不断升级自我认知，重塑自我价值观，慢慢地找到自信，找到自己的激情所在，最终找到了属于自己的一份事业。这样的成长轨迹，来自早早确立的成长模型，得益于持续不断的自我迭代。理论上，它可以被任何有远大抱负、信念坚定和强大执行力的人复制。

现在，请大胆迈出你的第一步吧！

像设计产品一样设计你自己

Sky 盖哥

个 人 简 介

Sky 盖哥，支付宝原体验设计专家，先后参与"天猫""天猫双11""支付宝""余额宝"等核心产品设计；"UI 中国十佳设计师"，人人都是产品经理社区"年度最受欢迎作者"；公众号"我们的设计日记"作者，粉丝数超 15 万，同名抖音号粉丝数超 25 万；知识星球"我们的设计日记"星主，星球曾创造一天付费总额破百万元的销售纪录，星球付费用户过万人；目前在复旦大学管理学院攻读 MBA。

扫码进入 Sky 盖哥的知识星球
"我们的设计日记"

因为有乔布斯、山本耀司、原研哉、陈幼坚这些大名鼎鼎的设计师的存在，人们对设计师这个职业并不陌生。我从事的互联网设计工作，是让用户在使用互联网产品时能够感受到产品的美和简单。在 10 年职业生涯中，我曾参与过许多知名产品的设计，我的最深体会是，我们每个人同样是一件独一无二的产品，我们也可以用设计产品的思路去设计自己。

"1000 小时"提升计划

从小到大，我的学习成绩都很不理想。小时候最怕的事情就是大人们聚在一起攀比自家孩子的学习成绩，这让我在很长一段时间里都极度不自信。2005 年，我考入一所二本院校，学习工业设计，而每年学费就需要好几万元。为了减轻家里负担，我开始兼职做各种和设计有关的活儿，比如修照片、设计 Logo 等。这份兼职既让我赚到了生活费，也让我熟练掌握了各种设计软件。

2009 年大学毕业，我带着兼职赚到的 3000 元钱来到北京，目标是能进入一家互联网公司工作。落脚的第一站是被称为"宇宙中心"的五道口，为了省钱，我在一间合租房里租了一个上铺床位，租金是 450 元/月，每月比下铺便宜 50 元。这里汇聚了 Google、网易、搜狐等著名的互联网公司，每次远远看到这些耸立的公司 Logo，我都艳羡不已。但残酷的现实是，我的简历都无法通过这些大公司的第一轮审核。

幸运的是，最终我找到一份在电商公司做平面设计的工作。在第一次设计画册时，我忘记预留版面出血尺寸，导致成书的图片都被裁掉了一部分，上千本画册全部报废，为此我被扣了半个月工资。老板的一句批评"不配做设计"深深刺痛了我，也敲醒了我。我原本以为只要用好设计工具，就可以做好设计，现在才知道自己还没有入门。

在此之后，我给自己制订了一个"1000 小时"提升计划——每天疯狂练习，研究和分析大量设计作品，还参加各种设计师聚会，抓住一切机会向优秀设计师请教。同时，我尝试将个人作品发布到了设计网站上，慢慢地积累了一些知名度，也获得了不少业内同行的认可。

2010 年，我获得金山公司的面试机会，迎来职业生涯的转折点。

进击的职场巨人

互联网行业每天都有很多不确定性事件发生，我们一定要在它们发生之前抢先折腾，而不是安于现状。而且能到达远方的人一定怀有梦想。十年后想过上什么样的生活，以及如何过上这样的生活，我们从今天开始思考，才能朝着这个方向努力。

但是再大的愿景也要从小处着手，凡事先定好目标，列好计划，整合好资源，提前多制订几套方案，越大的蓝图越要从小处着手。

在执行过程中，暂时忘记结果，用心专注做好每一件事，并时刻提醒自己"欲速则不达"。如果能做到永不放弃，就一定能成功。

01．金山：把自己逼疯才能把对手逼死

我是"野路子"出身，在金山见证了互联网行业里最残酷的战争，也让我对设计产生敬畏之心。当时金山办公室墙上挂着一幅"把自己逼疯，把对手逼死"的横幅，为了比竞争对手的产品发布时间更早，也为了让用户体验更好，我们必须对每个细节精雕细琢。而且我的部门主管是一位完美主义者，在他眼里，只有"好的设计"和"差的设计"，没有"一般的设计"，我必须有充足的理由才能让他认同我的设计。正是这种超级严格的标准，让我逐渐具备了对作品的特点加以总结的能力。在金山的工作经历也让我变得自信起来，我渴望自己的作品被更多人看到，被更多人使用。

2012 年，我加入了百度。

02．百度：上亿用户使用我设计的产品

对于一名设计师来说，与成就感关系最密切的事情不是设计的产品有多么漂亮，而是设计的产品有多少人使用。我在金山设计的产品拥有百万级用户，在百度，我有机会参与上亿名用户使用的百度 App 的设计。

当时的主管告诉我，一个人成长的快慢，主要取决于他在工作之外的 8 小时做什么。我记住了这句话，下班后主动找事做，哪怕是设计网页的小活儿，我也不放过。同时，我摸索出一套适合自己的设计方法，也学到项目管理方面的诸多经验。

2014 年，在我职业生涯的第 5 年，我产生了想带一个团队的想法。为了能有更全面的发展，思考良久后我跳槽去了新浪。

03．新浪：通过带团队实现全方位、立体化成长

在新浪，我负责设计一款面向微博"大 V"的社交产品。这既是一次难得的机会，也是一项巨大的挑战。在过去我只需做好手头的工作即可，而现在要带领 10 多位设计师一起作战。为了确保项目能快速且高质量的上线，除了完成本职工作，我还主动承担起产品经理、运营经理和项目经理等其他岗位的工作。在这个过程中我得到了全面成长。

更让我有成就感的是，团队里每个小伙伴都是我亲自招来的，如今他们都已是各头部互联网公司里的佼佼者，有脉脉设计总监、阿里品牌专家、58 同城设计专家、猎豹产品负责人，以及小米资深设计师等。

就反馈数据而言，我负责的产品一直没有达到自己的预期。处于瓶颈期的我，迫切需要再次升级，于是我在 2015 年来到杭州，加入了阿里。

04. 阿里：设计"天猫双 11"与"支付宝"等产品

阿里是一家伟大的公司，我身边的每位同事都很优秀。在这里，我负责最核心的电商类产品的设计。电商类产品不仅用户基数庞大，而且每天产生的数据量也很惊人，因此，设计师对产品的任何细小改动都会直接影响上亿用户的购物体验。

在这个更大的舞台上，我获得了更加深刻的设计感悟，并拥有了多项设计专利。现在回想起来，在阿里最令我难忘的经历莫过于当面向 CEO 逍遥子汇报工作，方案当场通过更让我足足兴奋了一周。

我曾参与过两次"天猫双 11"的产品设计。在一个个销售奇迹的背后，无数优秀设计师通宵达旦地"死磕"产品的每一个细节，只为产品最终能完美呈现在用户面前。这是因为我们都深知——当有机会参与一件能改变世界的事情时，一定要竭尽全力留下自己的痕迹。

两年后，我对电商类产品的设计及营销体系已经非常熟悉，可发挥的空间越来越小，于是产生了想挑战陌生领域的想法。当时恰逢"互联网金融"兴起，我申请加入了支付宝设计团队。

转岗之后我才发现，金融类产品与电商类产品的设计思路完全不同。电商类产品用户很容易理解相关术语和具体产品，在设计时我们考虑更多的是如何让产品更精致美观。而金融类产品的用户往往在使用产品时会很慎重，所以设计师要更加严谨。比如，在设计"余额宝"这款产品时，设计师需要以通俗化、可视化方式，将收益率、年化率等专业术语"翻译"得尽可能浅显易懂。为此，我只能逼着自己去了解金融领域的相关术语，不断完善自身的知识结构。在支付宝工作期间，我参与了所有金融类产品项目，从规范产品定义，到设计"余额宝""财富 tab""黄金""基金""股票""尊享"等产品。

突破职场边界，走向收入多元化

由于工作生活长期不规律，我忙起来常常用咖啡"续命"，再加上每天很少喝水，身体处于亚健康状态的我曾病倒过两次。一次是在忙完"双 11"后，我直接被同事用轮椅推去医院，经检查才发现身体里长了 4 颗肾结石。另一次是团队为产品改版赶工，进行了长达 3 个月的封闭式工作，项目结束后我在参加公司的体检中被查出口腔里长了一个肿瘤，需要立刻手术。

我开始思考，虽然自己拿着高薪，持有公司股票，有房有车，被很多人羡慕，但还是没法彻底摆脱焦虑，因为互联网行业从来没有"稳定"之说。2020 年 2 月，我终于下定决心要跳出舒适圈、突破职场边界。于是，我离开了工作近 5 年的阿里。

知乎上有一个非常经典的问题："为什么月入 3 万元的你仍会感到焦虑？"在受其"高赞"答案的启发之后，我开始尝试让自己的收入多元化起来。在刚产生这个想法时，我立即想到的就是写作，这要感谢我当年在天猫设计团队的主管，他无意中为我打开了一扇写作的大门。

当年他认为我的总结能力不错，建议我将此项能力当作区别于他人的个人标签。于是，在那段时间里，我每周都要写项目总结，每天都要研究竞争对手的产品并撰写竞品分析报告。后来，我开始阅读大量业内文章，在分析、总结其核心要点后输出总结报告，从每周一篇扩展到每周三篇。当我将这些总结报告发布到设计网站后，意外地受到用户的喜爱。2017 年，我又开通了知识星球"我们的设计日记"。至此，我找到了多元化的发展方向——通过运营社群输出文章。

离开阿里之前，我曾经思考过这样一个问题：假如离开现在的工作，我还能通过什么途径养活自己？后来，这个问题的答案渐渐清晰起来，因为慢慢地，我的写作收入开始超过工资收入，而且我还有理财收入，即使我突然失业，经济方面的压力也不会太大。

找准并不断放大自己的优点

我把工作中积累的经验不断分享在我的知识星球里，很多用户都觉得对他们的工作很有帮助，还主动邀请朋友加入。很快，星球第 1000 位付费用户诞生了。用户源源不断地加入，也激励着我持续输出优质内容。经过 3 年多的努力，知识星球"我们的设计日记"用户数已过万，在星球用户的建议下，我创办的同名公众号也拥有了十多万粉丝，2020 年开通的同名抖音号同样收获了二十多万粉丝。

01. 把简单的事情坚持下去

每当想做一件事情的时候，最大的困难不在于你能不能做，而在于你想不想把它做成。比如，想打造个人 IP，就先挖掘自己身上的优点。如果一时找不到优点，就拿着放大镜去找；找到之后还要不断放大这些优点，不断挖掘自身潜力。只要沿着这样的轨迹坚持下去，就一定可以成功。

我的一位好朋友亦仁说过：

> "不要把简单事情复杂化。在绝大多数时候，我们不需要一个 App、一个小程序、一个公众号、一个商城，甚至不需要运营个人品牌和 IP。有一个装满 5000 人或者几百人的微信账号，然后忘掉所有套路、运营技巧和工具，和自己的微信好友做真正的朋友，帮助他们解决问题，卖有价值的内容给他们，这就足够了。只要持续做下去，别说养活 1 个人，养活 10 个人都没有问题。"

这段话对我的影响很深，也是我至今坚持围绕有价值的内容去写作的原因。

当你在运营社群时，用户在很大程度上是基于对你的信任才付费加入的。一旦你失信，就意味着多年建立起来的声誉瞬间土崩瓦解。很多人没有在这件事情上做成功，究其原因都是对用户的承诺没有兑现。我深知这个道理，所以向用户承诺的事情一定会做到。比如，每周无论再忙再累，我都会更新文章；对于用户提出的专业问题，我也一定会在周末抽出时间一一解答。

当然，我也时常遭人误解。比如，同事认为我的工作量不够饱和；一些用户认为被我"割了韭菜"，指责我每天只顾"刷"自己的影响力，等等。我也曾有过放弃的念头，但是想到铁杆粉丝的期待，我又坚持了下来。做任何事情，总会有人不喜欢，所以只有内心足够强大的人才能笑到最后。

02. 成功取决于隐藏的努力

运营星球，除了需要花费大量时间和精力，还有很多别人看不到的努力需要付出。我特别喜欢用下面这组式子来激励自己：

$$1 \times 1 \times 1 \times 1 \times 1 \times 1 \times 1 \times 1 \times 1 \times 1 = 1$$

$$1.1 \times 1.1 \times 1.1 \times 1.1 \times 1.1 \times 1.1 \times 1.1 \times 1.1 \times 1.1 \times 1.1 \times 1.1 \times 1.1 \approx 3$$

$$0.9 \times 0.9 \times 0.9 \times 0.9 \times 0.9 \times 0.9 \times 0.9 \times 0.9 \times 0.9 \times 0.9 \times 0.9 \approx 0.3$$

第一个式子的意思是，每次只做好自己分内的事，就是在式子左边增加一个"1"，多项分内事的乘积还是"1"，说明最终收获的只是一个合格的星球。如果我在每一件事情上都比别人多做一点，也就是说式子左边的每个数字变成了"1.1"，那么我的星球就可以取得远高于平均水平的成绩。相反，很多人实际上是每次都少做一点，最终很多个"0.9"的乘积结果就是一个质量极差的星球。

03. 用逆向思维规避失败

为了防患于未然，我经常这样逆向假设：某一天我的社群运营失败了，原因是什么？我会把能想到的原因逐条写在纸上，然后认真思考能够规避的方法，以及怎样才能反其道而行之，让结果更好。不论是运营星球，还是运营公众号，善于运用逆向思维和超预期分析，都可以做到事半功倍。

把用户当朋友，把自己当产品

如果有人问我：你把社群和公众号运营成功的秘诀是什么？我的答案是：把用户当朋友。没有收获友情的社群运营者难言成功，只有把用户当朋友，用户才有信心去购买我们的服务，才有动力把社群推荐给他们的朋友。因此，把用户当朋友，把自己当产品，一直是我经营社群的核心理念。那么，如何才能让用户感受到你把他当作朋友了呢？

01. 让用户觉得值得

在任何时代，想要脱颖而出就要做到有差异化，否则就需要付出更大的代价。为此，我在打造个人 IP 的时候，给自己定下了保持周更的要求。要做到周更，就必须以长期不间断输入作为支撑，因此绝大多数设计师很难做到周更，很多竞争者在坚持半年后都无奈放弃了。

也正是这个要求，让我养成了持续学习的好习惯，最终又通过持续输出差异化内容让用户觉得我的付费社群物有所值。我将知识星球"我们的设计日记"作为一个差异化产品来定义和打造，旨在为星球用户提供超出预期的服务。

- 周一"职场故事"专栏，帮助用户提前避开职场中可能会遇到的诸多"坑"。

- 周二"设计三分球"专栏，梳理和翻译国外优秀设计资料，用"他山之石"加速用户成长。

- 周三"抖音直播"专栏，尝试用直播的方式做更紧密、更直接的社群连接。

- 周四"设计师故事"专栏，通过分享身边人的成长故事，帮助用户找到自己努力的方向，并发现与自己"同频"的人。

- 周五"设计周刊"专栏，旨在提升用户的审美能力。

- 周六"原创分享"专栏，分享互联网大公司的设计经验，强化专业能力。

- 周日"设计直播"专栏，由我的业界好友带来不一样的专业化分享。

02. 用信任建立连接

信任是所有用户为内容付费的基础。在 3 年时间里，我亲自见过几百名设计师，我竭尽所能帮助他们，并让他们彼此之间建立起连接。在这个过程中，我们也逐渐成了好朋友，最终才有了现在这个充满信任的星球一家人。

在我的星球里，几千名设计师在一起，把学到的知识加以运用，通过多种任务的完成，以及孵化一些虚拟项目来共同提升设计思维能力。我们一起设计星球周边产品，如扑克牌、星球电子书等，最终它们也作为礼物送给了每一位加入星球的设计师。

为了营造温暖、有爱的家庭氛围，我会在每月最后一个周日的下午，选一所城市举办线下交流会，还会不定期举办 10 人范围的私密"小饭桌"，让设计师们在线下同样可以保持连接，携手追梦。

03. 不断优化迭代产品

每一篇文章都是一个产品，都有它的用户群体。社群和公众号的内容则更是如此，必须用产品思维和用户思维来设计和打造。同时，所有产品都需要迭代，内容类产品尤其需要与时俱进，社群类产品同样需要用新鲜的内容来保持活跃度，将用户、活动和内容有机地结合起来，是我运营、优化社群和公众号的首要任务。

我们正身处一个不断变化的环境中，每个人都需要尽可能多地捕捉一些未来能让自己收入多元化的关键因子。不管是开民宿，还是在朋友圈做知识付费服务，只要我们提供的产品或服务对他人有真正的价值，就能产生正向收入。比如，想用自己的专业知识赚外快，可以这样一步步迭代：首先，可以在朋友圈发消息，允许微信好友以任意价格向你咨询。其次，让对方在有所收获后给你一个反馈。最后，以此作为推广素材来继续宣传你的咨询服务。

主动分享是最好的学习方法，因为你需要精心准备、科学总结、反复思考，并通过分享倒逼自己去归纳和总结学过的知识，这样才能不断成长，升级自己的知识体系。希望每个人都能像设计产品一样去设计你自己，都能找到自己人生的第二曲线。

最后，用一句我很喜欢的名言作为结尾——要成功，不需要什么特别的才能，只要把你能做的小事做好就行！

利用创新算法求解人生难题

阳志平

个 人 简 介

阳志平，安人心智集团董事长，认知科学家；致力于认知科学的产品开发、课程设计与科学传播；公众号"心智工具箱"作者，图书《人生模式》《追时间的人》《认知尺度》等作者；知识星球"安人书院"星主；2003 年创办安人公司，2014 年创办安人心智集团。安人心智是一家以认知科学、人工智能为基础的科技集团，致力于测量并提高人类的认知能力，旗下子公司包括开智学堂、爱贝睿等。

扫码进入阳志平的知识星球
"安人书院"

2020 年是特别的一年，这一年，一场始料未及的疫情影响了亿万国人。这一年，于我而言，更是恰逢"四十不惑"这个人生重要节点。从 1998 年来北京读书，到毕业之后找工作，再到当前正在进行的创业，这一路走来，我做出的各种选择似乎和很多人都大为不同。在人生旅途中，总会碰到各种各样的难题，不同的解答会得到不同的结果。那么有没有最优解？有没有求解人生难题的最优算法？接下来，我要与大家分享的就是自己对这两个问题的所思所悟。

一个"四不像"的故事

1998 年，我在北京一所师范大学的心理系就读，辅修计算机专业。因为我性格内向，并且说话带有湖南口音，外加口吃严重，所以和同学交流起来很困难。宿舍里其他男生一般都习惯晚上开"卧谈会"和打游戏，而我则习惯早睡。因此，作息很难与他们保持一致。

差异不止于此，平时我读的书比较冷门、枯燥，且有难度，同学们则对这些书避之不及。另外，我还喜欢写作，写的多是诗歌、小说和论文。在新生联欢时，别的同学表演的才艺节目都是吹拉弹唱类的，而我则朗诵了自己发表的第一首诗歌，因为口音和朗诵范儿太足的缘故，遭遇了冷场。

就这样，我成了一个"四不像"。不像多数男生，打打游戏，谈谈恋爱；不像奔着奖学金去的女生，天天自习，科科满分；不像隔壁中文系的文艺青年，舞文弄墨，对月伤怀；不像心理系的学生，畏惧实验心理学、认知心理学与心理测量这类理科科目。和别人如此不一样，难免觉得孤单，但年轻人蓬勃的激情，让我没有就此迷失，而是试图寻找一个突破口。

幸运的是，当时我就读的学校就在中国国家图书馆（简称国图）旁边。从大一入学开始，我置学校课程于不顾，终日穿梭于国图各个阅览室。博尔赫斯总是把乐园想象成图书馆的模样，那时的国图，的确是能让我在智力和乐趣两方面都得到极大满足的天堂。

求解人生难题

这种极致的自学会带来什么结果，刚开始我并不知道。直到大三时，我的一篇论文荣获北京市首届挑战杯科研竞赛特等奖，这才让我找到了一些感觉——自己像一位隐士一样，一直在图书馆"闭关修炼"，突然有一天一鸣惊人，从"小透明"变成"大明星"，被校园电视台和活动主办方采访，还在大会上接受领导颁奖……

如何解释我这段年少的经历呢？一分耕耘一分收获，机会垂青有准备的人，这是从心灵鸡汤的角度来说的。心理学的说法是，找到一个学习社群，并进行有反馈的刻意练习，等等。但来自心理学的这个解释还不够好。因为我认为，在求解任何人生难题时，都应该借助物理学这门学科来加以分析。我的这段经历，完全可以看作一个物理学问题。

当你将大学教育抽象成一个系统后，会发现这个系统是由四个典型要素构成的：老师、同学、教材，以及自己的输出，如下图所示。其中前三个要素：老师提供指令，同学提供同侪压力，教材（教学设备）提供学习素材（实验设备），它们并非必不可少或不可取代。

在主动放弃这些大学教育的要素后，无意中选择了一条最适合自己的路线——自我教育，如下图所示。选择与同龄人大为不同的路径，意味着不得不强化最后一个要素——自己的输出。

我的第一个输出是，大三时参与创办了一个心理学学术讨论网站，叫作"心理学进取之路"。这个网站所秉承的进取向上的精神，以及浓厚的专业学术讨论氛围，引来不少从事心理学学术研究同人的关注，大家在网站上讨论如何做统计与设计实验。曾有一度，在各大搜索引擎上输入关键词"心理学"，"心理学进取之路"均排在搜索结果的前三名。

第二个输出是在专业论坛上"灌水"，比如把读完一本书后的体会写成文章，发布在论坛上。在这些 "灌水"帖中，有不少内容在今天依然具有一定的价值，这足以证明只要输入量足够大，就可以拥有充分的信息优势来对外输出。

第三个输出是发表论文。我在本科期间发表了十多篇学术论文，其中一些聚焦于"社会网络"这个前沿主题，而如今"网络科学"已成显学，这让我无比欣慰。

我所有的输出都是基于巨大信息优势而做出的独立判断，这有利于帮助更多的年轻人建立学术自信。这种对独立思维的训练，也让我在此后的人生中一直受益。

对于任意一个系统，一旦你开始质疑其中的要素是否缺一不可，质疑其背后的逻辑，就极有可能发现创新机会，这就是我在大学期间学会的重要一课。毕业后，我一直在思考这套方法论背后的本质是什么？如何将其复用到解决人生难题上？答案就是"STC算子"。

STC 算子

什么是"STC 算子"？先来看两个问题。第一个问题：

> 在车间的一条流水线上，机器人负责生产，但生产工
> 艺的缺陷产生了一个致命问题——产生很多灰尘。你
> 将如何解决该问题？

有人认为应该在车间里增加一套除尘系统，有人认为应该增加一种专门用来除尘的机器人。这是人们容易想到的解决方案。然而，无论是除尘系统还是除尘机器人，都是在做加法，都是把问题变得更加复杂。其实，人生难题也是如此。之所以难，就是因为当你在解决一个问题时，不得不或者不知不觉地引入了一个新的复杂问题，而使人生变得越来越复杂，问题无穷无尽，一个接着一个，让人疲于奔命。

这里有一个更巧妙的答案，可以用四个字来概括：时空变形。只需将流水线倒过来，安装在天花板上即可，灰尘会自然而然地往下掉。人是不可以倒立工作的，但机器人不是人，没有这样的限制。时空变形，是一个优雅的创意。它背后的原理可以复制到任意场景中，那就是"STC 算子"。STC 是由尺寸（Size）、时间（Time）与成本（Cost）三个英文单词的首字母组成的。

再来看第二个问题:

> 航海过程中需要用船锚来牵引大船。对于一艘 1 吨重
> 的船,其船锚的牵引能力在 10 吨左右。但是在碰到有
> 淤泥或洋流的海域,船锚的牵引能力就会受到影响。
> 此时,如何增大船锚的牵引能力?比如,10 吨变为 15
> 吨、20 吨乃至 100 吨。

常规的答案是,再添加一个附属船锚,以获得更大的牵引力,或
者把船锚做得再大一些,又或者减轻船的重量。这些答案仍然没
有摆脱"头疼医头,脚疼医脚"的思维模式。如果我们在解决人
生难题时也总是这样缺乏创意的话,就会像困在瓶中的苍蝇,始
终找不到出口。这个时候,"STC 算子"就能派上用场。

求解人生创新算法

当你在解决人生难题时,一旦针对具象的情境来思考问题,往往
会着眼于利益相关方,最终很难找到答案。比如,如果小朋友喜
欢发脾气,你就给他贴上"性格不好"的标签,进而陷入"发脾
气←→性格不好"的逻辑死循环,从而容易引发更多的家庭矛盾。

在美国的一所小学里,当老师遇到发脾气的小朋友时,会告诉他:
"发脾气是因为大脑中的'杏仁核'出了一点小问题。"小朋友
就能立刻明白,原来不是自己的性格不好,自己也不是坏孩子,

只是"杏仁核"暂时出了一点问题，等它慢慢恢复，平静下来就好了。

这其实就是"STC 算子"的第一步：尝试用更抽象的概念来描述系统，而不拘泥于眼前具象的概念。回到上面提到的第二个问题，如果围绕船和船锚来思考该问题，可能永远得不到有创意性的答案，而改用一种更抽象的描述，受思维定式的束缚就会少一些——用什么方法能够在水中牵引 10 吨、15 吨，甚至 20 吨的重物呢？

这种分离出整个系统中的核心要素，使用抽象词汇描述问题的方式，就像我当年将复杂的大学教育抽象为四个要素一样。语言不是思想的外衣，而是思想本身。语言会束缚你的思想，而一旦你使用"上位层次范畴"词汇取代"基本层次范畴"词汇，创意就会源源不断地冒出来。

"STC 算子"的第二步是时空变形。任意一个系统中都存在三个核心要素：尺寸、时间与成本。你可以固定其中两个要素，把剩下的第三个要素极端化，以此来寻求有创意的答案。举例：

- 固定时间与成本，尺寸无穷大会如何，尺寸无穷小会如何？
- 固定尺寸与成本，时间无穷大会如何，时间无穷小会如何？
- 固定尺寸与时间，成本无穷大会如何，成本无穷小会如何？

在第二个问题中，抽象的系统总共有三个要素：第一个是"物体（船）"，第二个是"牵引力（船锚）"，第三个是"水（海水）"。对这三个要素分别进行极端化处理，比如，牵引力变得无穷大会怎么样，变得无穷小又会怎么样？再比如，水的体量变得无穷大或无穷小又会怎么样？这样一来，你会得出很多巧妙的答案。水完全消失会怎么样？是否可以通过对水的变形来增加牵引力？思考至此，问题得以简化：有没有简单的方法让水消失？比如为船锚增加制冰功能，制冰后船锚的牵引力增加，完成牵引后再将冰融解掉，这样船的重量不受影响。甚至还可以考虑得更为极端一些，把整个大海的一部分变成冰，牵引力将大大增加。

这是一个极具创意的思想实验。为什么很多人想不到对水进行变形，把阻力变成助力呢？这是因为在对系统进行抽象之前，人们只能看到眼前的船和船锚，而海水这个要素很容易被忽视。只有把海水纳入解题思路里，才能利用到其可以从液体变为固体这个物理特性。

这套神奇的方法论叫作创新算法，来自苏联发明家阿奇舒勒。阿奇舒勒对 250 万份专利进行了细致分析，又融合了心理学、哲学等学科精髓，最终总结出这样一个求解高层次创新难题的通用算法。我一直将创新算法视为 20 世纪人类智慧最伟大的贡献，而"STC 算子"是其核心概念。

什么是创新五层次理论

在创新算法中，"STC 算子"可以帮助人们摆脱思维定式。在求解人生难题时，它同样可以用来破除我们在不知不觉中对很多事情早已形成的刻板印象。

第一个维度是"尺寸"，如下图所示。尺寸不仅包括空间的长宽高、地理位置及物理学中的各类形态等，还包括抽象层面的尺寸。神经元多到数百亿个，人类心智自然涌现；宇宙浩瀚无边，宜人地球自然涌现。神经元、心智，宇宙、地球，都是不同的尺寸。人类常常受到所在尺寸的束缚，而一旦将尺寸进行抽象处理，变形至无穷大或无穷小，就有可能会有新的发现。比如，如果宇宙是一个虚拟现实世界，那么人生的意义何在？

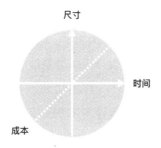

"尺寸"还可以用来梳理人生绝大多数复杂的问题。比如，常常有人提及"能用钱解决的问题就不叫问题"，这句话其实就是对尺寸进行了抽象变形，即把心灵层面的问题归结到物质层面。再比如，我们经常会看到各种分析一线城市年轻人焦虑的文章。然而，当你搜索非一线城市的相关信息时，看到的文章标题顿时画风一变——"洛阳小镇青年：贩卖焦虑没有市场""一部手机背后的小镇青年：吃着'蜜糖'，喝着'毒药'"……小镇青年和在北上广深打拼的同龄人相比，有着完全不同程度的焦虑。所以，当你面临由生存环境导致的焦虑时，可以考虑换个城市，也就是通过在一个大的空间尺寸上进行迁移来解决人生难题。

第二个维度是"时间"，如上图所示。 比如，我们在制定目标时，习惯用空间模式来思考——开发新产品的目标是拥有更大的用户规模，开拓新业务的目标是占有更大的市场份额，等等。比如，写一篇文章，基于空间模式的目标追求是阅读量达到"10万+"次，基于时间模式却可以将目标设定为，让它在十年、百年，甚至千年后依然流传于世。有的目标，在制定时可以从空间模式切换为时间模式，其凸显的境界可以高下立判。

第三个维度是"成本"，如上图所示。在一件事情上投入的成本，既包括各类显性的成本，也包括各类隐性的成本。如果对成本要素加以变形，也可以得出不一样的结果。有些人推崇极简主义的消费观念，有些人在某些爱好上不惜代价，比如我买书时就从不考虑任何成本。如果从成本维度思考人们的行为，就会发现很多有趣的现象。比如，人人都关心关于裁员的新闻，但鲜有人会为防范被裁员投入成本。一个侧面佐证是，市面上充斥着各种与职业发展、财富自由相关的书，但是诸如指导人们在被裁员时如何得到应有补偿，指导人们如何避开高裁员率的行业等规避职场风险方面的书，却很少看到。事实上，如果在成本维度上你能注重个人风险控制和损失规避，而不是一味追求收益，那么就有可能用更少的投入获取更大的收益。

根据对尺寸、时间与成本进行无穷大、无穷小变形的程度和效果，可以将创新算法划分为如下五个层次，每个层次的占比如下：

- 层次一：微创新。通常采用显而易见的解决方式 ，占所有专利的 32%。
- 层次二：系统的改变。进行次要的改善，解决一些矛盾，占所有专利的 45%。
- 层次三：跨产业解。进行重要的改善，占所有专利的 18%。
- 层次四：跨科学解。进行根本的改变，创造新的概念，占所有专利的 4%。
- 层次五：发现。往往出现在前所未有的新领域，占所有专利的 1%。

要消除生产线上的灰尘就加一套除尘系统，要增加牵引力就把船锚加重，这些都是微创新。它们既是容易想到的解决方案，又恰巧是对高层次创新的阻碍，这正是我们要具备跨学科思维的原因。真实世界的问题复杂多变，如果你不具备多学科知识，就很难提炼出恰当的模型。在前面的例子中，"物体+牵引力+水"这种模型，也需要拥有高中以上的物理学知识才能想出来。

如果你能掌握 100～200 个人类历史上最优秀的模型，那么生活和工作中的绝大多数难题就都可以迎刃而解了。同样，你也可以把创新五层次论类推到人生路径上。在遇到人生难题需要求解时，你是在多数时候遵循主流社会规范，偶尔进行微创新，还是彻底创造新的生活方式呢？

不同的人会给出不同的答案。大多数人在大学校园里的学习生活轨迹都大同小异，上课记笔记、刷手机，下课谈恋爱、打游戏。但是也有极少数特立独行的人，学习以自学为主，业余时间的安排也非常充实。或许，作为同班同学，大家未来人生道路的分叉点并不在毕业的那一刻，而是从在校园里对学习生活轨迹不同选择的这一刻开始的。最终在各自领域成长为超级精英的人，生活方式往往也异于常人，或多或少都有所创新，甚至因此实现了新的人生意义。

什么是进化树

既然对同一个问题在求解时有诸多思路可供选择，那么哪一种求解思路会获得更好的结果呢？回答这个问题需要用到创新算法的另一个概念——进化树。我们先看一个简单的例子：扳手的演化历史。

最开始出现的扳手只有一头能用，就是切开铁条的一端，形成一个固定宽度的槽。但是在实际使用中，人们发现这个槽无法和不同大小的工具吻合。于是第二代扳手变为两头都能用：一端开大槽，另一端开小槽。后来，人们又发现还可以将扳手的开槽宽度设计为可变的，第三代的活口扳手就此诞生。现在，扳手又回归最初的模型：只有一端能用。

回顾一下，扳手的演化过程遵循了"简单→复杂→简单"的路径。在刚开始的时候，它是一个简单模型，接下来这个模型变得复杂了一些，最后这个模型又回归简单。

不只扳手如此，如果将全世界所有产品的演化路线描绘出来，你就会发现更多符合"简单→复杂→简单"规律的例子。将这些例子中的演化路线用图示表示出来，其结果就是"进化树"。其中，技术方向上的进化树，体现出来的主要特点是"多快好省"。因为产品在技术方向上的演化总是遵循这样的路线：功能多的淘汰功能少的；用起来快的淘汰用起来慢的；品质好的淘汰品质差的；省力省心省时间的淘汰费力费心费时间的。

"多快好省"同样深深地影响着人类的语言与心智。下面是"多"的例子。

白发三千丈，缘愁似个长。

——李白《秋浦歌十七首》

如果我有四千枚舌头，我或许准备对你们每个人一一道谢，但我毕竟只有一枚舌头，所以用这一枚舌头向大家一并道谢，请原谅。

——伏尔泰《巴比伦公主》

再看一些"快"的例子。

彼采萧兮，一日不见，如三秋兮！

——佚名《诗经》之《国风·王风·采葛》

我从乡下跑到京城里，一转眼已经六年了。

——鲁迅《一件小事》

完美的印象，杰作的眩惑。真是够呛放声大笑吧。啊啊。低着头一动不动的那十分钟之间他竟老了十年。

——太宰治《晚年·猿面冠者》

尽管规律如此，但是人类只是一个扳手吗？人类会像扳手一样进化吗？答案显然都是否定的。

人生有意义，不做"工具人"

身体不是认知的外在，而是认知本身；语言不是思想的外衣，而是思想本身；修辞不是雕虫小技，而是发现感觉，创造新型认识乃至挖掘人生意义。语言束缚着我们的思维，也给了我们"戴着脚镣跳舞"的机会。人类中总有少数人在创造不一样的人生意义，比如天才作家张爱玲，她并没有遵循默认的"多快好省"。

> 整个的花团锦簇的大房间是一个玻璃球，球心有五彩的碎花图案。客人们都是小心翼翼顺着球面爬行的苍蝇，无法爬进去。
>
> ——张爱玲《鸿鸾禧》

"客人们都是小心翼翼顺着球面爬行的苍蝇，无法爬进去。"张爱玲把人一下子缩小了。再看一个例子。

> 记得早先少年时　大家诚诚恳恳
>
> 说一句　是一句
>
> 清早上火车站　长街黑暗无行人
>
> 卖豆浆的小店冒着热气
>
> 从前的日色变得慢
>
> 车，马，邮件都慢
>
> 一生只够爱一个人
>
> ——木心《从前慢》

"从前的日色变得慢　车，马，邮件都慢"一旦不遵循人类默认的"多快好省"的演化方向，人就可以体验到不一样的认知冲击，这就是人类和工具的本质区别。认知科学家斯坦诺维奇认为，人类不仅拥有将事情做对的"工具理性",还拥有将事情做好的"广义理性"。这是一个极端的例子。

> 一位女士试图自杀,飞身跃下海边悬崖,撞到巨石
> 而死。

显然,这位女士的"工具理性"表现正常。她准确地知道自己跟悬崖的关系,也准确地知道自己行为的后果。那么,她为什么还会做出这类非理性的行为呢?我们暂时不得而知。这两种理性,尤其是"广义理性",常常出现认知偏差,最典型的有以下三类。

- 第一类是斯波克问题。斯波克是电影《星际迷航》中的角色,崇尚绝对理性,回避情感。这类认知偏差产生的理性障碍,使情绪表达变得有难度。
- 第二类是认知吝啬鬼。这个俏皮的术语,被认知心理学家用来形容大脑爱走捷径的特点。
- 第三类是心智程序失调。心智程序是指我们后天习得的那些知识。比如,学会概率知识会有助于增强我们的理性思考能力。

扳手演化遵循的是"工具理性",没有脱离"多快好省"的方向。人类比较特殊,不仅有一阶欲望(first-order desire),还会对这些一阶欲望进行批判。对人类而言,仅仅把事情做对还不够,还要把事情做好。而这个"好"就属于"广义理性"的范畴,它并非来自生物本能,而是来自社会文化、习俗约定。

在今天这样一个信息过载的时代，你可以掌握越来越多的工具，无论是心智工具还是实体工具；你也可以认识越来越多优秀的人。这没有任何问题，只是你要明白，人类是一种携带着基因和模因的"机器人"。每个人自身承载着各种各样的基因和模因，传承着各种各样的历史。在追求效率与进步的过程中，"广义理性"的部分往往是被忽略的。

让我们正视这些容易被忽略的部分。它是爱，也是智慧；它是美，也是好奇；它是卓越，也是灵性。人类这种特殊的"机器人"，出厂前已经被安装了一个社会脑程序——将事情做对还不够，还得与其他人一起将事情做好；你需要用人类的多重理性，同样与其他人在一起，舞动人生，创造自己的人生故事。

如何用创新算法跳出思维束缚？如何走出自己不一样的路？如何与其他人一起创造你的人生故事？这需要更多的人一起来分享，让大家从分享中获得答案。

用创业心态赶赴人生的修行

钱　钰

个 人 简 介

钱钰，"80 后"互联网老兵，化龙网络创始人；互联网社区、社群运营专家，熟悉各类消费领域。化龙巷网站经过 13 年的发展，团队从 3 人扩大到 300 人，年营收从几十万元增长到一亿元。2015 年，"化龙网络"上市"新三板"，同年钱钰创办了连接全国 3000 多家本地生活平台的行业服务机构"航加云"，并为行业提供用于移动互联网平台基础建设的千帆云 App，项目覆盖和服务数亿网民。

扫码进入钱钰的知识星球
"区域互联网研究"

作为互联网长期创业者，2002 年我创办了南京师范大学校园网站"在意网"，它和当年名闻遐迩的南京大学"小百合 BBS"齐名。整个网站的编程开发、网页设计、网站推广都由我这个英语专业的学生一肩挑；2003 年我创办了第一本校园 DM（Direct Mail advertising，直接邮递广告）杂志，杂志在全南京的高校宿舍发行，这在当时是一个先锋项目。但这些在大学时代凭兴趣折腾的项目，声势不小，却没有取得商业上的成功。毕业后，我在南京的一所高校教了两年书，随后回到家乡常州。

延续着对互联网的好奇，我创办了本地网站——化龙巷。它已经向 350 万人提供互联网服务，也圆了我自己的一个梦。由于本地互联网服务是一门慢生意，"天花板"也不高，因此没有多少投资人关注这个行业，这反而让我们做得很踏实，不用去理睬资本意志，不用考虑风口、估值，而是更看重用户需求和服务，以及最基本的商业逻辑。

从一个校园到一座城，再辐射全国，我终于将兴趣兑现为商业价值了。坚持创业十几年，就像一次艰苦而有意义的旅行，因爱而无悔。

用终局思维思考商业本质

十多年前，我选择了本地网站这个方向。当时并不像今天这样有很多创业赛道可供选择，我只能抱持朴素的理念"要抓住不变的东西"。

随着中国城市化进程不断加速，老百姓对生活的要求也越来越高，本地消费服务领域有层出不穷的机会，故我将其选为"基本盘"。

- 本地人最关心本地事，我就做本地网络社区。从天气到房价，从就医到教育，从城市交通到停车攻略，化龙巷就像是一个事无巨细的管家。
- 本地人有信息交换的需求，我就提供各类便民信息。
- 本地人有从线上走到线下的社交需求，我就用交友和征婚服务做"用户沉淀"。

如何把网站的商业价值最大化？如果依托网站人气去开展广告业务，其本质就是在做流量批发，这个模式在单一城市的发展空间会很有限。很庆幸，我们找到了通过服务好精准客户群实现商业价值最大化的方向——抓住用户人生中刚性消费最重要的十年，帮助他们买到又好又便宜的商品或提供所需要的服务。

买房买车、装修房子、举办婚礼……每件事的花费都很高，而且大多都发生在本地。这些消费有两个特点：一是用户消费经验不足，决策错误成本高，比如一旦买错一处房子，动辄就是几百万元的损失；二是消费链条长，比如装修房子，工期基本都在三个月以上，而且所有工序都需要源源不断地花钱。

因为这些大额消费需要消费经验和消费决策的支持，所以用户更想了解别人是如何做决策的，想提前知道在这些消费过程中自己会遇到哪些问题。简言之，就是在购买商品和服务之前，他们更想通过互联网去获取可信的意见。在这个终局思维的指引下，我带领团队放弃了大多数本地网站热衷于向用户提供吃喝玩乐的服务，转而聚焦在年轻人结婚前后的大额刚性消费——买房、买车和装修房子上。

我们引导老用户分享消费经验，通过在化龙巷社区发布他们的买房日记、装修日记和结婚日记，晒出整个消费决策过程和消费后的真实感受，用一手经验吸引新用户。

一般人很难理解，化龙巷社区每年能持续产生 1600 多篇新家装日记，"家居频道"能覆盖常州所有知名装修公司近 5 年的高清作品照片，网站发布的有关本地家装、建材选购和家电选购的文章也有近千篇。这些融入各个行业产生的内容，我们没有购买过流量，却每年可以将导购业务精确覆盖到两万户的家装用户。

一个城市有大量需要买房买车和装修房子的用户，由于他们想找到高性价比或更适合自己的产品，因而对我们的稀缺信息产生了刚需。而对应的企业的刚需则是用较低成本更直接、更精准地触达目标消费者。我们一手握用户，一手握企业，通过线上、线下的团购会等形式为他们搭建桥梁，而最终我们的口碑也得到持续留存和裂变，这也逐渐发展成为我们的主力商业模式。

贝索斯在谈论亚马逊的成功时说，"要把所有资源投入到不变的东西上"。这里"不变的东西"指的是用户体验，它可以推动一个正向自循环。

用户体验越好→新用户越多→更多资源投入和倾斜→用户体验更好→新用户更多→……

在我们的终局思维中，人民群众追求美好生活的愿望是不变的，变化的是服务他们的方法和模式，而互联网则可以提高服务的效率。

投资不变的东西，投资能够产生复利的东西。这不仅是一个投资心法，也是一个创业心法。

利他就是最好的利己

化龙巷是一个温暖互助的社区网站，其核心运营理念就是利他。网站之所以被很多用户戏称为"万能的化龙巷"，是因为平台提供的服务与价值已慢慢地在他们心中形成了品牌，也产生了依恋。

用户在发布内容的背后往往有其潜在的动机和诉求，比如，发布心情，希望得到更多人的共鸣；发布自拍，希望收获他人的赞美；发布突发信息，希望获得社区的奖励……为了让用户实现自我价值，为更多人带来示范效应，我们帮助用户解决问题，用心回复用户的帖子，重点响应新用户的帖子。当用户做出社区所鼓励的行为时，我们都会及时响应。比如一旦有人发布了能提供帮助的帖子，运营人员就会将帖子设置为精华帖，或者在社区内再次推荐。通过这种有意义的宣扬和示范，用户间的互助氛围很快在社区范围内得以形成。

要把利他作为一种长期主义。因为要想把公司做大，老用户、老客户的支持必不可少，只有把对方的利益放在首位，才有可能长久共赢。有一位广告行业的老前辈，他对客户非常负责，甚至提供超常规服务。有一次我忍不住问他："那些客户会感恩吗？"他说：

> "人都是讲感情的。任何一次合作都要让客户获得超预
> 期的收益，好的服务才能换来回头率。"

这句话对我影响很大。之后我要求运营团队不能只盯帖子数量、专题数量等指标，还要抱着为用户服务、让用户满意的心去做好每一件小事。从时间成本来看，这也许多花了 10%的时间，但最终我们可以收获用户真正的信任和尊重。运营本地网站尤其如此，因为客户数量有限，所以网站口碑就格外重要，一旦服务不佳，积累的信用很快会耗尽。

这个理念同样适用于对内管理。即使是自驱力强，可以不断自我迭代的人才，在专业岗位上各司其职的同时，也要相互协同。企业越发展，也越依赖于更多、更复杂的协同合作，而协同合

作的内核就是利他。举个例子，在交通高峰期，如果司机都能遵守交通规则，互相礼让，优先考虑他人的行驶方便，反而会减少拥堵，提高通行效率。

用节奏感来应对变化

创业的节奏感，就是知道什么时候应该做什么，或者什么时候不应该做什么，它有四个要点。

01. 不做不切实际的幻想

公司成立之初，互联网尚属新生事物，社区人气也并未达到鼎盛时期，但总不乏敢于尝鲜的小商户，因此我们完全可以坐等广告商上门。但是我坚持认为，公司应该有主动营收的能力，而且技术和产品也离不开营销的支撑。为此，我总结了一整套营销方案并招募了销售团队，让他们想办法为公司赚钱。

先赚到钱，才有正向现金流来投入研发。负债经营是不健康的经营模式，长期亏损容易使创业者的心态崩塌。那些励志故事里多次创业失败后依然能爬起来的人，在真实世界里是极少的，很多创业者在第一次失败后都再也翻不了身。最好的节奏是做一个最小化财务模型，先小规模试错，然后复制和扩张。

02. 要专注，不要贪

在一个阶段专注完成一件事，不同阶段要有不同的侧重点。想法少，公司才更有可能活得好。如果想法太多，员工来不及执行，客户认知跟不上，销售部门传达信息不完整，则很多公司就会"死"在什么都想做的路上。初创企业尤其不能操之过急，老板一定要对自己的奇思妙想加以克制，再克制。人少，能力、资源不够，想做的事却又多又急，这叫"贪"。其应对方式是"收窄"——不要做创业中的游牧民族，毕竟美团的王兴只有一个。如果一个方向接着一个方向失败，团队就会得不到任何正反馈，其结果只能是"再而衰，三而竭"。

03. 提前布局，未雨绸缪

一件短期内没有收益但长期收益很高的事情，你已经做了一年，这时，如果有人想和你竞争，就必须把你做过的事情重新做一遍，那么他的胜算大吗？对于艰难而正确的事情，只要自己能承受，就要花最大力气去做。

最早一批本地网站依靠广告赚了一些钱，但是我的判断是这种盈利模式不会长久，所以我们提前切入垂直的刚性消费行业：导购业务。当时很少有平台着眼于房产、家居等高附加值行业的变现，以及提升流量的转化价值。

移动浪潮来临之时，由于我们不够重视移动端开发，因而错过了 App 快速发展的两年黄金期。当时我们对移动端开发领域比较陌生，只知道开发成本很高，起码要投入几百万元。早期的化龙巷 App 是我们找外包团队做的，以为这样做不会影响用户体验，但后来发现产品体验实在不佳，这才下定决心自己做。

随着越来越多公众号的出现，流量获取日渐困难，而高互动、高黏性的化龙巷 App 却可以做到二十万日活（日活跃用户数量）。这验证了我当时选择逆潮流做 App 时的预判——公众号无法承载多业务并行所需的流量。

提前布局不仅需要我们有从重复性工作中发现问题的意识，还需要清楚地识别行业红利与自身能力。多做需要时间积累的事，比如投资团队和培养人才，用更长的时间跨度来考虑布局的合理性，并能以终为始地为未来做储备。选最难的路，同样能到达终点，而且还有机会走到更远的地方。对未来有信心，才能对现在有耐心。

04. 务必警惕路径依赖

彼得·德鲁克说过："动荡时代最大的危险，不是动荡本身，而是仍然用过去的逻辑做事。"

公众号让一部分人获得了成功，也让他们产生了依赖——只要有足够多的粉丝，就可以有足够多的广告，一切都是为了获取更多的粉丝。对于 App，很多人笃信的逻辑是"有日活才有收入"。于是他们不是好好做内容和运营，而是投入全部精力和金钱去拉用户，让用户安装他们的 App。但是由于没有好的内容，App缺乏活跃度，又会被大量用户迅速卸载。这都是因为他们忽略了一个事实：用户订阅公众号很容易，但是下载一个 App 则没那么容易，而且二者的活跃度都需要内容支撑。

每个人都有一套特定的思维模式，在多次成功之后，会习惯性地在其他事情上如法炮制。但如果忽略了不同事情的底层逻辑的不同，则很难再次成功。一种方法用到死，同样容易让企业陷入困境。

刻意练习归纳总结

我曾经参加过一个上市地产公司的培训会，其间总经理要陈述关于某个项目的任务分配情况。面对公司新人及从各分公司临时借调来的员工，在短短几小时内，一个涉及数千名员工、上百家合作商的项目，被他从粗到细、从始至终全部清清楚楚地梳理了一遍。他是一个善于归纳总结的掌舵人。

01．归纳总结是一种思维方式

归纳总结是一种基于自我认知比照的进化，不归纳总结就是不思考。看到同事在朋友圈发布了自己或他人的学习经验，我会经常留言："总结一下发出来"。记录与总结碎片信息，已是我的日常习惯，也会下意识地要求团队成员去"刻意练习"。只要坚持，习惯会变成一种能力。当你具备了这项能力后，就会发现自己在聆听时会更加注重内容的深层逻辑，更善于捕捉细节内容，并能快速提炼出中心思想。

02．归纳总结是一种表达方式

如果你所表达的内容总是让别人听不明白，那么表达的机会就会越来越少。在归纳总结的同时，就要开始考虑输出内容的质量和效果，只有这样，表达能力才能不断精进。相对于口头表达，文字表达更需要言简意赅、层次清晰，更考验一个人的归纳总结能力。好在每个人都可以通过缩句、分条、分层、分类等训练来提升这方面的能力。此外，归纳总结还是熟练演讲的前提，而演讲是传播个人或职业品牌的最好方式。在真实的互动场景中演讲，是对归纳总结能力的一种现场考验。

03．归纳总结是一种工作方式

写日报是对每天工作的复盘，这种微小的认知更新，经过日积月累后的总量会非常可观。这类碎片信息，每过一段时间要进行一次分类整理及重要性排序，并提炼出关键信息，然后进行深度思考。建议你按照如下步骤训练归纳总结能力，几年之后也许就能建立起自己的知识目录树和核心方法论。

- 第一步，养成记笔记的习惯，随时记录听到的、看到的关键词和重要信息。

- 第二步，用最快的速度提炼要点，用清晰的逻辑整理出极简的文字框架。

- 第三步，检验新获取的知识与已有的底层逻辑、知识结构是否匹配。

提升归纳总结能力没有捷径可走，只能通过一次又一次的实际演练才能实现。记住这句话，练习不一定会让你变得完美，只有完美的练习才一定会让你变得完美。

"输出" 是最好的学习方法

我长期保持高频"输出"——运营着两个知识星球，基本保持日更；在本地网站领域中，每年我会准备一两次大会演讲及若干次为期两天的内部分享；平时还要与 1000 多个同行保持联系，以便及时交流行业信息和学习最新经验。而"输出"的习惯，可以追溯到我的第一份工作——大学教师。大学毕业后，我入职的高校因扩招而急需授课老师，我临时受命教其他专业的基础课。任务紧急，责任重大，我只能一边学一边教——上网查资料，请教别的老师，用尽各种办法学习，最终在教案评价中拿到了好成绩。这段经历对我的影响很大，既让我真正了解了自己的学习潜力，也让我认识到"输出"可以倒逼"输入"。

01．"输出"是双赢的

任何一种主动分享，比如在豆瓣上给"书影音"打分、在朋友圈发布内容、在课堂上回答问题、在读书会上做分享、帮别人答疑解惑等，都是在"输出"。记录自己的"灵光一闪"，本身就有价值，而通过分享吸收其他人的反馈更是一举两得。比如，我在知识星球里记录自己的心得，既能让星球成员更了解我，也能从反馈中进一步找到共性问题及解决问题的思路。在这个过程中，我可以探索自己没有思考过的角度，并能通过他人的视角来完善自己的知识体系。王兴也非常喜欢碎碎念，有人专门整理了他的"饭否精选"，里面包含大量有价值的信息及高度凝练的思想。

02．"输出"可以促进学习

"输出"强迫你要完全理解知识的内在逻辑，否则在给别人讲解时很难保证观点明晰。为此你需要对知识不断进行推敲和反思，直至完全通透。有一种学习方法：费曼学习法，其核心就是以教促学，抓住问题最简单的本质，用通俗易懂且不包含专业术语的方式讲给外行听，让他们在听完之后能够恍然大悟。费曼学习法需要我们在"输出"时换位思考，针对对方的特征和需求来调整沟通方式，提炼核心内容。以《罗辑思维》节目主讲人罗振宇为例，他并非各个领域的专家，但对知识"二次转述"的能力很强，能够用轻松幽默的语言把枯燥乏味的理论知识讲明白。这样的过程就是对固有知识体系的一次梳理，而通过给别人带来变化所建立的正向反馈，也会促使输出者不断精进。

阅读也可以考虑面向"输出"——先设定课题，再去找相关图书和其他资料来学习。在这种情况下，阅读的目的不再是被动地理解或记住某一本书中的知识，而是找到自己想要的答案，因此阅读效率会更高。知识本身不具备力量，是持续的学习和运用让我们进步。

03."输出"可以打造个人品牌

对外"输出"也是打造个人品牌和建立社交信任的方式。在网络上留存的文字和视频，以及长期输出的知识体系，都是个人品牌的组成部分。人生中的很多机会都来源于和优质企业或个人的合作。为此，我们要主动分享自己的见识，展现自身的才能，建立自己的个人品牌，让别人了解你，信任你，在他们有需要的时候第一时间想到你，并愿意将机会留给你。

开放地面对变化

长期来看，无论是公司还是个人，不拒绝新知识、新领域、新技能、新认知，保持敏锐和持续成长，是最大的安全边际。

01. 对抗年龄的约束

随着年龄的增长和好奇心的减弱，很多人对新鲜事物和新观念的认识会变得狭隘，会不思考先反驳，直至沦为"假设"的囚徒——只听自己喜欢听的，只看自己想要看的。不管你的理由听上去多么正当，但是拒绝尝试都需要付出代价。比如，很多老年人勇于尝试新鲜事物，学会了使用智能手机，他们可以用微信和子女轻松交流，可以用打车软件自由出行，而有些老年人因畏难而排斥学习，只能忍受生活中的各种不便或依赖于他人。

02. 甩掉面子的包袱

心态开放的人，面对任何事情都会尽量挖掘其有价值的一面来学习、思考和内化，让自己变强，而不是只盯着负面信息加以嘲讽。心态不开放的人，特别在意外界评价，在看到新趋势时就会心生质疑，在看到好机会时也不会采取行动。的确，承认自身的不足，需要足够好的心理素质。大多数人本能的行为模式都是掩盖自己的缺点和遇到的问题，只让别人看到好的、强大的一面。

乔布斯说过，聪明人更关注自己的成长，而不是捍卫面子并想方设法证明自己没错。太要面子，难免对自己要求过高，过于追求完美，会不自觉地把自己封闭起来，减少与外界的信息交换，或者养成不好的思维习惯。比如，当看到别人成功时，首先想到别人的个人背景，而忽视其自律、上进等优秀品质。相反，一定程度上的"不要脸"，才能真正打开自己，扩大与外界的接触面；才能多与"高人"来往，借他们的眼看更辽阔和通透的世界；才能寻求到他人的指点，在潜移默化中学习其长期思维；才能直接向全世界最优秀的人学习，站在巨人的肩膀上缩短探索的路程。当然，要警惕对权威的迷信，以免束缚自己的思想，阻碍自己的学习进程。

03. 自我接纳才能开发潜能

我们要保持终身学习的热情，把能量用在促进个人成长的事情上，而不是消耗在自责和自我否定中。车和家创始人及 CEO 李想说过：

> "我认为所有和我有关的一切，都是我的责任，无论是个好结果还是个坏结果。无论是多么糟糕的事情，我都要接受它，为这个事情负责，然后去改变它，通过自己的成长去改变。"

一旦我们意识到自己的问题、短板和痛点，就具备了进步的可能性。畏惧问题、下意识地隐藏问题或干脆找不到问题，才是最可怕的事情。与其把时间浪费在无法改变的事情上，倒不如去创造条件让自己活得更好，为这个世界提供一些正向推动力，并在这个过程中体会自己在成长过程中所发生的变化。

04．从小的改变做起

脱不花说过，"保持学习，花 10000 小时去学习一件事。业余时间用在哪，回报就在哪。"读过的书，会在内心生根发芽，默默滋养着你，并在未来的某一天以一种特别的方式派上用场。做喜欢做的事是本能，做不喜欢的事是本事。成长就是从舒适区迈入痛苦区，从只做自己喜欢做的事，到能做好自己不喜欢的事。但在这个过程中，我们要采用《精要主义》里提到的小步快跑策略：从一次次成功的小小一步开始，把每一个小步骤都成功执行完毕，然后"积小胜为大胜"。因为只要你品尝过胜利的滋味，你的活力、自信和好奇心就会不断地迸发出来。

创业是一个艰苦而漫长的过程，也是一个磨炼心性的过程。事实上，人生是一场更艰苦、更漫长的创业。在这个创业项目中，你运营着一个开放系统，持续和外界进行物质、能量和信息的交换。

打开自己，才能拥抱更大的世界，掌控更大的系统！

唯有行动可破焦虑

Kris

个 人 简 介

Kris，"85后二胎奶爸"，会计学专业博士生在读，10年自律践行者，马拉松爱好者；个人成长类公众号"Kris在路上"创始人，畅销书《引爆自律力》作者，知识星球"Kris的进化圈"星主；曾就职于世界500强央企总部，后辞职创业，创建国内首家行动服务平台"一行DoMore行动大学"。

扫码进入 Kris 的知识星球
"Kris 的进化圈"

我出生在山西一个十八线小县城，18 岁到北京上大学，之后进入央企工作，结婚、生子、买房、还贷，我沿着最传统的道路前行，有些吃力，但也自得其乐。直到家里老二出生，我突然陷入了对财务的焦虑，开始重新思考人生方向，开始不信命地折腾，这才有了后来的改变，也才有了这篇文章。

我称不上大牛，也谈不上逆袭成功，能为自己这 30 多年的人生做一次小小的复盘，令人欣慰。或许其中某段故事，你也曾经历过，或许在未来某天，我们会在生活中相遇。希望通过这篇文章，复盘一个普通人努力蜕变的过程：有痛苦、焦虑，有悲伤、丧气，也有乐观与积极。如果这些普通但真实的文字里蕴含着力量，希望你也能感受到并拥有它。

一篇"爆款"文章照亮人生舞台

2019 年 12 月 25 日，自结婚以来我第一次夜不归宿。

我是一个标准的"老婆孩子奴"，不用说圣诞节，平时也都尽可能早地回家，和家人享受每天固定的"Family Time（家庭时间）"。这次破天荒的夜不归宿，不是吃饭聚会，不是喝酒、唱卡拉 OK，而是在公司加班，只为修改一篇文章，一篇在第二天要推送给知识星球官方公众号的头条文章。

我和知识星球运营官刘容老师反复地沟通和打磨这篇文章。仅仅标题，我们就头脑风暴了 30 多个回合。即使是在第二天文章即将推送的前几分钟，我们依然在讨论和推敲某一个用词能不能更精准一些。

次日晚上 9 点 45 分，这篇题为《他在北京自律 10 年，30 岁在家带娃年入百万》的文章被顺利推送。我们紧张地刷新着文章页面，追踪着阅读数据——不到 10 分钟，阅读量已达 1 万次；20 分钟，2.7 万次；30 分钟，数据冲到 4.2 万次；1 小时后，数据跳到了 6 万次……很快，一篇可能是知识星球公众号史上最快达成 10 万次阅读量的文章，成了！

随之而来的是我在星球后台不断收到"新增订阅用户"的提示信息。每隔几秒就有新星友加入，我的手机开始发烫，我只好关闭信息提示。当时发放的 500 张优惠券，也瞬间被抢空。

第二天，我们一起做数据复盘：24 小时，文章阅读量接近 15 万次，我的星球新增星友 716 个——超高的阅读量，超强悍的转化率。这篇文章在发布后 24 小时内带来的新星友数，几乎超过了我的星球在过去一年累积的星友总数。

我从来不在朋友圈分享自己的文章，创业以后的情况外界一直是讳莫如深，只有身边的少数朋友了解我的近况。这件事情让我的个人微信号迎来了久违的信息轰炸，让我感觉自己已彻底暴露。这篇文章被不断分享、转发，把我的小学、中学、大学同学，以及前同事全都"炸"了出来。而他们完全没想到，一个从小到大散发着浓郁老干部气质的人，竟然辞掉了央企的稳定工作，跑去创业了！

"K叔，你也教教我如何保持自律吧，我现在的体重都快200斤了！"一个以前经常一起打篮球的初中同学跟我开玩笑说道。

"连央企的工作你小子都敢辞？太佩服了！"一个曾和我一起做项目的大学同学发来问候。

"终于知道你的公众号了，写得真好！"一个知道我在创业，却不知道我具体在做什么的老同事不吝夸奖。

还有一条信息，来自一位老领导："养二胎确实不容易，加油，你肯定能干好！"

从焦虑到自律，让赚钱成为刚需

我出生在山西一个小县城，家境谈不上优越，但至少衣食无忧。我求职时的运气也很好，一口气拿到10个来自世界500强企业的Offer。因为在那个时候，我对"钱"没有特殊追求，甚至还有一种执念，觉得谈钱太俗，所以在投简历的时候，几乎只投趋于稳定的事业单位。

"有钱就富过，没钱就穷过，开心最重要"，这是从小父母传递给我的财富观。但是，二宝的降临，彻底颠覆了我的这个观念，自己穷过没问题，但是不能让老婆、孩子们跟着我受穷！

我还清楚地记得，2016 年 6 月 6 日，那时距离二宝出生只有不到 100 天，我和老婆正在陪大宝上培训课。坐在培训学校的沙发上，我们拿着纸和笔，筹划起四口之家的未来生活。

以前只有大宝的时候，虽然日子紧巴巴，但我们还算过得去。现在大宝要上幼儿园、报培训班，再加上二宝出生后会多出很多开支，在算来算去之后我们发现：仅凭我一个人在央企的工资，很难支撑起一个居住在北京的四口之家。

那个时候，我们到底有多缺钱呢？我的工资加奖金，一个月不到 3 万元。每月房贷 1 万多元，大宝的幼儿园学费和培训班费用每月近 8000 元，再加上吃穿住行的花销，我们不仅是"月光族"，而且还是"月债族"，甚至每月我们只能凑够信用卡的最低还款额，并承受着信用卡的高额利息。

有一次，我们领导问起我们家的收支情况，在听到我的如实禀告后，他感触良多："Kris，那我敢肯定，你现在还在啃老吧！"没错，我一个 30 岁的人，依然在啃老。没有老爸老妈在过年时给的大红包，我们在北京可能就真过不下去了。

有天夜里，我都睡着了，突然被老婆摇醒。原来，她为了满足大宝去日本迪士尼乐园游玩的愿望，抱着手机一直等到半夜，终于抢到一张一家三口人均 2900 元且吃住行全包的"日本游"团购券。看到老婆熬夜抢券，只为省这么一点钱，我本已于心不忍，没想到这才只是开始。正在我们兴致勃勃地准备日本之旅时，却接到旅行团的电话，被告知："低价团成员，必须暂时冻结 10 万元存款。"可当时我们连 1 万元都拿不出来！

那段时间，北京雾霾正盛。老婆先开始动摇，经常有意无意提起老家同学的惬意生活。我嘴上没回应，心里却在摇摆，难道真的要因为二胎而逃离北京？坦白说，那个时候，我彻底慌了。

之前，同事们听说我家要迎来二宝，而且老婆还是全职妈妈，都会回应一句话："你这压力可不小！"我都把这些回应当作耳旁风，觉得言过其实，大不了穷过呗。现在才发现，是自己太幼稚了——穷过当然可以，可是连穷过都有问题，该怎么办？

既然仅靠工资已无法支撑起这个家，那就想办法赚钱！那些天，我经常失眠，满脑子都是"怎么办"，并列出一些可以赚钱的副业选择：摆地摊、开滴滴、去酒吧驻唱、做微商……

作为曾经的校园十佳歌手，我甚至联系好了后海的一家酒吧，拿出落灰的吉他，准备每天晚上去"卖唱"，还是老婆提醒了我："你不是之前一直在豆瓣上写东西吗？为什么不试试投稿赚钱呢？"对啊，写一篇文章能赚 300 元，一个月拼命写 30 篇，就能赚 1 万元。这对于当时的我们来说，简直是救命钱！

说干就干！2016 年 6 月 13 日，我在日记本上立誓："写 100 天，拼命赚钱！要拼尽全力，给老婆、孩子们更好的生活。加油！加油！加油！"然后，我开始在简书、公众号、豆瓣上疯狂写作。

在我一口气发出去 5 篇文章后，竟有 4 篇被分别推送到了各个平台的首页上，我瞬间自信心"爆棚"。但一直以来，我们家都是我和老婆带孩子，我每天下班后要第一时间赶回家接老婆的班，等孩子睡着后才有一点自己可支配的时间。既然工作和亲子时间都无法压缩，我就只能晚睡早起了。于是，我开始了"夜猫子+早鸟"型作息。晚上，孩子一睡着，我就躲进书房构思选题、找素材、写文章，有时候实在困倦，定下的目标又没完成，只好冲个凉水澡再继续。早上我要赶在孩子起床前给自己留出足够的写作时间，后来越起越早，有时候甚至在通宵赶稿后又接着挤地铁赶去上班。

如果"半年拿到 10 个 500 强 Offer""2 个月考博""1 个月瘦20 斤"这些过往的丰功伟绩，可以体现我的"自嗨型"自律，那么在疯狂写作的那段日子里，我的自律则完全是被金钱驱动的。可以说，从暗下决心要让老婆、孩子们过上更好的生活那一刻起，赚钱就已成为我最重要且最实在的 KPI。

破釜沉舟才能探测极限潜能

在保持日更的 3 个月里，我写了一些反响还不错的文章，有的还被公众号"大号"转载，公众号粉丝数也从 2000 涨到了 2 万，也算半只脚踏进了自媒体圈。当时，也有广告商找上门，并且广告报酬可观，但很多产品我特别不认同，只好谢绝，这是我赚钱的底线。一来二去，再没有广告商上门，而且二宝的出生也让我的写作戛然而止。

不是不想写，是真的没有时间写。除了照顾二宝，我的工作岗位也有所调整。调岗后我几乎每天都要加班，有时凌晨一两点才能回家，我就这么熬到了过年放假。

本来我想趁春节孝敬一下父母，但实在囊中羞涩，东拼西凑也只凑够了 1 万元。父母嘴上说着"不用"，嘴角却笑意盈盈。只是在我们返京的前一天，这 1 万元又被原封不动地塞了回来，而且父母还偷偷地加了两个红包，红包上写着："祝我们的叮当和登登（我家大宝、二宝的名字）健康成长！"我在回京后整理皮箱时发现了这几个红包，心里特别不是滋味——已经 30 岁，却依然没办法让父母省心！愧疚至极，写作的欲望再次被燃烧。

于是，我重新开启疯狂写作模式，这次把上下班通勤时间也都用上了，很多次在地铁上，因为构思文章太过于专注而坐过了站。老婆让我去咖啡馆写作，但我是个"孩子奴"，很难做到把他们丢给老婆一个人管。但是，没有足够多的时间和足够专注的状态来写作，公众号"涨粉"就是一种奢望。老婆考虑再三后跟我商量："我带孩子回老家住半年，你把公众号粉丝数涨到 10 万，这样好不好？"这对老婆来说，完全是一次破釜沉舟式的决定。

老婆做出了这么大的牺牲,我又怎么能掉链子呢? 我把所有可利用的时间都用在了读书和写作上。持续输入,持续输出,公众号粉丝数一路上涨,5 个月后,"10 万"这个目标终于达成! 我兴奋地把这个好消息分享到了朋友圈,同时在心里默默地说: 终于可以把老婆和孩子们接回北京了!

写作复利与变现增长

写作的回报遵循复利定律,随着时间的积累,越往后越容易迎来爆发性增长。

而"从 0 到 1"却是最难的。在开始起步的时候,写一篇文章通常只有几十个粉丝阅读,但只要坚持输出优质文章,阅读量就会一点点攀升。当固定粉丝数超过 10 万后,阅读量会进入一个全新的增速模式。以我的公众号为例,粉丝数从 10 万到 60 万,只用了不到两年时间。

复利定律更体现在只要你的内容足够好,粉丝就会足够多,机会就会纷至沓来。

首先是商务广告。在我的公众号只有两万个粉丝的时候,一条广告只能收取几百元的广告费,但当粉丝数翻了几十倍后,广告报价的增幅远高于此。

其次是课程制作。因为我持续输出与个人成长相关的内容，我收到了多家知识付费平台的开课邀请，主要是"学习力"和"自律力"这两门课程。而这两门标准的"爆款"课，让我有了更多的"睡后收入"。其中，"学习力"课程已上线两年，但每天依然会有新用户付费学习。

再次是图书出版。其实在 2017 年我的公众号粉丝数达到 10 万的时候，已经有很多出版社编辑找我出书。但当时我还在央企上班，业余时间都用来写作了，真的没时间和精力再去创作一本新书。在 2019 年创业之后，我才将写书计划提上日程，当年就出了两本书，并且都先后荣登过当当新书榜第一。

最后是培训授课。一直很羡慕能到处做演讲的人，变现效率很高。后来我才知道，在一个人有足够多的粉丝，并且在某个领域达到非常高的专业水准后，演讲的邀约就会接踵而至。现在，去各地走走、讲讲课、交交朋友，顺便把钱赚到手的体验，对我而言已经再熟悉不过了。

社群：与用户的深度连接

我在 2017 年 3 月建立了"周记社群"微信群，也就是我的知识星球的原型。每周我会给微信群的小伙伴们推送一篇关于个人思考和工作的复盘周记，篇幅从最开始的 4000 字逐渐增加到了 1

万字，再到现在的两万字；社群规模从最开始的 37 人发展到现在接近 3000 人；周记更新频率从最开始的一周一篇，提升到现在每天都有固定的内容更新。后来，我把微信群平移到了知识星球平台，开设了我的知识星球"Kris 的进化圈"。

我的星球至今已经迭代了 4 次，而正是这一次次的迭代，让它成为个人成长领域的重量级星球，几乎每一周都能进入星球总活跃榜前十。我的星球主要提供以下核心内容。

一是我作为星主每天分享固定的专栏内容。周一到周日分别是启动日、读书日、观影日、认知日、生活日、读者问答、周记分享，截至 2020 年 6 月，我已累计分享文章 140 篇，总字数达 260 万字。

二是星友分享内容。星友以每日进化日课或每周进化周记的形式对自己的学习成长进行持续复盘，从而实现彻底蜕变。

三是行动变现计划。每一位星友的行动都值得赞赏，只要坚持完成日课、周记，累计数量达到一定标准，就能兑换相应的奖品。

四是开设训练营。星友可以通过训练营课程、教练式沟通、目标管理实践来实现个人目标，通过开启自律模式，进入全新工作生活状态。

其中，开设训练营是我最想做但也是最不赚钱的事情。当时的行业标配是，时间不超过 1 个月，招生人数不设上限，教练 1 名，运营官 2 名。而我们的训练营是，300 人在 108 天内一起学习，保持自律，共同成长，并且我们还配备了 30 名教练、30 名班长，工作人员加起来近 70 名。我们规定了一期学员不超过 300 人。因为要想给用户提供极致的体验，就必须先提供极致的服务。一个班 10 人是最容易产生亲密连接的数量上限，而每个班由两名工作人员负责才能有效实现对用户的承诺。

2018 年下半年，训练营启动，第一期名额在两小时内被抢空，第二期是一个半小时，第三期是一小时。之后开设的"30 天 OKR 目标管理营"，名额同样供不应求。

说实话，在开办第一期"108 自律行动营"的时候，我从没想过自己在某一天会为此离开央企去创业。风险自不必说，而当时工作和副业的平衡状态也很难让人割舍。所在公司待遇尚佳、足够稳定，事业上不缺上升空间，又有写作副业化解经济压力，这一切看上去都很完美。

转折点出现在筹备训练营的过程中。在准备相关课程时，我对自己的人生使命进行了一次深入探寻：拿出一张纸，一条一条地写下自己的梦想。在最开始，我写的无非是住进大房子，买辆好车，全家出国旅行，去国外读书……但是，当看到这些本应让我感到兴奋的梦想时，我的内心并没有出现太大的波澜。而写下的这句话却让我热泪盈眶："以生命影响生命，让更多的人通过自律获得富足人生。"这不就是我想要做的事情吗？这不就是很多粉丝希望我能够提供的价值吗？这不就是能够让自己的能量和价值最大化的使命吗？我第一次在公开场合提出离职要去创业，就是在"108自律行动营"的课堂上。当时几近哽咽，我为找到人生使命而激动，为可以选择自己最想做的事情而开心。

尽管如此，做出辞职创业的选择并不容易。几乎身边的每个人都劝我再考虑考虑，但我还是向跟随了7年的老领导提出了辞职。他很诧异，当听到我说要做自媒体时，他的第一句话就是："你能养活自己吗？"真是一位暖心的好领导，他没有抱怨，只有对我的担心。

他甚至帮我出谋划策："要不你先请长假，一年之后再做决定。"这个办法不是没人提过，我确实心动过，但是占着位置吃空饷的行为是我所不齿的，未来也会成为我人生中的污点，我真的做不到。最终，领导批给我两个月假期，让我放手去创业，如果不顺利，欢迎我回去。就这样，我开启了为期两个月的创业测试期。

事实上，在测试期的第一天，我就已经确定无论顺利与否，我都不会再回去了，因为我已经找到了愿意为之奋斗一生的事业，允许我再重复一遍——让更多的人，通过自律和行动实现蜕变，获得富足人生。

2018年12月29日，测试期结束，我的创业之旅正式开启。

彻底从央企离开，也让我回想起当年的入职经历。当时的竞争非常激烈，从5000个报名者里选出的7个候选人中，除我之外，其余候选人几乎都是北大、清华的高才生。而最终我杀出重围，并做了7年的央企人，至今我对这段经历都心存感激。

欲破焦虑，唯有行动

创业的第一年，发生了太多变化：从零散的训练营，到创建国内首家行动服务平台"一行 DoMore 行动大学"；从只有我 1 个人，到 7 名全职员工、100 多名兼职教练；从咖啡馆移动办公，到现在窗明几净、一应俱全的工作室；从一个单纯想赚钱的自媒体，到现在践行"以生命影响生命"，追求极致利他的公司。

在创业前，我已经想到了以后会面临各种焦虑和迷茫，但创业后才发现其程度远远超出想象。由于"保持极度开放"是团队内部沟通的一条原则，所以我会把自己的焦虑和迷茫开诚布公地讲出来。明知作为公司创始人，传递焦虑是大忌，但我还是这样做，因为我们团队有着另一条更为重要的行动原则：唯有行动，可破焦虑。这也是我创建这家公司的初衷。

这些年，我看到太多处于极度焦虑状态的人，他们陷入了混乱无助的生活中始终走不出来。有些人每天浑浑噩噩，苦于找不到人生目标，这是人生焦虑；有些人被忙碌的工作拖得精疲力竭，却总找不到职业突破口，这是职业焦虑；有些人被工作和家庭拉扯，"兼顾"成为一种奢望，这是平衡焦虑；有些人渴望成长，却变成"屯课小松鼠"，这是知识焦虑；有些人陷入"三分钟热度"的泥潭，在间歇性崩溃中不断否定自己，这是自律焦虑……

所有的焦虑，归根到底都是行动焦虑。我也曾有过同样的经历，体会过那种无助的痛苦，所以深知自律和行动对逃出泥沼的意义。

自律最怕的就是阶段性放弃：开始很好，中间变差，最后又被打回原形。我一直在思考能否找到一种系统化的方法来解决这个问题，并能有一种可持续的解决方案，让每个人都能很快地摆脱焦虑。而"一行 DoMore 行动大学"就是要做解决行动焦虑的平台，通过向用户提供解决方案，让用户的行动变得持续而坚毅。

要想实现这个目标，未来仍有太长的路要走，但一期期的"108自律行动营"、一场场的线上线下活动，让我越来越享受创业所带来的乐趣。因为，当你做的事情真能改变他人，并让他找到人生意义和自律方法，最终实现了工作和生活的目标时，那种成就感美妙到难以言说。

每当遇到困境时，我都会从一句句鼓励、肯定、赞扬中寻求正向反馈，让自己坚定信心：无论未来有多难，我都要努力把这件事做好！

自我进化的九条原则

以上是我的故事，最后分享一下在我成长过程中对我影响最深、改变最大的九条原则。

01. 不必担心焦虑，而应拥抱焦虑

无论是当年二宝的到来，还是后来创业带来的焦虑，我都视为好事。焦虑是人生常态，甚至可以说，越早经历焦虑，越有可能更早地实现重生。

02. 不必纠结过去，而应着眼未来

巴菲特说，时间是好公司的朋友，是烂公司的敌人。对于我们个体来说，过去不够好，现在不够好，但不代表你未来不够好，时间就是希望。所以，要做长期主义者，相信时间的力量，珍惜有限的生命，做有价值的事情。

03. 要懂得阶段性冲刺

人生中的很多改变都需要孤注一掷，但这不代表你一辈子都要全身心投入，而是要学会阶段性冲刺——设定一个时间段，拼尽全力干成一件事。拼下来，一切都会走入正轨；拼不下来，还可以及时止损，再去寻找新的出口。正如当年的我，就是用家人离开的那半年时间把公众号做起来的，否则也不会有后来辞职创业的机会。

04. 从写下第一个字开始，从招来第一名员工开始

很多人都倒在行动的第一步。比如，想读书，读了 3 分钟就去玩游戏；想写作，憋了半天写不出来，就放弃了；想创业，一想到注册公司、招募员工那么麻烦，就打了退堂鼓……不要被自己的"能力陷阱"所禁锢，要勇于走出第一步。第一步跨出去，自然会有第二步、第三步。否则，你就只能在原地绕圈，陷入焦虑的旋涡而无力抵抗。

05. 相信一切皆可习得

很多人喜欢给自己贴一些负面标签——"我太笨了""我不行"。这不仅不会被人理解，而且还会给自己多贴一个"固定型思维"的标签。要相信所有事情都可以学会，只要足够专注，而负面标签只会给自己的成长提前判死刑。

06. 做你爱做的事，爱你做的事

一定要努力寻找自己的人生使命，当你知道了自己这辈子到底想要什么的时候，就能找到"跳着踢踏舞去上班"的感觉。反过来，如果你不喜欢自己的工作，每天还必须花 8 小时在上面，则只能在痛苦中浪费生命。去寻找你爱做的事情，同时赋予其意义，这是把这件事做好的前提。

07. 动机至善，私心了无

动机至善，私心了无。这句话来自稻盛和夫先生的人生哲学，现阶段我还在努力接近这个目标。课程、文章、社群，甚至广告，如对他人没有价值，即使收益再大我也会放弃——最好的利己，就是极致的利他。

08. 真诚，真诚，真诚

真诚，是长期的价值投资，是确保无往不利的通行证，千万不要因为短期利益而舍弃持续前行的资本。就以我当年离职为例，正因为没有善意的欺骗，我才能收获特批的创业测试期，以及之后领导和同事们在业务上的诸多扶助。

09. 保持极度开放

很多人在听到超出自己认知的事情时，第一反应是不相信，继而本能地反对。其实，先把自己"打开"，机遇之门才不会关上。回溯我的每一次蜕变，几乎都是因为我极度开放地去接纳和思考，才有了认知的升级和行动的改变。

创业，
最值得玩的人生游戏

鉴　锋

个 人 简 介

鉴锋，"90后"，零一裂变 CEO，专注研究用户裂变增长；曾创造知识付费产品"网易戏精课""三联中读悦听年卡"的营销刷屏纪录，"趣拍卖"小程序在 4 小时内浏览量达百万次；合作客户有宝洁、腾讯、小米、华为荣耀、太平保险、京东金融等 200多家知名企业；目前公司估值过亿。

扫码进入鉴锋的知识星球
"每日运营案例库"

我是一个很容易走极端的人。对于喜欢的事情，我会投入无限热情，废寝忘食去研究，享受达到最极致状态的成就感；对于自己不感兴趣的事情则毫无动力，会无限期拖延。

逃离虚拟世界

听到一首喜欢的歌，我会设置成单曲循环模式，直到听腻为止。大学期间，一次在食堂吃到炒绿豆芽这道菜，很喜欢吃，我就每天都点这道菜，连续吃了一学期，直到吃腻为止。我的这个特质早在高中时就已见端倪——我非常喜欢理科，走路、吃饭都不忘学习，"物理""化学""生物"等科目的成绩均能接近满分。更为神奇的是，"英语"科目则正好相反，无论自己多努力，或者多好的名师单独给我辅导，我也只能考 20 分。直到现在，白天一有压力，晚上我就会经常梦到自己在参加英语考试。

由于理科成绩特别优秀，高一时我稳居年级前三名。后来我开始沉迷网络游戏，经常在晚上和同学偷偷翻墙去网吧通宵打游戏，白天则在课堂上睡觉，这导致成绩排名在那个学期末跌至年级倒数。高二期末，我甚至去问班主任："能不能休学一年去玩游戏，玩腻了再回来准备高考？"

好在班主任极有责任心，语重心长地对我说："你在虚拟世界里再厉害又能怎样？一堆虚拟的数值，并不能对这个世界产生影响。现实世界就是一个大型斗兽场，是一场最值得玩的游戏。如果你能在这里取得成就，才算得上是真正的高手！"正是这一番话，在我人生最茫然的时期，把我拉回人生正轨。在毅然决然地删除游戏后，我开始全身心投入高三阶段的学习中。此后我再也没有碰过任何虚拟游戏，而是致力于在"社会"这款大型游戏中打怪升级。

心理学的商业实践

虽然高考英语成绩只有 17 分，但凭借理科各科几乎满分的成绩，我最终以超过二本分数线的总成绩被湖北一所大学录取，学的是学校里最不具优势的物理光学专业。

我怀揣着商业梦想，提前来到学校，加入一个勤工俭学社团，并在迎接新生时向他们兜售生活用品套装。在第一次体验到赚钱的成就感之后，我开始对此着迷——去宿舍楼里兜售电话卡，在校园内摆摊卖金鱼，替校外商家在校内拉广告横幅……就这样，我开始走上打怪升级之路。

为了提升销售技巧，我时常泡图书馆，开始接触"马斯洛需求""互惠法则""损失厌恶"等市场心理学概念，并延伸阅读了《社会心理学》《影响力》《怪诞行为学》《行为设计学》等泛心理学方面的图书。现在回想起来，夕阳西下，图书馆五层楼窗边的那个少年，正在建立自我认知：我是谁，我要去哪里？

大学毕业后，我到深圳一家互联网电商公司实习，负责活动运营。在这期间，我所接触的那些"倒计时""限量秒杀"等营造急迫感的关键词，以及用"划线的高价格锚点"来提升低客单价付费率的相关运营策略，简直就是对读过那些心理学相关理论的完美验证。

心理学对我的帮助不止于此。虽然我没有管理经验，也没有专门学习过相关课程，但现在创业公司里 100 人的团队运转得非常好。一方面缘于我好像天生具备和员工沟通所需的共情能力。另一方面也是因为我能通过心理暗示激发他人的斗志和创新思维。有一次，一位房地产公司董事长对我说："我做房地产生意，其实也是在研究心理学。建筑风格无论是工业风、欧式风，还是复古风，都是为了更好地调动客户的情绪。就像'复古风'，它能让客户从'古老'中获得力量，在美好的回忆中被治愈。"一位餐饮巨头老板也曾跟我说："餐厅装饰是设计成暖色调还是冷色调，播放的音乐是欢快还是忧伤，以及菜品的酸甜苦辣，都能影响顾客的心情。我们研究的是如何把这些元素组合在一起，让客户在我们店里更快乐。"

这些经历，让我深深感受到，心理学在商业领域中的应用是一件非常好玩的事情，为此我愿意投入更多精力和激情。

从零开始冷启动

很多人善于做职业规划——如何积累核心竞争力，在几年内成为公司中层，第几年开始创业……而我现在所拥有的一切，都是基于自身的兴趣。

比如，我在实习期间做活动运营，除需要具备对客户心理的洞察能力之外，与文案、创意、产品等相关的技能也要十分熟练。我的习惯是，每当遇到问题或准备策划方案时，我就批量学习相关资料，边学习边做笔记，初步方案很快便会了然于胸。之后便在实践中复盘每天遇到的问题，对相关知识查漏补缺。在这样的循环中，能力得以不断提升。

由于实习期间的实践机会并不多，除了自学，我还主动去做志愿者，在工作日晚上或周末帮助主办方落地线上线下活动以积攒策划经验。每当学习到新的技巧时，我都有强烈的实践欲望，但公司业务又不匹配。于是我专门注册了一个公众号，用来做理论知识的实验场。在运营公众号的过程中，我结合自己的思考将学到的知识验证一遍，从而把行业高手的经验快速内化成自己的技能。

很多新人在看到或听到他人的一些成功经历之后，就觉得自己掌握了秘诀，可以随时实现其中的方案，只是不屑于或没机会做而已。事实证明，我之所以能比别人进步更快，正是因为我没有这样眼高手低，我只是实打实地比同级员工加了更多的班、熬了更多的夜。

就这样，随着实践的不断积累，我逐渐成为小圈子里最擅长做活动策划的人，不时有朋友前来咨询，发布在公众号上的运营心得也得到了不少粉丝的关注。同时，一些企业也有意付费请我出策划方案。我这才意识到，运营一个有内容、有价值的公众号是能赢利和养活自己的。

后来，我邀请两个同伴一起创业——专门为企业策划相关裂变活动。虽然没有对这个领域的市场规模、用户需求频率、竞争对手实力，甚至企业付费周期、企业决策链条等诸多方面做过调研，但是我们三个人还是毅然踏上了创业之路。

创业迎来裂变

粗算过人工、房租成本后，我们以为将合作报价定在一万元以上就能赢利，但没有考虑到不同企业的付款周期是不同的，一些大公司至少需要三个月才能完成全部付款流程。当时我们的资金周转出现了问题，账上的钱不够发工资，我们只好厚着脸皮重新去找那些曾被我们拒绝过的小客户,佣金低到三千元的单子我们也照接不误。

屋漏偏逢连夜雨,恶意违约也找上门来。一个意向客户说,第二天他要在公司会议上向老板汇报活动策划方案,如果我们的方案当晚通过则可立即打款。为此,我们紧急开会,梳理需求,撰写方案,忙到第二天早晨 5 点才终于完工。但是,方案交付后我们就再也没联系上那个客户,只在他的朋友圈看到我们策划的活动如期上线了。

有朋友看到我们前期经营如此窘迫,建议我们去找一笔投资。但我们考虑到投资方有下一轮融资的刚需,他们对公司在某个时间节点必须达到何种规模有硬性要求,这将会使创业者被迫违背创业初衷,在决策上变得更为功利。我只想和一帮志同道合的伙伴做自己喜欢的事情,即使经常加班,挣钱不多,也依然会乐在其中。

也正是因为热爱,团队才没有像很多 4A[1]广告公司那样只挑轻松的品牌活动,而是发展成为当时行业内唯一一家能确保"转化效果"的裂变活动策划公司。我们没有市场部和销售部,但好文章和好口碑为我们带来很多客户。在我们拥有筛选客户的主动权之后,活动成功率随之提高,也让我们将成功案例复制到了多个行业。在那个阶段,方案研发屡屡得手,新客户源源不断,团队信

---

1 4A 是美国广告公司协会(American Association of Advertising Agencies)的缩写,4A 对成员公司有很严格的标准,所有 4A 广告公司均为规模较大的综合性跨国广告代理公司。

心极度膨胀。公司开始缺乏理性规划地不断扩张，随之而来的是当年近一千万元的巨额亏损。

如果说公司从最初的艰辛到后来的爆发是一种否极泰来，那么当我们对拥有的成就沾沾自喜之时，可能是公司的发展已达到顶峰，开始走下坡路的时候了。所以，我们应当始终保持谦卑，每走一步都要有如履薄冰的忧患意识。

向下扎根才能向上成长

既然我们一直做的是 ToB（面向企业）业务——帮企业客户在微信生态中裂变获客，那么可不可以做一个 ToC（面向客户）业务？当时，恰逢微信小程序推出，市场反响热烈，于是我们专门成立了一个新的部门来研发微信小程序。在这次业务扩张中，由于忽略了运营 ToC 业务所需考虑的多种因素：客单价、首购成本、复购周期、关联销售、物流、供应链、客户"生命周期"等，我们为此付出了沉重代价——投入了大量资金和资源，却始终没能打开局面，整个团队也被拖入泥沼。虽然我们理智上认识到已产生"沉没成本"，对终止投入应该当机立断，但仍盲目地以为是"井"挖得还不够深，不能中途放弃。

而一些成功的大公司，往往沿着"打点→连线→结网"的轨迹发展——从一个机会点切入，先围绕客户需求链条和产业链条向上下游开展新业务，最后尝试横向扩张。

- 华为从 1987 年代理一家香港公司的用户交换机起步，到 1990 年开始自主研发产品，并采取"农村包围城市"的打法纵向扩张，成为企业数据网络解决方案的通信设备供应商，最终成为欧洲所有顶级运营商的合作伙伴。之后，它们才开始横向扩张，最终，智能手机的发货量排至全球前三。

- 在 QQ 这款产品出现后，腾讯围绕用户社交需求纵向推出腾讯会员、QQ 空间等一系列产品，接着才基于社交平台横向衍生出游戏、新闻、视频等业务。

- 阿里在孵化出 ToC 的淘宝后，纵向推出用来推广淘宝的阿里妈妈、促进消费升级的天猫、交易工具支付宝，以及作为电商技术支撑的阿里云，近几年才横向拓展到钉钉、优酷、高德地图等新产品。

- 京东有"十节甘蔗"战略理论：零售和消费品行业的价值链可以分为创意、设计、研发、制造、定价、营销、交易、仓储、配送、售后等 10 个环节，一般前 5 个归品牌商，后 5 个归零售商。京东一直在加大投入努力"吃掉"更多的"甘蔗节数"，这就意味着它们不仅要做交易平台，还要将业务延伸至营销、仓储、配送、售后等环节。

与进化论的观点类似，如果想长成参天大树，就必须纵向发展——先向下扎根，然后向上生长。而野草则是横向扩张的代表，可以在短时间内快速蔓延，但也会迅速枯萎。在掌握了这个规律后，我们团队迅速调整方向，列出客户需求，然后从上到下开始进攻，而不再横向扩张。在我们调整方向后，团队成员进步得非常快，业务发展也进入了良性循环。

企业不败的活法

有效的学习方法只能保证团队走得快，而一致的价值观才能保证团队走得远。很多大公司都以利他为基石，比如，华为的"以客户为中心，以奋斗者为本……"、阿里的"客户第一，员工第二，股东第三"和腾讯的"一切以用户价值为依归"。

我在大学时期慕名拜读《活法》一书时，对这本推崇"做人要善良"的心灵鸡汤式图书出自顶级管理大师稻盛和夫之手，曾一度都不理解，直到创业后才逐渐领悟到其中深意——商业行为中最看重交易效率，如果人人善良，人人都遵循利他原则，那么在合作时我们就无须因担心对方爽约、违约或失信而随时提防和试探，双方可以最充分、最高效地实现共赢。现实中人们之所以更愿意和自己的老乡、校友或同事合作，就是因为价值观大体一致，信任成本很低。

同样，我们公司不以"盈利最大化"为目的，而是从"帮客户完成目标或赚更多钱"的角度去看待合作，从而建立起良好的信誉，与客户形成长期稳定的合作伙伴关系。而且，这样的价值观可以吸引更多志同道合者加入，他们甘愿每天加班到很晚，甚至牺牲周末、假期的时间来优化项目的执行细节。与此相对，我的责任是设计相对完善的学习体系和福利体系，保证每个人在加入公司后，都有机会通过努力和磨炼变得更强大，成为自己想成为的人，而不是消耗自己的能量来给公司赚钱。所以，我宁愿牺牲公司的利益，并没有采取"流水线分工"模式，而选择对个人成长比较有益的"师徒"模式，帮助每位员工实现全方位的成长。这样哪怕有一天公司倒闭，我也不会辜负员工的信任，因为他们出去同样能赚到钱。

正确的团队学习方法

学习有三个境界：自己知道、自己做到、教别人做到。我用下面三个方法将自己知道的和自己做到的向团队传递。

01. 每日复盘

很多人对写日报、周报或月报这样的工作总结很排斥。殊不知，对每一个决策及其结果进行记录是很有必要的——针对做得不好的地方，可以实时迭代出下一步的行动计划。而不断查漏补缺的积极姿态，可以让团队对你更信任和认可。复盘是快速提升凝聚力和战斗力的最佳方法，可以让团队成员从全局视角审视运营实践的成效，梳理出影响项目成败的关键节点，总结出一套可复用的 SOP（Standard Operating Procedure，标准作业程序）。既然大胜可遇不可求，通过复盘，日拱一卒就是在持续积累小胜。

02．定向输入

读书是提升结构性认知最高效的方法。当我需要解决某个问题或需要加强某项能力时，就会在公众号、豆瓣或知乎上搜索关键词，然后购买大量评分高或评价高的图书来定向学习。我不建议购买太多短期内还用不上的畅销书。作为一家之言，我认为学习是"反人性"的，正反馈周期非常长，带着疑问和目的看书才能形成正循环：将激发的灵感快速学以致用，并用实践中的反馈来激励对枯燥学习的坚持。

03．追求卓越

每一个环节都符合乘法效应，如果一个活动涉及 10 个页面，每个页面做到 90 分和 30 分所带来的两种结果是有着天壤之别的。对客户能看到的每一个页面，我们都需要不断迭代和升级：在为客户的朋友圈准备文案时，要力争模拟出客户自己的口吻；在设计海报时，要确保海报最终能在信息流中脱颖而出。客户扫描二维码看到的第一个页面或进群后看到的文案，以及未完成转发任务的提醒话术等，均值得我们高度关注。微信群在扩大到多大规模时用"小号"带节奏，怎么建立群成员的信任感，怎么营造急迫感等，同样不容忽视。当方案、海报或链接要发送两次以上时，就要思考第一次发送的效果怎么样，第二次发送时能不能有所优化……

心力无限，人生无极

很多人问我，创业过程中我在什么时候感到最艰难。事实上，我是被客户需求推动着前进的，因为我一直能为客户创造价值。虽然各个发展阶段我都在调整和有所收获，但几乎从未感觉到艰难。

01. 团队跃迁

- 在团队扩大到 20 人时，我们公众号有 15 万个粉丝，我们与新东方在线、跟谁学、太平保险、微保、京东金融、宝洁、小米、百果园、名创优品等公司达成合作，客户涵盖了零售、教育和保险等行业。

- 在团队扩大到 50 人时，知识星球"每日运营案例库"有 3 万名用户，微信群有 2000 多人加入。但由于我更喜欢研究业务，不擅长表达爱，对团队成员的情绪变化关注不够，无形中产生的疏离感导致团队管理层的动荡。当有人提出离职时，我非常伤心和自责——是薪酬不足吗？是我不关心他吗？后来我才明白每一个人都有自己的"爱的语言"，默默付出只是我表达爱的方式，而别人需要的是能被看见、被关注的爱。

- 在团队扩大到 100 人时，我们不仅毫不吃力，而且进行了战略调整，构建起具有乘法效应的体系，并在 4 个月内以零推广成本让 3 万多家中小企业选用我们的 SaaS（Software-as-a-Service，软件即服务）工具。

02．认知升级

每一天的决策，都影响着一个人未来的发展轨迹。一个人的"生命函数"，正是由一年年的 365 个决策点不断地串起来的。

- 因果循环。我在高中时特别不喜欢写作文，经常被老师要求重写，但现在的大部分客户都是被我公众号文章吸引过来的。虽然我以前因沉迷游戏浪费了很多学习的时间，但这也让我对"游戏化"有更深的理解，并能将它应用在工作之中。

- 这个世界是心理学的应用。在与人沟通、对外营销、内部管理时，我们都能感受到心理学的强大影响，所以也要坚信——不断改善自我认知可以让自己变得更强。

- 历史总在重演。"君子生非异也，善假于物也"，是否善于总结和利用规律，是人和人之间最大的差距。比如，基于团队总结出的"微信生态的圈层流量规律"，我们可以把"爆款"方案复用到不同的地域和行业；"打点→连线→结网"的公司扩张轨迹，可以让我们朝着正确的方向进化；"利他"的公司价值观可以让团队走得更远。发现规律需要长时间的观察，甚至需要大量试错，其间迷茫、失败、高强压都是常态，因此我们要保持长时间的专注，要学会享受孤独。

随波逐流地痛斥"996"血汗工厂之后，我们对他人一年顶三年的平步青云式发展，却心怀难以遏制的艳羡。而"阶级固化""寒门难出贵子"之类收割情绪流量的文章，也常常被人用来放任自己的懒惰。事实上，只要将自己负责的工作做到极致，成为一个能"解决问题"的人，并用心血持续浇筑自己热爱的事业，理想的结果自然会出现。

人生没有白走的路，每一步都算数。

在寻找正解的路上垂直深耕

松 爷

个 人 简 介

松爷，知名装修博主。虽非装修和室内设计专业出身，但凭借入职家装行业的丰富经验，创建了公众号"装修 33 天"，专注于让人拥有美好的家。通过分享简单易懂、接地气的装修经验，解读大量实景装修图片案例，组织有价格优势的建材团购活动，公众号吸引了大量读者关注，现已积累读者 90 余万人。

扫码进入松爷的知识星球
"装修 33 天"

我在大学期间学习成绩平平，以至于走出校门之后都找不到一份能与医药专业对口的工作，只能在家装行业"讨"生活。幸运的是，我赶上了社交红利期，赶上了公众号爆发期，得到了众多读者的认可和支持。回头来看，我这一路有教训也有收获，用一句话概括就是：掌握正确的方法，投入长久的坚持。

提升底层系统能力

大学期间因为没打算考研，我也没有给自己太大的学习压力。在大三下半学期，我抱着闲着也是闲着，不如出去挣点零花钱再积累点工作经验的态度，来到一家互联网家装初创公司实习。公司规模虽小，但工作氛围很好，毕业后我就留在了那里。每天我都过得很充实：早上早早出门，深夜回到出租房，周末经常出差，常年单休甚至不休。

有一段时间我被安排负责运营线上家装社区。因为找不到好的运营方法，加上用户的装修需求只能持续半年左右，所以我并没有取得理想的成绩，社区氛围也一直不温不火。这让我异常自卑，再加上其他一些原因，在工作 6 年之后，我离开了这家公司。

在我工作这 6 年间，最初由十来个人组成的小公司发展成了一家一两百人的中型企业，我也从中收获了很多宝贵工作经验。除了家装相关知识，工作中接触的无数建材商和装修业主，以及从他们那里了解的大量一线信息，都为我日后运营公众号积累了丰富的内容素材。

更重要的是，第一份工作也培养了我良好的工作习惯，让我学会了团队协作与管理，学会了承受压力和面对挫折，以及如何正确做事。我始终认为，无论从事什么行业，早期底层系统能力的提升都对一个人有着必不可少的支撑作用。

早行好事，迟问前程

2013 年 7 月 16 日，是一个值得纪念的日子，这一天我在自己的公众号"装修 33 天"上发布了第一篇文章，之后的更新从未中断过。

运营社区刚刚失败，我为什么又开始运营公众号呢？难道是因为对装修特别感兴趣吗？当然不是。在我看来，绝大多数人的兴趣都是在后天的长期正反馈中慢慢形成的，这更像是一种惯性。我运营公众号主要有三个原因：一是由于运营过几年装修类社区，我已经形成了写帖子的习惯，写作思维已经养成；二是我离职后没有马上去找工作，想休息一阵子，所以空闲时间比较多；三是受到 Fenng 等大咖鼓励大家开通公众号的正面影响。

但当时并没有太明确的期望，"但行好事，莫问前程"，可能就是那个阶段的心理状态。没想到，随着文章越发越多，读者的留言和互动也越来越多。有读者说，他是看着我每天在公众号上发布的文章完成自己新家装修的。自己做的事情对别人产生价值，让我产生了一种被需要的感觉。所以，我对写作的兴趣也越来越浓，我也越写越来劲。

找到坚持的支点

在我离职之前，我老婆率先离职，而且她也没有马上找工作。上班时我们就是"月光族"，加上因为买房和装修的 9 万元欠款，当时我们两口子又赋闲在家，还背负着每个月 6000 元的房贷，经济压力不言而喻，过年的时候我都不好意思去丈母娘家。后来，我们不得已还向好朋友借过钱，但仍不足以解燃眉之急。最后，无可奈何的我托父亲从银行贷款 10 万元，作为创业的启动资金。

怎么赚钱呢？在最开始我们想做服装电商业务。当时我们住在杭州四季青附近，货源容易解决，也正好也有朋友在做服装类的创业项目。但我们调研了一段时间后发现，服装电商的备货过程相当烦琐，我们又毫无经验，只好放弃。后来，又打算开一家卖壁纸的实体店，毕竟我对建材行业有一些了解，正好还有一个在江苏的建材商朋友能帮忙介绍货源和培训销售技巧。然而在杭州开店所需的启动资金太高，店铺租金加上前期装修怎么也要几十万元，而我们当时连日常开支都有困难。深思熟虑之后，我们决定回余姚老家找找机会，至少还能在父母那里蹭吃蹭喝。回去后，我也正儿八经地去找过店面，也实地考察了几家同类型的实体店，结果发现大多数店铺的经营状况都不是很好，它们正在被网店不断"蚕食"，所以我们决定先从成本低和风险小的网店做起。

2013 年年底，我的公众号"装修 33 天"的读者人数已过万。那时自媒体概念的热度被炒得很高，"青龙老贼"等人成立了 WeMedia 自媒体联盟。我抱着试试看的心态向联盟发送了一封申请加入的邮件，一个月后意外收到同意的通知。联盟里都是做自媒体的先锋，也都是认真运营各个领域公众号的人，通过与他们交流，我打开了视野，也增强了将个人公众号做成功的信心。

2014 年年初，公众号读者人数的快速增长促成了我的淘宝店的开张。通过公众号和淘宝店的配合，我的收入问题慢慢得到了解决。有了收入，就有了希望和继续下去的动力，我的坚持终于找到了支点。

事无巨细，持续落实

可能是形势所迫，也可能是误打误撞，我成为自媒体人中最早开始卖货的那一批人，而那时候还没有"带货"这个词。明确要走的路后，我的心里就没那么慌了，但找货源、挑产品、探访工厂、看样品、拍照、做网页页面、进货、质检、打包、发货、售后……每个环节都要亲自去摸索和落实。

我老婆负责客服工作,她在离职前做过推广和销售方面的工作,还带过几十人的团队,在能力上可以顶好几个我。淘宝店的第一个仓库设在我们家公寓楼下的架空层车库里。在刚开始的时候,订单少,我们也舍不得买打印机,快递单都是我们手写的。"双11"大促时我老婆怀着孕,和我一起做客服工作,连续好几天一直忙到凌晨,每天仅睡三四个小时。因为产品包装大小不一,打包很费时间,我和我爸用了一个星期才把这批订单发完。我老婆因过度劳累导致胎位下移,把我们全家都吓得够呛,好在两个月后儿子顺利出生。

之后,我正式成立了自己的公司,一切步入正轨。我们还招了几个帮手,终于不用再焦头烂额了。当然,我们还是会遇到各种问题,比如,受限于管理能力,团队一直没能扩大,这也阻碍了公司的快速发展。另外,我们因版权意识的欠缺,公众号文章里使用的网图涉及侵权,还向原创者赔偿过一些钱。但是,我在进步,公司在成长,最困难的时候已经过去。

除了坚持,方法正确也很重要。无论是在公众号还是在视频号,无论是在微信平台,还是在抖音、快手、B站、知识星球等平台,"做内容"或者说"做自媒体"的底层思路和运营方法都有很多相通之处。

垂直自媒体运营之道

这些年，我基本是围绕着公众号来做事情的，电商业务和运营知识星球也都是以公众号为基础的。我做的是垂直行业的公众号，它与追热点、写"爆文"的自媒体大为不同，它更像是一个具体的产品，有影响结果的几个特定因素。

01．取好名字

好名字对垂直行业的公众号很重要，"装修33天"就是一个例子。首先"装修"两个字明确了所属行业，读者一看即知。其次，这个名字便于读者记忆和传播，因为易读易懂，更利于口头传播，在向电台投放音频广告时也具有明显的传播优势。早期公众号想"涨粉"，在微信上就要很容易被读者搜索到，而这个名字给我带来了不少便利。

我后来发现，"装修33天"这个名字也有硬伤，因为带数字的名字无法注册成商标。如果你有类似需求，就要考虑名字是否已被人用过，最好提前把商标注册下来，以免被他人抢注。

02．明确定位

我的公众号定位很清晰——为装修业主和准业主服务。我的公众号主要提供三类内容：装修设计的实景照片和相关解说、实践中总结出来的装修经验，以及装修建材产品推荐。

明确定位其实不难，但坚持方向很难，特别是在没有任何正反馈的时候。我几乎不碰任何热点话题，也从不脱离"装修"这个范围，连"泛家居"内容都很少涉及。一直以来，我都认为这个思路是正确的，但直到 2020 年上半年我才有所反思。装修是阶段性事件，大部分人对这个行业的关注时间是三个月到半年。如果我只聚焦在家装领域，那些装修完家的读者就会取消对公众号的关注，所以我也需要平衡两类读者的需求。

03．先做起来

很多人都难以迈出尝试新事务的第一步，缺乏自信心、畏难情绪重，或者给自己找借口是主要原因。"做事情一定要计划周全，要么不做，要做就要做到最好"，这样的理由很有迷惑性。事实上，根本没有完美计划，先做起来再说——注册了公众号就先写起来，开通网店后先体验流程。这样在遇到具体困难时反而更容易找到办法，比如公众号怎么"涨粉"、怎么变现、文章怎么排版，运营过程中一个个问题得以解决，我们再去不断改进方法，事情也就办成了。

04．用有限资源完成

资源永远不会一步到位，非要等到条件完全成熟才去做，那就和直接放弃没有区别。正如《精益创业》中强调的"MVP 法则"，做事情也要遵循最简单可执行的思路——用相对有限的条件先做起来，尽早发现问题并改进。

我想招既懂装修又会写稿的人，可这样的人才不大可能来小城市、进小公司，所以我只能让现有的员工成长起来；我想推出便于客户分类查看装修图片的 App，但公司根本没有程序员，所以我先在有赞平台做一个微网站来满足部分客户的需求；我想能够"一站式"满足用户的装修购物需求，但以我们目前的销售规模来看，很难和大品牌商谈条件，所以我先选择愿意支持小渠道的品牌商，未来再不断增加品类和产品。

05．如何"涨粉"

冷启动很难，发朋友圈、群发信息给微信好友求关注、好文章定向求转发……这些招数我都试过。虽然辛苦，但总比文章无人问津好。

对于垂直行业的公众号，想要打造"爆文"近乎奢望。我运营公众号快 7 年，阅读量超 10 万次的文章屈指可数。其中好几篇文章的阅读量还是靠"非自然"增长方式实现的，这些方式对"涨粉"也几乎没有多大作用。

目标人群在哪里，就去哪里推广。在初期，我曾去各种装修类在线社区和贴吧发过帖子。最典型的做法是，先发布信息，然后吸引用户关注公众号,最后在公众号里获取"打包"好的装修图片。当然,这种方式在具体执行时需要不断摸索方法和拿捏好分寸,因为很容易被社区管理员删帖子或封账号。

加入 WeMedia 联盟后,我还学会了如何做公众号互推——几个公众号同时互发对方的推荐文案或精选文章,每一次互发大概能为我的公众号带来几百名新读者。

理论上,还可以找"大V"推荐,但难度不小。内容、版式设计、文章更新频率等要能入对方的"法眼"。不过,想办法引起"大V"的注意也是可行的,比如在其文章下真诚地留言互动,先混个脸熟。但最重要的是,在求人帮忙之前,最好想想自己能给别人带来什么价值。

和新闻热点不一样,与装修相关的文章的时效性较弱,去年写的文章,今年再看,也没多少内容需要更新。有两种方法可以在文章之间关联引导,一是在文章里添加超链接锚文本,二是设置"关键词自动回复"功能。前者即时效果更好,读者看到感兴趣的文章可以直接点击链接,跳转到新页面;后者长期有效,读者可以随时回复关键词找到以前的文章,而且通过设置"关注后才能对话"功能,还可以增加新读者的关注数。

06. 真诚交流

我一直以第一人称写文章,行文也比较口语化,我这样做的目的是让读者意识到公众号背后是一个人，而不是一家公司。前几年，读者的所有留言我都能一一回复，但随着关注人数和互动人数上升，再加上公司的管理性事务不断增多，这个好习惯现在也难以为继。

最早我是自己搭建 BBS 来解决读者之间的互动和交流的。但运维难度太大，不仅牵扯我的大量精力，而且技术问题频出。直到发现了知识星球，我才停止"重复发明轮子"。但我的星球运营远未达到预期，只能做到以有限的知识去回复星友的一些装修提问，很多计划都因精力有限而搁置了。

对于每一个电商顾客，我都让客服人员把对方加为微信好友。这样在有售后问题出现时，客服人员可以第一时间处理，而且新产品、新活动信息也能发布在朋友圈里，顾客可以及时获取，也便于他们引荐有装修需求的新顾客。后来我才知道，原来这种做法就是所谓的经营私域流量。

当公众号读者人数增至几万、几十万之后，我们很可能只看到了那一个个数字 —— 关注数、阅读量、点赞数、转发数等，而忽略了每一次"+1"的背后其实是一个人，一对一的真诚交流永远是最有价值的。

07. 坚持迭代

我们这个不到 10 人的小团队，之所以在这两年里小有成就，能做到千万级别的"带货"销售额和百万级别的营收，离不开正确的方法。但正确的方法也是要迭代的，甚至长久坚持也并非永远都是正确的选择，在很多情况下我们应该做的是放弃或转型。

我之所以能坚持下来，是因为有一些特定的背景和前提存在：首先，我的性子比较慢，不是一个急功近利的人。其次，所有的付出一直有来自外界的正反馈，比如读者的认可和客户的支持。最后，收入的不断增加，也为我的坚持提供了一定的物质基石。

近两年，公众号的数据增长越来越难做，我有时难免会泄气。不过相比当初的窘迫，我现在的经济状况已经大为改善。焦虑与乐观其实并不矛盾，前者让我有不断探索最优路径的压力和紧迫感，后者让我有持续获取更大成就的自信和决断力。

回顾是对这几年工作的阶段性复盘，也是创业生涯中一次 MVP 测试。在无法支撑人生持续高速增长前，我还需要不断迭代自己的方法，升级自己的系统，以便更高效地解决问题。

未来路还长，摸索着走下去，人生的灯塔才能闪耀不灭。

缔造星球的产品黑客

吴鲁加

个人简介

吴鲁加，创业者，曾从事多年信息安全工作；目前创业项目是"知识星球"。知识星球是内容创作者连接用户、管理社群和实现知识变现的工具。

扫码进入吴鲁加的知识星球
"星球创业笔记"

我是个学历不高的文科生，工作了二十多年，站过柜台，干过销售，抓过黑客，做过产品。在入行信息安全领域之前，我看过一本叫《杜鹃蛋》的书，虽然书中有大量我当时还无法理解的专业术语，但在爱看武侠小说的我的眼里，它特别动人，可以说直接在我心里种下了一粒进入信息安全领域的种子。

"亲测"跨界未必难

《杜鹃蛋》一书作者 Cliff Stoll 在天文台计算机中心工作，在 20 世纪 80 年代，科学家使用计算机是要计时收费的。因为账单里一个 75 美分的误差，引出了下面的故事。

> 1986 年 8 月，由天文工作者转行为网管的 Cliff Stoll 追查到一个使用了计算机却没付款的账户，并发现它是由"非授权"方式创建的。经过深入分析，他还观察到了更多异常情况：网络地址属于天文台的一个账户曾尝试入侵军方系统；已经离职的用户仍有使用计算机的记录，等等。
>
> 于是他布下"陷阱"，监控了入侵者的每一次击键，并且立即将记录打印了出来——这样对方就无法删除、篡改这些记录。他还通过伪造机密文件供入侵者查阅、下载，目的是延长入侵者的停留时长，以便溯源。

> 1987 年 6 月 21 日，入侵者最后一次入侵系统，而后落网。这场攻防对抗持续了近一年。

黑客居然可以沿着电话线看到目标电脑里的资料，这种"超能力"很容易吸引有好奇心的少年。但是，真正学习起来却没那么有趣，至今我的耳边偶尔还会响起"咯吱咯吱"的针式打印机工作时的声音——当时网上的很多资料一时看不懂，我只好打印出来，方便反复翻阅。

我当时在工厂做销售工作，还没有行业边界意识，遇到感兴趣的事情就喜欢去尝试。为了学习 Linux 系统，我把办公电脑安装成双系统，其中 Windows 系统用于工作，Linux 系统用于学习。因为我的一次误操作，硬盘被格式化，在之后的半个多月里，我每天夜里都偷偷加班，重新录入销售订单。

毕竟我是半路出家，只有兴趣相同的人在一起，才可以互通有无、交换心得、打趣聊天，学习过程才不会那么难熬，所以我和朋友一起创建了一个网站——网络安全焦点。再往后，我就索性进入信息安全行业，从工程师开始，一步一步走了下去。

信息安全从业经历对我的帮助非常大。一方面，它让我有了黑客思维。要了解系统，就需要琢磨功能设计者的初衷以及开发者在编写代码时的场景，从而倒推出有可能存在哪些漏洞。所谓"以正合，以奇胜""寻找夹缝"，这就是我所理解的黑客思维。后来，知识星球在微信和微博之间找到了一个细小的夹缝。另一方面，这次行业切换让我感受到，跨界并不像很多人想象的那么难。

该交的学费省不了

2007 年, 乔布斯在产品发布会上亮出 iPhone 这个神奇的设备时, 我们很多人都还没有意识到它会改变世界。到 2010 年, 早已迷上各种 App 的我, 开始想在移动端做点事情, 但因为经营着一家企业安全软件公司, 分身乏术, 一直没能将精力转向移动互联网。

2014 年年底, 在获得股东支持后我正式投身移动互联网领域。在我们既无相关从业经验, 也缺少移动端开发和运营团队, 更没有清晰的产品方向的情况下, 腾讯投资 3000 万元人民币, 启明星辰则收购和接管了此前的信息安全产品和团队。这让我可以全力尝试新的方向。

在刚开始试水时, 我毫无头绪。考虑到我和团队此前的技术背景是做企业安全和加密, 因此我们做了一个 "既分享又保密" 的 App, 叫作 "72 小时"。目标用户是有保密需求的商务人士, 比如销售人员或投资人等。用户通过它将文件发送给对方后, 对方只能阅读, 不能保存、截图, 文件还会在指定时间内自动销毁。

我们很快发现, 发送机密文件是一个过于低频的场景, 对于这个 App, 用户平时用不着, 用时想不到。但是我们意外发现, 每到深夜 App 就有一个使用小高峰, 原来是一批年轻用户在用它互发图片。虽然在后台看不到图片的具体内容，但我们猜想应该是尺度较大的照片。

基于这样的图片社交需求，我们发布了"侃图"这款产品。它的功能很简单：用户拍摄照片或选择现成图片，然后上传到 App，其他人通过"弹幕"来点评作品。不过，这种需求基本上已在朋友圈和微博平台上充分"释放"，所以用户人数不多，活跃度也不高。

而为更多人熟知的"小密圈"，最早来自"加密云盘"的想法，不过我们还没来得及正式立项，就很快换到了"小圈子，更亲密"的方向上——契机是一次 Tony（腾讯创始人之一，曾任腾讯首席技术官）提到，在公司内部，我们既要实现畅所欲言，鼓励各种资料、文档的分享和讨论，又要保证信息安全，两者兼顾非常困难。"小密圈"这个名字——小且私密的圈子，或许可以解决这个痛点。

早期版本的目标用户是小团队的负责人和项目经理，我们希望他们能带动团队成员一起起来。在迭代过几个版本之后，我们发现了一个残酷的现实，大多数负责人和项目经理并不认为这个工具有多高的使用价值，我们在内部推动也不顺畅。

产品界一直推崇"产品必须自己先能用好"的理念。我们团队尝试用"小密圈"做内部管理和交流，在使用过程中我们发现，这种信息流的产品形态确实不适合用来管理项目。于是我们又贸然启动了一个新项目"小看板",由于没有扎实的需求调研,团队对项目管理、看板式管理也不甚了解,这个"拍脑袋"做出的决策,毫无意外又失败了。

与其死磕,不如转向

后来,"小密圈"经历了一次改名。因为"小且私密的圈子"容易让人误解它的定位,我们颇费周折地找到"知识星球"这个既有正能量又有宏大宇宙视角的新名字:每个创作者都创造了一个星球,创作者和他的用户一起让星球变得更美好。而众多星球可以组成星系,用户们可以在星系之间穿梭——想起来颇吸引人。

从知识星球 Slogan 的五次改版,可以看出其定位的变迁。

01. 小圈子,更亲密

在第一版 Slogan 是"小圈子,更亲密"的时候,我们在工作中频繁使用多个微信群,它们带来的问题是,优质内容无法得到有效沉淀,文件、图片、讨论等有价值的内容在群聊过程中很快被淹没。高价值信息的密度偏低,核心话题的讨论很容易被各种插科打诨、表情包、红包、接龙等信息岔开。

众所周知,大量用户在加入新微信群后做的第一件事就是将该群设置为"消息免打扰"模式。我们觉得这是微信留给我们的一个夹缝——微信群信息干扰太多，用户需要不太"喧嚣"的产品。这个面向小团队负责人和项目经理的产品，感兴趣的人不多，引入团队时的阻力也很大。

02. 移动协作利器

在采用第二版 Slogan 时，我们转向移动协作，对标的国外产品是 Basecamp、Trello，也就是"小看板"。我至今记得在第一次向 Tony 演示这个版本时他的一句评价："你们可能把事情做小、做偏了。"

03. 开心工作，安心分享

我们很快回归小团队共享的社群定位，启用第三版 Slogan "开心工作，安心分享"。这个时候，知识星球的目标用户是企业里的项目团队或创业公司。我们着重解决的问题有：一个微信群的人数上限是 500 人，群主抱怨管理大量微信群太辛苦；竞争对手可能潜伏在微信群里并试图挖人；企业希望微信群里只有管理者可以发言，禁止客户之间交流。

此时，产品功能已经逐步完善，但是反馈数据仍然不佳。因为市场上的替代品太多，产品一直不温不火。后来我在跟大辉聊天时，他提到他在管理"小道通讯"（他运作的付费邮件列表）时的一些痛点：

- 订阅用户（简称订户）支付后的记录信息很烦琐且后续工作耗费精力。订户可以通过微信或支付宝付款，但他需要做表格增删；如果订户付款后没留下邮箱地址，他还要花时间去寻人。

- 邮件到达率、打开率不高。

- 不同产品和企业间存在兼容性问题。订户抱怨没收到邮件，经他检查，邮件列表已被退订，但订户根本没有做过退订操作。深挖原因之后才知道是两个提供商在打架。邮件列表提供商注重用户体验，在邮件里提供了快速退订链接，订户在点击后无须确认即可立即退订。而订户的邮箱提供商注重安全性，会对邮件里的链接做安全检查，由此触发了退订功能。在这种情况下，他就需要处理诸如通知订户更换邮箱地址等一系列烦琐的事情。

就此，我们重新确立了知识星球定位的新方向——连接头部 KOL 及其内容订阅者，为有创作能力、有粉丝、爱分享的人提供一个工具。

04．高品质社群

大辉在试用过这个版本之后，将他创建的星球信息发布到了他的公众号和微博上，然后就出现了一件"掉链子"的事：发布的信息带来的访问量，连着三次让我们的业务"崩"了——可见，我们确实是毫无经验、跌跌撞撞地成长到现在。很感谢大辉，他带来知识星球这个点子，之后又带来种子用户，帮着我们实现了从 0 到 1 的蜕变。

之后就出现了奇妙的反应：内容创作者听说了知识星球，开始尝试使用它，将自己的星球向用户、粉丝公开，然后产生了一些收入，他的朋友、用户和粉丝看到这个正反馈后也开始尝试入驻……小小的雪球开始滚动起来。

采用第四版 Slogan 的知识星球，是一个比较好的粉丝互动和内容管理工具，内容创作者可以和粉丝在简单、纯净的氛围下进行有价值的交流。同时，这一版的知识星球也为内容创作者解决了一大痛点，在各平台积累了大量粉丝而苦于无法变现的内容创作者，终于找到了称手的工具，知识星球成为他们非常方便的收费平台。对粉丝来说，知识星球为他们亲近 KOL、获取知识，以及与有相同兴趣的其他高质量粉丝的连接提供了机会。

05. 连接一千位铁杆粉丝

看了这个版本之后，Tony 认为知识星球是一个很有意思的小产品，鼓励我们说："可以看到知识星球的星星之火了。知识星球的机制巧妙地跟内容创作者站在一起，用户对 App 的耐心一般不超过 30 秒。现在因为这些知名创作者的背书，让他们对知识星球的耐心，从最初的 30 秒延长到了 10 分钟。你们继续深挖用户需求，做好魔鬼细节。如果用户能给知识星球更多时间，甚至愿意天天给，那么它就算站住脚了。"

第五版 Slogan 受到凯文·凯利下面这段文字的启发：

"任何从事创作或艺术工作的人，如艺术家、音乐家、摄影师、工匠、演员、动画师、设计师和作家等，只要能获得一千位铁杆粉丝，就能维持生活。"

这段文字传递的精神，与我们在做的业务非常贴合，可以说我们的工具能够很好地贯彻与实践凯文·凯利提出的理念。产品的整个迭代过程带给我两个启示：一是在坚持与转向之间有微妙的平衡点，产品的迭代可能需要适时调整方向；二是机会来临时需要做好准备。可能有不少人看到了内容创作者对收费工具的需求，但我们提前做好了支付之外的所有功能，因此起步就顺畅多了。

知识付费的理性回归

知识星球一直以来被划在"知识付费"的范畴，有不少人"唱衰"这个行业："知识付费"无法支撑一个行业，而且在老用户沉淀大量未读内容的同时，新用户增长乏力。也有人认为内容质量良莠不齐——优质内容难于持续供给，"个人 IP"不稳定，等等。

在我眼里，知识星球是工具和社区，正如其定义：知识星球是内容创作者连接铁杆粉丝、沉淀优质内容、进行知识变现的社群工具。它可以方便内容创作者与粉丝、粉丝与粉丝，通过手机、电脑进行交流；它可以用来做内容沉淀——图片、文件等内容保存在服务器上，永不过期，即使用户更换手机也不受影响；它可以作为变现工具，只要创作者提供有价值的内容或服务，他就能挣到钱。

"知识付费"是一个新词，但其背后的积累早已有之。教育培训、图书、情报（舆情、竞争情报、威胁情报）、特定服务（理财、投资、健康、法律、技术）等都为知识付费的实现奠定了基础。其中，有的付费定位于"低价、大众"，比如图书——价格低，卖给大众用户；有的付费定位于"高价、小众"，比如各种情报或特定服务——价格高，只有少量有刚性需求的用户才愿意付费。

可见，饱受热议的"知识付费"其实是"新瓶装旧酒"，是企业将原有业务通过互联网技术与新的形式加以包装、呈现。互联网技术的引入，提升了传播能力，扩大了传播范围，触达和连接用户的能力及支付便利性都产生了质的飞跃，只要订单量足够大，价格也可以很低。

但是，来自用户的真实需求并没有在短期内出现猛增。

- 原有形态：对于电子书、付费新闻和长文章等内容形式，受众在数量上没有发生根本性变化——有增加的，也有被视频平台分流走的。

- 新形态：比如有声书、"拆书"等，虽然运营门槛降低，但新用户的数量和增长趋势仍不够理想。

- 服务：比如理财、健康、法律等服务，大多数倾向高价、低频。用户通常只在特定时期购买，复购率较低，即使价格下调，受众群体也不会出现数量级的变化。

既没有爆发性需求出现，也没有让原需求发生本质变化，可见知识服务行业的遇冷，只是回归理性。长期看，这是好事。

攻其一点，不及其余

在找到知识星球这个可能做大、做扎实的产品之后，我们停掉了其他项目，全力做好一个产品，努力服务好这个产品的用户。

亚马逊的贝索斯在一次演讲中说过：

> "人们经常问我，未来 10 年什么会被改变？这个问题很有意思——从来没有人问我，未来 10 年什么不会变？在零售行业，我们知道客户想要低价，这一点未来 10 年不会变。他们想要更快捷的配送，他们想要更多的选择。"

我们做产品，也希望能找到 10 年不变的东西。经过长时间的思考和讨论，我们认为，"通过内容连接人"这件事，至少 10 年不会变。我们相信，知识创造价值，所以希望知识星球能承载和沉淀这些有价值的知识；我们相信，连接创造价值，所以希望知识星球提供的功能可以更好地帮助用户相互连接。

我们希望能从符合长期价值增长的角度做好决策。"服务好用户",就是我看到的一件需要长期做且有长期价值的事。下面是知识星球在 2020 年第三季度 OKR 指标中的几项 KR(Key Results,关键成果):

- 分析 100 个星球的运营规律,包括但不限于其拉新、促活、续费方法,思考如何优化产品。

- 对 100 位核心星主进行详细调研。

- 与 10 个新行业的 KOL 接触、沟通,并记录行业当前的特点和他们的想法。

- 给 100 位星主提供运营改进建议。

- 不间断召开"星球吐槽会",持续优化用户"吐槽"最多的功能。

- 改进客服系统,方便用户找到我们,并且我们要做好记录。

在我看来,服务好这批用户,挖掘并满足他们的新需求,就能顺势而为。虽然有些需求可能极其微小,但只要满足了用户,能让用户实现价值,知识星球就有了更坚实的价值基石。

下面是知识星球团队最在意的一些关键词,其背后是我们希望维护的知识星球价值观。

- 用户:有用户才有知识星球,在任何时候都应该认真听取用户反馈并及时改进。

- 事实:确保数据、案例真实,向团队内外传递真实信息。

- 信任：内部信息尽可能透明，做出承诺尽可能达成。彼此信任，才有机会让沟通更高效。
- 积极：有主人翁精神，看到团队、项目的新机会或新问题，不等、不忍，主动及时发起讨论或进行尝试。

秉持这样的价值观做知识社区产品，才能为"通过内容连接人"这件事提供好工具。

天赋+喜欢+努力=成就

从文科生到安全工程师，再到移动互联网创业者，在别人眼里这样的角色跨度不可谓不大，但在我看来只是水到渠成的事情。因为绝大多数人在一个领域表现出色，根本不需要天赋，有勇气、努力和方法就足够了。

拿我自己来说，当年在一所职业大学读文科专业，当时的理想是当记者，但这并不妨碍我自学信息安全知识并成为该领域从业者；做了十几年企业安全工作，同样不影响我研究移动互联网，并成为这个方向的创业者。我的经验是：

- 想清楚。明确目标是什么，以及知道他人达成目标的路径是什么。
- 快速学。买大量书，全部速读一遍，留下几本最好的，精读三五遍。

- 写作。写下心得体会并发布出去，因为能看懂和能写出来，完全是两回事。

- 上手做。可以与"快速学""写作"并行，"读万卷书，行万里路"，在学习过程中穿插进行的效果胜过只读书，当然前期的读、写必不可少。

- 向你能找到的行业内最顶尖的人学习。"取法乎上，仅得乎中"，要找到真正顶尖的人，而不是凑数。

当然，天赋的确存在——同样是写文章，有人能轻松把一件事描述得更清楚，而且可以妙笔生花。但放到更长的时间段来看，这些有天赋的人，可能因为不努力或不喜欢写作，早已泯然众人，不再写作，甚至停止思考。

著名摄影师张乾琦在一次讲座中提到，在马格南图片社里，很多人一辈子只做拍照这一件事情，所以他们才这么牛。即使是如此有天赋的一群人，也需要足够钟爱自己的事业，并且需要足够的努力，才能有所成就。可见，如果缺失任一关键要素，成功公式都将无法成立。

解密知识星球

截至 2020 年 10 月，知识星球注册用户数突破 2600 万人，其中有数百万付费用户。在互联网产品里，这个数据不算什么，但对一个知识服务和学习类产品而言，却也来之不易。我们公司只有几十个人，且大部分是工程师；只有寥寥几位同事负责运营，但幸运的是，每个星球的主人都会主动运营星球；产品似乎数年不变，界面改动都很少，但生命力却颇顽强。我曾在池建强老师的社群里对产品的发展历程和思考做过如下分享，或许可以作为对知识星球"谜之高速发展"的注解。

问：产品从 V1 到 V5 改变这么大，而且还要做多个终端，成本这么高，如何决定产品走向？是通过 Customer Discovery（扩展准顾客），还是团队创始人自己发现需求？

答：早期从 0 到 1 的起步阶段，都是团队自己琢磨需求。琢磨之后做一下推演，找几个用户聊一聊，前面几个版本就是这样上马的。在这个阶段，所谓的客户调研，在一定程度上并不可靠，因为很多用户在被问到"有这样一个东西你要不要"的时候都会说："要。"但真要掏钱买的时候，他们又会说："你改了这个功能后我再买。"所以，基本上是我们自己发现需求，再经过仔细思考，以及与准用户沟通之后，就可以"拍脑袋"做决定了。在有了一定数量的用户之后，我们就把精力转向服务用户，为用户的需求设计尽可能简洁和可扩展、可运营的方案。

问：精益创业的标准做法是先确定目标用户，再通过调研确定用户需求，最后找到解决方法。你有没有这么做？

答：我们并没有先确定目标用户，而是先找到一个痛点，一个确实存在的问题，然后围绕它来尝试解决，顺便判断这个痛点困扰了哪些用户。当然，在从 V1 到 V5 的产品变迁过程中，我们始终围绕着一个焦点——微信群。微信生态特别开放，适合我们做深耕，而微信群，给我们留下了一个不小的空间，而且它很难在这个方向上做优化——不是不想，而是为了让更多人能用，只能力求极简。这就是张小龙在提到"摇一摇"功能时曾经说过的一句话："我们这个东西已经做到最简化了，别人没法超越了。"它的极简也给我们留下了足够的市场空间。

问：只有确定了自己的愿景，才不会失去努力的方向。否则可以做的事情这么多，真的很容易迷失方向。在做知识星球这款产品的过程中你有没有一个明确的愿景？

答：事实上我并没有非常明确的愿景。在做产品的过程中，我们甚至在做到一半的时候又去做了其他项目，而不是一个产品一路做下来。创业过程中我们仍在不断试错，当产品创造的价值渐渐清晰时，愿景也就浮现出来了，比如我们"通过内容连接人"的定位。

问：未来，知识星球会变成一个什么样的形态？

答：有一次，我跟 Tony 聊产品，在我大言不惭地宣布知识星球未来半年到一年的计划时，被他很不客气地打断了。他说："你想清楚下个礼拜要干什么，三个月内要做成什么样子，就行了。对未来半年到一年做预测，你可能自己都不信。"仔细想想，的确如此。换一个角度来说，知识星球现在的产品形态也不完全是"知识付费"，而是由"知识付费"外表所掩盖的一个带有关系链的知识社区产品——通过内容连接人。

问：知识星球能做成，最主要的原因是什么？

答：知识星球距离"做成"还非常遥远。能走到今天这一步，首先，起点是早期用户对知识星球的帮助，比如冯大辉、曹政、池建强等好友在知识星球初期的加入——他们有很多拥趸，自身又是优秀的内容创作者，而且对软件、用户体验及交互都非常了解。他们带来的流量和建议对我们帮助非常大。其次，现在是移动互联网的时代，"红包大战""打车补贴大战"等营销事件把用户的小额支付习惯培养了起来，再加上微信构建起来的内容生态，这些有利因素让知识星球直接从中受益。

问：知识星球未来的定位是不是对短问题的快问快答？

答：知识星球更接近一个社区，不完全是内容工具。所以我会坚持现在这种"比聊天略复杂、比图文更简单"的定位。

问：知识星球的成功在很大程度上是因为给内容创作者带来了价值，以后是不是可以围绕这个方向继续深耕，加入有更多附加价值的功能？

答：我们想让知识星球越来越简单，让更多行业的创作者用上知识星球。为此，我们需要了解创业者，观察、学习他们的创作和传播方向，搞清楚他们遇到了什么问题，知识星球是否有机会为他们解决问题。通过知识星球这个项目，我扎实地认识到了只有为别人解决问题、创造价值，自己才有价值。

问：以后会向歌星、影星粉丝圈方向发展吗？那些圈子对内容沉淀的需求相对不高，但是粉丝们的付费意愿非常强。

答：娱乐圈其实是我们在发展初期刻意回避的圈子，虽然这个方向的流量可能巨大，粉丝们的付费能力强，传播意愿大，但这个方向很有可能快速地将知识星球带到另一个我们不想看到的极端——社区氛围有可能发生变化，或许以后我们可以小规模地尝试。

有时候，创业、做产品，并不见得眼前一定能看到一条非常清晰的路线，可能大部分时间我们都在山间野路上勉力向上攀爬，周围云雾缭绕，一不留神就可能摔倒，甚至掉入山涧。既然无法看清，只能不断去试。成功了就向前一步，失败了换不同方法多试几次，实在走不通就及时改道，继续探索。

只要还在路上，还有好奇心，还在探索，就还有机会。